CEO에서 사원까지
마케팅에 집중하라

MARKETING AS STRATEGY
by Nirmalya Kumar

Marketing as Strategy

CEO에서 사원까지,
마케팅에
집중하라

니르말야 쿠마르 지음 | 김상욱 • 전광호 편역

김영사

CEO에서 사원까지, 마케팅에 집중하라

저자_ 니르말야 쿠마르
편역_ 김상욱, 전광호

1판 1쇄 인쇄_ 2006. 5. 24.
1판 7쇄 발행_ 2007. 2. 12.

발행처_ 김영사
발행인_ 박은주

등록번호_ 제406-2003-036호
등록일자_ 1979. 5. 17.

경기도 파주시 교하읍 문발리 출판단지 515-1 우편번호 413-834
마케팅부 031)955-3100, 편집부 031)955-3250, 팩시밀리 031)955-3111

값은 표지에 있습니다.
ISBN 89-349-2202-8 03320

독자의견 전화_ 031)955-3104
홈페이지_ http://www.gimmyoung.com
이메일_ bestbook@gimmyoung.com

좋은 독자가 좋은 책을 만듭니다.
김영사는 독자 여러분의 의견에 항상 귀 기울이고 있습니다.

마케팅에서 자유로운 기업은 없다

기업이 급격한 변화를 겪고 있다. 생산 분야를 살펴보면, 규격상품을 대량으로 생산하는 방식은 이미 경쟁력을 상실한 지 오래다. 대신 그 자리를 맞춤형 린(Lean) 생산방식(린 생산방식이란 도요타 자동차에서 창안한 방식으로, 소품종 대량 생산으로 인한 재고를 줄이기 위해 필요한 때 필요한 만큼만 제품을 공급하는 시스템을 갖춤으로써 재고비용을 줄이고 직원들의 사기를 높여 궁극적으로 품질까지 향상시킨 혁신적인 생산방식)이 채우게 되었다. 따라서 제품을 만드는 데 필요한 원자재나 물품을 사들이는 '구매기능(purchasing)'은 그것을 사기 위한 자본을 마련하고 조달하는 '조달기능(procurement)'으로 대체되고 있다. 그리고 기업활동이 주주에게 미치는 영향을 따져보는 것이 재무부서의 주요 업무 중 하나가 되었다.

기업환경이 하루가 다르게 변하고 있는 상황에서 마케팅의 역할을 재조명해야 한다는 새로운 주장은 늦은 감마저 있다. 최고경영자들은 마케팅이 기업의 수익에 정확히 어떠한 영향을, 얼마만큼 미치고 있는지에 대해 모르고 있다. 샘 워너메이커(Sam Wanamaker)의 "내 광고

중 50%는 효과가 있었다. 하지만 그 50%가 어느 광고인지는 모른다"는 말은 마케팅과 홍보에 대한 경영자들의 생각을 적절히 대변해주고 있다. 다음에 나오는 4가지 이야기를 살펴보자.

- 신제품 중 80%가 시장에 나오자마자 소비자들의 머릿속에서 사라져버린다.
- 1회 광고비용이 200만 달러나 드는 슈퍼볼 광고 중 3분의 2는 아무도 기억하지 못한다.
- 대량으로 발송되는 광고성 메일에 대해 평균 1~2%의 소비자만이 반응을 보인다.
- 영업사원이 10명의 잠재고객에게 전화를 하면, 그 중 8명은 전화를 끊어버린다.

니르말야 쿠마르는 이 책에서 마케팅 전문가들에 대해 진솔한 비평을 가한다. 그리고 실무에서 활약하고 있는 마케터들에게 실질적인 변화를 가져다줄 수 있는 이론과 방법을 제시한다. 그가 제시하는 방법은 비단 마케터를 위한 것만은 아니다. 오히려 최고경영자들을 위해 꼭 필요한 마케팅 이슈들을 다루었다. 그는 기업이 고객에게 제공해야 하는 것은 제품이 아니라, 가치와 솔루션이라고 역설한다. 또 마케터들이 회계와 유통에 이르는 기업의 총체적인 운영방식을 명확히 이해해야 한다고 이야기한다.

마케터뿐만 아니라 기업 구성원 모두가 마케팅에 협력해야 하는 이유는 시장환경이 고객 중심으로 재편되고 있기 때문이다. 전 직원이 고객을 향해 일하지 않으면 마케팅은 이내 실패하고 만다. P&G가 훌륭한 기업으로 칭송받는 이유는 그들이 마케팅을 잘해서가 아니다. 기업의 모든 부서가 고객을 중심으로 일하기 때문에 성공을 거둘 수 있었던 것이다.

기업은 마케팅 자산을 효과적으로 관리해야 한다. 마케팅 자산은 브랜드 로열티, 회사 이미지, 고객, 조직 구성원, 유통업체와의 관계 같은 무형의 것들이 대부분이다. 마케터들은 이러한 무형 자산을 누구보다 앞서서 보호하고 강화해야 한다. 기업의 이사회는 자사의 성과를 평가할 때 눈에 보이는 매출이나 순이익 같은 재무적 성과뿐만 아니라, 고객만족도, 고객충성도, 이탈고객의 수, 제품과 브랜드 가치 같은 마케팅 분야의 성과를 함께 고려해야 한다. 마케팅 성과지표가 하락세로 접어들면 재무적 성과지표들도 함께 떨어지는 것은 자명한 일이기 때문이다.

오늘날 마케터들은 새로운 도전에 직면해 있다. 고객들은 바쁜 일상에 쫓겨 쇼핑할 시간이 줄었지만, 쏟아져 나오는 신제품과 그에 대한 정보는 많다. 따라서 고객들은 싸고 품질이 좋으며 다양한 서비스가 제공되는 상품을 원한다. 즉 상품을 구매하는 데 들이는 노력이나 비용보다 많은 가치를 얻고 싶어한다. 고객의 요구와는 상관없이 유통망도 급격하게 재편되고 있다. 인터넷과 홈쇼핑 등 새로운 형태의 유통망이 확산된 지 오래이며, 전통적인 유통업체들은 자신의 권익을 지키기 위해 담합하고 있다. 경쟁해야 하는 시장의 무대도 국내가 아닌 세계가 되었다.

기업에서 마케팅의 중요성은 더욱 커지고 있는데도, 마케팅 부서는 점점 다른 부서에 밀려 큰 영향력을 발휘하지 못하고 있다. 이럴 때일수록 마케터들은 마케팅 전략을 기업 전략의 시발점이자 원동력으로 재인식해야만 한다.

기업이 창출하는 모든 가치의 시작과 끝은 고객이다. 고(故) 피터 드러커는 다음과 같이 이야기했다. "기업의 존재 목적은 고객을 창출하는 것이다. …… 기업의 유일한 이윤센터는 고객이다. …… 기업은 이윤을 내기 위해서 마케팅과 혁신만 하면 된다. 마케팅과 혁신만이 이익을 창출할 뿐, 다른 기능들은 비용을 발생시킬 뿐이다."

쿠마르 교수는 3V, 즉 가치고객(valued customer), 가치제안(value proposition), 가치네트워크(value network) 측면에서 마케팅 전략을 수립하는 데 유용한 프레임워크를 소개한다. 그는 이러한 프레임워크를 활용해서 경쟁자와 차별화된 마케팅 전략을 세우고 실행하여 성공에 이른 구체적인 사례를 보여준다. 또한 제품의 수는 늘어나는 데 반해 제품 간의 차이는 없어지는 경향과 가격인하 압력, 세계 곳곳에 손을 뻗고 있는 거대 소매업체의 영향력 증가 등에 대응할 수 있는 방법을 제안한다. 그는 기업이 보유하고 있는 브랜드를 더욱 효과적으로 관리해야 하며 동시에 브랜드 포트폴리오를 합리화해야 한다고 주장한다. 각 장의 마지막에는 최고경영자들을 위한 마케팅 체크리스트를 정리하고 있어, 자사의 마케팅 전략과 성과를 평가하는 데 유용한 도구가 될 것이다.

이 책은 마케팅과 기업 전략의 관계를 가장 선진적으로 규명한 책이다. 종전보다 진일보한 이론으로 무장한 저자의 탁월한 분석은 마케팅을 보다 전략적으로 실행할 수 있는 구체적인 노하우로 드러난다. 이 책을 통해 최고경영자는 마케팅을 경영혁신의 핵심 엔진으로 활용할 수 있는 방법을 얻게 될 것이고, 마케터들은 최고경영자의 시각으로 마케팅 전략을 수립할 수 있는 혜안을 가질 수 있을 것이다.

필립 코틀러

21세기, 마케팅의 미래를 제시하는 책

우리는 대학원에서 마케팅을 공부한 뒤, 실무로 나아가 벤처 기업을 운영하거나 경영컨설팅을 하면서 '기업에서 마케팅의 역할은 무엇인가?' 라는 질문에 답을 구하기 위해 많은 노력을 기울였다. 하지만 마케팅은 쉽게 그 본질을 드러내지 않았다. 특히 학교에서 배운 지식과 현장에서 활용하는 실무 사이에는 커다란 차이가 존재했기 때문에, 거기서 균형을 찾기란 쉽지 않았다. 그러던 차에 이 책을 만났다. 2005년 가을, 모교의 대학원 강의 교재로 활용되고 있는 이 책을 보고 우리는 현장과 이론 사이의 간극을 메우고, 마케팅의 위기를 극복할 수 있는 구체적인 해결책을 찾을 수 있었다.

쿠마르 교수는 이 책에서 그동안 많은 사람들이 당연하게 생각해온 마케팅의 역할을 과감하게 부정한다. 단순히 제품의 가격을 정하고, 유통에 관여하며, 판매촉진을 위한 다양한 이벤트를 하는 것이 마케팅의 전부라고 생각했던 사람들의 생각을 완벽하게 뒤집는 것이다. 대신 21세기의 기업에 적합한 맞춤형 마케팅 전략을 제시한다.

21세기의 마케팅은 4P를 기준으로 마케팅 믹스를 하는 기능 중심적 역할에서 벗어나, 자사를 경쟁사와 차별화하기 위해 새로운 시장을 개척하거나 고객을 주도할 수 있는 트렌드 메이커로 거듭나야 한다. 그래야만 마케팅에 대한 많은 사람들의 오해, 특히 최고경영자의 오해를 풀고 마케팅이 중요한 전략으로 인정받을 수 있다.

이를 위해 기업은 고객을 위한 가치를 창조하는 일이라면 무엇이든 앞서서 실행해야 한다. 과거에 제품 판매는 말 그대로 상품을 만들어 팔기만 하는 일이 전부였지만, 이제는 제품을 이용하다가 생기는 문제까지 해결하는 솔루션을 제공해야 한다. 브랜드의 경우 예전에는 문어발처럼 확장하는 것이 대세였지만, 이제는 브랜드 파워와 매출 규모를 계산해 정리할 것은 정리하고 집중할 것은 집중하는 전략이 필요하다. 이러한 과제들은 모두 특정 부서나 개인의 노력으로는 달성할 수 없는 것들이다. 따라서 마케팅은 전사적인 전략 과제가 되어야 한다.

그동안 마케팅을 경영의 일부, 기업의 수많은 부서 중 하나로 생각해온 최고경영자들은 이 책으로 마케팅의 진정한 역할과 그 무한한 가능성을 확인할 수 있을 것이다. 쿠마르 교수는 이 책에서 급변하는 기업환경 속에서 마케팅이 스스로 새로운 자리 찾기를 해야 할 시기라고 주장한다. 그리고 그것은 기업의 혁신과 성장을 책임지는 핵심적인 자리라고 이야기한다. 이러한 논리는 실제 마케팅을 연구하고, 오랫동안 마케터로 활동한 저자가 기업의 최전선에서 활약하고 있는 동료들에게 주는 지상 최대의 선물이다.

하지만 이 책은 마케팅 부서만 읽어서는 안 된다. 오히려 마케팅과 전혀 상관없다고 생각하는 다른 부서 사람들이 모두 함께 읽고 '왜 기업의 모든 구성원이 앞장서서 고객을 위한 가치를 창조하고, 고객 중심으로 일을 해야 하는지'를 인식해야 한다.

쿠마르 교수의 마케팅은 곧 기업 전략이자, 고객주도경영이다. 이 책을 처음 집어든 순간 번역을 결정한 우리처럼 독자들도 저자의 깊이 있는 사례 분석과 탄탄한 논리 전개, 명쾌한 결론에 매료될 것이다.

책이 탄생하기까지 안팎으로 도움을 주신 분들에게 감사한다. 먼저 늘 배움의 길을 인도해 주시는 고려대학교 경영대학 채서일 교수님, 이두희 교수님, 박종원 교수님, 김재욱 교수님, 박찬수 교수님, 김상용 교수님에게 감사의 뜻을 전한다. 번역할 때, 곁에서 격려를 해주신 서울사이버대학교 경영학과 임태순 교수님, 고윤승 교수님, 한신대학교 e-비즈니스학과 한광희 교수님, 장용식 교수님께도 감사한다. 번역 제안을 흔쾌히 허락하고, 그 후 지원을 아끼지 않은 도서출판 김영사에 감사한다. 또한 학업으로 바쁜 와중에도 원고정리와 교정에 큰 도움을 준 고려대학교 대학원의 유현미와 한신대학교 e-비즈니스 학과의 최윤정에게도 고맙다는 말을 전한다. 마지막으로 늘 사랑으로 허물을 덮어주는 가족들에게 고마움과 더불어 미안한 마음을 전한다.

김상욱 · 전광호

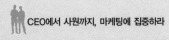
CEO에서 사원까지, 마케팅에 집중하라

최고경영자를 위한 마케팅의 모든 것

이 책은 지난 15년 동안 마케팅에 관해 연구하고, 분석하고, 강의하고, 컨설팅한 내용을 바탕으로 완성한 책이다. 책을 쓰면서 현장에 바로 적용할 만한 마케팅 이론이나 전략, 아이디어가 턱없이 부족하다는 사실을 다시 한 번 깨닫게 되었다. 그리고 우리가 이전에 배우고 듣고 보아온 모든 것들은 실제적인 마케팅 전략을 수립하고 기업을 혁신하는 데 큰 도움을 주지 않는다는 것도 알게 되었다.

내가 열일곱 살이 되던 해, 필립 코틀러의 『마케팅 매니지먼트(제2판)』를 읽었을 무렵부터 마케팅의 매력에 빠지기 시작했다. 10년 후 나는 노스웨스턴대학의 켈로그경영대학원 마케팅 전공 박사과정을 밟게 되었다. 그곳에서 많은 것을 배웠지만, 안타까운 것이 하나 있었다. '마케팅이란 무엇인가'라는 가장 기초적이고 근본적인 문제에 대해서 거의 논의를 하지 않는다는 점이었다. 물론 예외는 있었지만, 대부분의 마케팅 관련 수업이 실무자들에게 꼭 필요한 이슈에서 벗어나 있었다. 대학에서 배운 마케팅 이론보다 발전된 무언가가 있을 거라는 믿음을 안고, 나는 컨설팅 업계로 진출했다. 현장에서 부딪치고 깨지며 보다 현실적인 마케팅을 직접 체험할 수 있으리라는 기대가 있었다. 고객은 대부분 최고경영자가 아닌 마케팅 담당자들이었다. 그런데 의아했던 일은, 최고경영자가 주재하는 공식적인 회의석상에서 최고마케팅책임자들이 중요한 역할을 담당하지 못한다는 점이었다. 마케팅을 선도하는 대기업의 경영진들 사이에서도 마케팅이 중요하기는 하지만, 그것을 담당하는 사람들의 역량은 크게 인정하지 않는 분위기였다.

아직까지도 경영진들은 마케팅을 경영전략의 일부로 생각하거나 아예 배제해버리는 경향이 있는데, 이는 상당 부분 교육 탓도 있다. 경영대학이나 대학원들은 마케팅을 기업 전략이나 경영혁신 같은 거시적인 경영이론에서 분리하여 편성하고 있지만, 기업들은 점점 통합적으로 조직을 구성하고 있다. 마케팅 학자들은 학문으로서의 독립성을 확보하기 위해 마케팅을 전략으로부터 분리시켰고, 점점 더 전술적인 영역에 집중해왔다. 결과적으로 마케팅 관리자들은 전술에 집착한 나머지 보다 중요한 전략적 이슈를 소홀히 하게 되었다. 하지만 여전히 최고경영자들은 마케팅의 필요성을 절감하며, 고객을 사로잡을 수 있는 색다른 방법을 알고자 한다.

최고경영자들은 브랜드를 전체적으로 어떻게 관리해야 할지에 대한 해답을 찾고 싶어한다. 하지만 대부분의 마케팅 학자들은 그와는 동떨어진 브랜드 확장에 대한 연구를 진행한다. 최고경영자들은 가격

할인과 같은 제 살 깎아먹기형 프로모션을 중단하고 싶어한다. 하지만 마케팅 학자들은 관련 학술저널에 가격할인의 효과에 관한 연구들을 쏟아낸다. 최고경영자들은 유통채널이 어떻게 바뀌고 있으며, 제품별로 가장 효과적인 유통망은 무엇인지 정확하게 파악하고 싶어한다. 하지만 마케팅 학자들은 개별적 유통경로에 관한 연구만 진행할 뿐이다. 최고경영자들은 시장에서 급진적인 혁신을 달성하고 싶어한다. 하지만 마케팅 연구자들은 점진적인 제품개발을 연구하고 있다. 마케팅 학계의 학술적 연구들은 거의 대부분 로컬 시장을 중심으로 이루어지고 있지만, 최고경영자들은 국내뿐 아니라 글로벌 경쟁력을 갖추기 위한 대응책을 원한다.

이 책은 마케팅의 위기에 관한 이야기이다. 마케팅을 연구하는 사람들 중에는 똑똑하고 교육수준이 높으며, 분석이 빠르고, 연구에 열정을 보이는 인재들이 많다. 그리고 실무에 근접한 연구도 활발히 이루어지고 있다. 하지만 여전히 기업이 고민하고 있는, 그리고 최고경영자들이 원하는 전략적 문제들에 초점을 맞추지 못하고 있다. 이 책은 그러한 문제에 대한 해결책을 마련하고 대안을 제시한다. 그리고 최고경영자의 책상 위에 '마케팅'이라는 중요한 의제를 다시금 올려놓는 계기를 마련해준다. 현업에 종사하고 있는 마케팅 전문가들에게는 실무에 획기적인 노하우를 제공하는 책, 마케팅을 연구하는 사람들에게는 건설적인 논쟁을 불러일으키는 책이 되었으면 한다.

니르말야 쿠마르

차례

이 책을 읽기 전에

1. 이 책은 본래 하버드경영대학원 교재로 만들어졌으나, 기업 혁신을 위한 마케팅 전략서로 쉽게 활용할 수 있도록 편역했다. 원서에 충실히 번역하면서도 편역자들의 판단에 따라 한국 실정에 맞는 사례와 보충설명을 첨가했다.

2. 이 책에 실린 용어설명과 상황설명은 원서에는 나와 있지 않으나, 독자의 이해를 돕기 위해 편역자들이 새로 썼다.

3. 이 책에 실린 각종 통계자료와 수치는 2004년 미국에서 출간되었을 당시의 자료에 따른 것이다.

혁신의 엔진,
마케팅

최고경영자들이 마케팅 담당자들에게
바라는 것은 전략적 리더십을 발휘하는 것이다.
예를 들면 새로운 사업 기회 발굴,
강력한 브랜드 자산과 고객 자산 구축,
유통망 재정비, 글로벌 마케팅 실행방안 수립,
가격인하 압력 극복 등이 최고경영자들이
마케팅 담당자에게 원하는 것이다.
즉 마케팅 담당자들이
단순히 일을 좀더 잘하는 것보다
더 중요한 일을 맡아주기를 바란다.

시장은 항상 마케팅보다 빠르게 변화한다

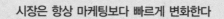
Markets always change faster than marketing

현대 경영학의 거두 피터 드러커(Peter Drucker)는 『경영의 실제(The Practice of Management)』라는 저서에서 "기업은 오로지 두 가지 기능, 마케팅과 혁신만 있으면 된다. 마케팅과 혁신만이 이익을 창출하고, 다른 기능들은 비용을 발생시킬 뿐이다"라고 역설하였다.[1]

오늘날 많은 기업의 최고경영자들은 마케팅이 실질적인 성과를 내지 못하고 있는 것에 실망하고 있다. 그들은 마케팅 부서의 활동을 투자보다는 비용으로 여기고 있으며, 최고경영자의 지위에 오르는 마케팅 담당자는 점점 줄어들고 있다. 또한 많은 기업들이 고객 중심 경영을 외치면서도 정작 마케팅 부서를 다른 부서보다 덜 중요하게 생각하고 있는 실정이다.

왜 이런 상황이 발생했는가? 왜 마케팅의 비중과 마케팅 담당자의 영향력이 크게 줄었는가? 어떻게 하면 마케팅 담당자들이 최고경영자들의 마음을 사로잡을 수 있으며, 마케팅이 기업에서 전략적 역할을 다시금 수행할 수 있을까?

아이러니하게도 기업에서 마케팅 기능은 지속적으로 쇠퇴의 길을 걸어온 반면, 마케팅의

전략과 기능(strategy & function)
전략은 기업의 장기적인 목표와 이를 달성하기 위한 역량과 자원에 대한 의사결정이라고 볼 수 있다. 기능은 전략의 실행을 위한 세부활동이라고 볼 수 있다. 예를 들어 기업이 경쟁사보다 높은 원가 경쟁력을 갖기로 했다면 이는 '원가우위전략'이라고 볼 수 있다. '원가우위전략'을 구현하기 위해서는 생산, 물류 등 각 기능에서 원가를 절감해야 한다.

필요성에 대한 인식은 그 어느 때보다도 강하다. 그러나 마케팅은 제품, 유통, 가격, 촉진의 전통적인 4P로 구성된 전술의 실행을 담당하다 보니 기업의 전략 관점에서는 그 역할이 모호해졌다. 이러한 모호성을 극복하기 위해서 마케팅 담당자들은 전략상의 변화를 주도해야 한다. 마케팅 담당자들은 최고경영자를 잘 보좌하여 실질적인 매출과 이익향상을 달성하는 전사적인 변화를 이끌 수 있어야 한다.

마케팅의 위기

제2차 세계대전 후 1950년대의 활황기가 시작되면서 마케팅은 기업 내에서 힘을 얻기 시작하였다. 고객들은 부유했고 기업을 신뢰하고 있었다. 게다가 유통채널은 분열되어 있었고, 제조업자에 대해 별다른 힘을 행사하지 못했다. 신제품은 가뭄에 콩 나듯 출시되는 반면, 출시될 경우 파장은 대단했다. 가격인하에 대한 압력은 거의 없었다.[2] 그러한 환경에서 매스미디어, 특히 텔레비전은 대규모의 소비자 집단에 도달할 수 있는 강력한 도구였다. 이 시절은 그야말로 마케팅의 전성기였다.

그러나 지난 20여 년간 기업의 성장 엔진 역할을 해왔던 마케팅은 시장의 급격한 세분화, 강력한 글로벌 경쟁자의 대두, 제품의 범용화(commoditization), 제품 수명주기의 단축, 고객 기대수준의 상승, 유통망의 담합과 교섭력 강화 같은 역조류에 직면하게 되었다. 결과적으로 기업의 모든 부문에서 성장을 이끌었던

제품의 범용화 제품의 품질이 평준화되어 브랜드간 차별화 정도가 미약해지는 현상. 이런 현상이 두드러진 제품을 범용상품(commodity)이라고 함.

마케팅 능력은 점차 제약을 받기 시작했으며, 마케팅의 생산성 또한 저하되었다. 따라서 많은 기업들이 현대 마케팅의 가치에 의문을 표출하기 시작한 것은 놀라운 일이 아니다.[3]

영국의 545개 기업을 조사한 결과, 단지 18%의 중역들만이 자사 마케팅 전략의 효과성에 대해 '우수' 이상의 평가를 했을 뿐, 36%의 중역들은 '보통' 이하라는 평가를 했다.[4] 또 다른 연구에서 중역들은 마케팅 담당자들의 마케팅 능력이나 역량에 대해 상당한 불만족을 드러냈다(전반적인 효과 48%, 전략적 기술 60%, 혁신 92%, 위험에 대한 대처능력 48%, 스피드 56%).[5] 야망이 있는 마케팅 담당자라면 이러한 상황에서 자신이 최고경영자의 지위에 오르기가 어렵다는 사실을 쉽게 알아차릴 수 있을 것이다.

영국 FTSE 100지수에 포함된 기업들을 조사하는 2001년 자료에 따르면 마케터 출신 최고경영자는 13명에 불과했으며, 회계사 출신 최고경영자는 26명에 달했다.[6] 조사 결과 마케터 출신 최고경영자는 지난 3년간 계속 감소해왔다. 게다가 마케팅을 중요시하는 소비재 업체에서조차 마케터 출신 최고경영자보다 회계사 출신이 더 많았다.

영국공항공단(British Airports Authority, BAA)의 최고경영자인 마이크 호지킨슨(Mike Hodgkinson)은 자신이 회계사 훈련을 쌓은 것이 순수 마케팅 성향을 지닌 사람들에 비해 두 가지 점에서 우위를 차지한다고 주장하였다. "나는 주주들의 언어로 이야기할 수 있으며, 회계사 교육 프로그램은 문제에 체계적으로 접근하는 법을 가르쳐주었다."[7]

마케팅 담당자에 대해 '절약정신' 보다는 '지

FTSE지수 FTSE지수는 FTSE인터내셔널에서 개발해서 산출하고 있는 지수로, 런던국제증권거래소(LSE)에 상장된 100개의 우량주식으로 구성된 지수. FT100 또는 Footsie이라고도 한다. 기준시점 1983년 12월 31일을 1000으로 하여 산출되고 있다.

출 위주의 사고방식'을 지니고 있기 때문에 기업이 어려움에 처할 때 그 기업을 구할 수 없을 것으로 생각한다. 유니레버(Unilever)의 회장 닐 피츠제럴드(Niall FitzGerald)가 "나는 훈련된 회계사이며 본능적인 마케팅 담당자이다"라고 언급한 것은 놀라운 일이 아니다."[8]

몇몇 기업들이 점차 경쟁이 가열되어가고 있는 시장환경에서 마케팅에 비현실적인 기대를 해온 것은 사실이다. 많은 최고경영자들이 마케팅 부서가 기대만큼 이익을 창출하지 못하자, 비용절감을 위해 생산이나 재무부서로 눈을 돌렸다. 그리고 수익성을 높이기 위해 공급망(supply chain)을 재조정하거나 인수·합병을 시도했다. 결과적으로 기업 내에서 마케팅의 발언권은 더욱 위축되었다. 연구 결과에 의하면, 대기업 중역회의에서 마케팅 관련 사항에 할애하는 시간은 10%도 되지 않는다고 한다.[9]

최고경영자들의 관심이 다른 부서로 옮겨가자, 마케팅 학자들은 기업 내에서 마케팅의 위기를 걱정하기 시작했다. 권위 있는 마케팅 연구기관인 마케팅과학연구소(Marketing Science Institute)의 돈 레흐만(Don Lehman) 소장은 최근에 다음과 같이 말했다. "기능으로서 마케팅은 한계상황에 직면해 있다. …… 어떤 사람들은 마케팅 담당자들이 판촉행사나 쿠폰 이벤트 이상의 역할을 수행하지 못한다고 생각하고 있다."[10] 저명한 마케팅 교수인 프레드 웹스터(Fred Webster)는 마케팅 부서가 고객들에게 우선순위를 두지 않는 다른 부서에게 책임을 빼앗겼다고 주장했다.[11]

마케팅 분야에 다시 활기를 불어넣기 위한 수많은 노력이 이어지고 있다. 최고경영자와 최고자금관리자들의 관심을 얻기 위해, 기존 마케팅 학술단체들은 마케팅 지출과 투자수익률(return on investment, ROI)의 관계를 보여줌으로써 마케팅의 중요성을 역설하기 시작하였다. 하지만 주주에게 더 높은 성과를 안겨 주는 일에 모든 관심이 쏠려 있는 최고경영자나 기업들은 마케팅의 가치를 제대로 인식하지 못하고 있다. 이런 이유 때문에 마케팅 담당자들은 주주의 가치를 높이는 데 마케팅이 어떤 긍정적인 영향력을 발휘하는지 파악할 수 있는 성과측정 도구를 개발해야만 한다.

그러나 마케팅의 성과와 수익률을 측정하기 위한 여러 가지 노력은 핵심에서 벗어나게 되었고, 이로 인해 마케팅 담당자들은 또 다시 최고경영자의 의중을 잘못 파악하고 있다는 인식을 굳히고 말았다. 물론 최고경영자들은 현재의 마케팅 활동(다시 말해 전술적인 4P)의 효율성을 높이고 싶어한다. 결국 최고경영자들이 마케팅 담당자들에게 바라는 것은 전략적 리더십을 발휘하는 것이다. 예를 들면 새로운 사업 기회 발굴, 강력한 브랜드 자산과 고객 자산 구축, 유통망 재정비, 글로벌 마케팅 실행방안 수립, 가격인하 압력 극복 등이 최고경영자들이 마케팅 담당자에게 원하는 것이다. 즉 마케팅 담당자들이 단순히 일을 좀더 잘 하는 것보다 더 중요한 일을 맡아주기를 바란다.

최고경영자를 위한 마케팅

더 컨퍼런스 보드(The Conference Board, 미국의 비영리 민간 경제조사 기관)가 2002년 최고경영자들이 당면하고 있는 과제에 대해 설문조사

를 진행한 적이 있다.[12]

최고경영자들은 고객충성도와 고객유지를 가장 중요한 기업 과제로 지적하였고, 그 다음으로는 비용절감, 리더와 인재 개발, 혁신, 주가 향상 등을 제시하였다.

같은 조사에서 최고경영자들은 시장의 문제 중 가격인하 압력을 가장 시급히 해결해야 할 문제로 지적하였으며, 그 다음으로는 산업간 통합, 자원조달, 인터넷의 영향력 등을 지적하였다.

이 조사에서 명백히 드러난 사실은 최고경영자들이 이미 마케팅 과제들을 자신이 시급하게 해결해야 할 가장 중요한 과제 중 하나로 인식하고 있다는 점이다.

그러나 문제는 최고경영자들은 마케팅 담당자들이 그 과제를 해결할 수 있을 것으로 생각하지 않는다는 것이다. 마케팅 기능은 기업에서 중요성을 잃었을지 모르지만, 경영철학으로서 마케팅의 중요성은 여전히 건재하다.

최고경영자들은 기업이 더욱 시장지향적이고 고객지향적이 되어야 한다는 사실을 알고 있다. 진정한 의미의 시장지향성은 단순히 마케팅 중심적이거나 마케팅 지향적이 되는 것을 의미하지는 않는다.

그것은 기업이 전사적으로 고객을 위한 가치를 창출하는 데 몰두하며, 목표고객들을 위해 가치를 정의하고, 창출하고, 커뮤니케이션하고, 가치를 전달하는 일련의 과정이 기업의 궁극적인 존재 이유임을 인식하고 있다는 것이다.

고객들에게 가치를 제공했을 때만이 기업은 기대 이상의 매출과 고객충성도를 보장받을 수 있을 것이다.

마케팅은 어디에나 있다

기업 내 모든 구성원들이 고객을 응대하고 고객을 위한 가치를 창출해야 한다면 곧 모든 구성원들이 부서와 무관하게 마케팅 기능을 수행해야 한다.[13] 사실 시장조사, 광고, 프로모션과 같은 마케팅의 전통적인 영역들은 고객을 위한 가치창출에 있어 최소한의 중요성을 가지는지도 모른다.

회계부서는 고객이 이해하기 쉬운 송장 양식을 개발함으로써 마케팅 역할을 담당할 수 있다. 재무부서는 조금 더 편리한 지불옵션을 개발함으로써 마케팅 역할을 담당할 수 있다. 인적자원관리부서는 비행기 승무원을 선발할 때 경험이 많은 승무원을 선발함으로써 마케팅 역할을 담당할 수 있다. 물류관리부서는 공급망을 조정하기 위해 주요 기업고객들에게 연락을 취함으로써 마케팅 역할을 담당할 수 있다. CS부서에서는 고객이 호텔에 체크인을 할 때 고객을 대하는 직원이 미소로 고객을 맞음으로써 마케팅 역할을 담당할 수 있다.

위에서 제시한 활동들을 고려해볼 때, 과연 마케팅 부서에서 담당하는 고유의 역할은 어떤 것인가? 아마 아무것도 없을 것이다. 그런 경우 기업에서 마케팅 부서의 규모가 현저히 줄어드는데도 마케팅 활동은 증가할 것이고, 전사적인 시장 지향성 수준은 높아지는 현상이 발생할 것이다.[14]

기업의 모든 부서가 마케팅 기능을 수행하고 있는 상황에서 마케팅은 더 이상 마케팅부서만의 책임이 아니다. 예를 들어 자동차 산업에서 신제품을 개발할 경우 마케팅부서(주요 속성을 정의하는 업무 담당), 제품개발부서(고객의 욕구를 충족시킬 수 있는 자동차 디자인 담당), 구매부서(자동차를 개발할 때 현실적인 수익과 비용 간 균형 달성), 생산부서

(자동차의 생산 담당), 외부 공급업체(점차 단순 부품의 제공이 아닌 조립이 완료된 서브 시스템을 제공하는 역할 담당) 등의 협력이 필수적이다.[15]

그렇다면 이와 같이 다양한 기능을 조정하여 고객에게 일관된 품질을 제공하는 일은 누가 담당할 것인가?

유연하고 동적인 네트워크 조직

기업은 유기적으로 연결된 세 가지 변화를 통해 고객을 위한 가치 창출 활동을 촉진하고 조율할 수 있다.[16]

첫째, 기능보다는 프로세스 관점에서 생각해야 한다. 둘째, 조직의 구조를 위계형 구조에서 팀제 조직으로 바꿔야 한다. 마지막으로, 공급업체 및 유통업체와의 관계를 상호 불신이 아닌 장기적인 파트너십에 기초해서 이어가야 한다. 오늘날 조직의 특성은 분업적 · 수직적 · 기능적 · 부서화 · 폐쇄적 형태에서 통합적 · 수평적 · 유연하고 동적인 네트워크형으로 점차 바뀌고 있다.[17]

결국 고객은 여러 부서간 협력이 내놓는 성과를 제공받게 된다. 교차기능팀(Crossfunctionality team)을 구성하면 기업의 효율성을 증가시키면서 신제품 개발, 신규고객 유치, 주문의 이행 등과 같은 중요한 프로세스를 강화할 수 있다. 이러한 교차기능팀에는 공식적으로 임명된 팀장이 있지만 실질적인 리더십은 필요한

위계형 구조와 팀제 조직 위계형 조직(hierarchical organization)은 전통적인 과(課)·부(部)로 편제된 조직으로 최고경영자에서 일선직원까지 많은 계층으로 구성되어 있음. 팀제 조직은 최고경영자 밑에 곧바로 담당업무에 대해 전적인 책임과 권한을 갖는 팀으로 편제된 조직을 의미함.

교차기능팀 여러 부서들이 유기적으로 협력하여 과업을 수행하는 상태로 일반적으로 비용과 성과 측면에서 효과가 높은 것으로 알려져 있음. 예를 들어 제품을 개발할 때 연구개발팀, 시장조사팀, 생산팀, 회계팀이 교차기능적으로 협력할 경우 그렇지 않은 경우보다 비용과 시간을 절감할 수 있음은 물론이고 신제품의 성공 가능성도 높일 수 있음.

전문성을 갖추고 있거나 시급히 문제를 해결할 수 있는 사람이 발휘한다. 이러한 팀이 오늘날 기업의 대부분의 과업을 수행하고 남다른 성과를 낸다.[18]

변혁의 주도권을 확보하기 위하여

현재 진화하고 있는 네트워크 조직은 기능 전문가와 특정 국가 전문가들에게 다른 기능 및 국가 전문가들과 의사소통하는 법을 배울 것을 요구하고 있다. 결국 기업들은 전문성보다는 통합적 능력을 더 강조하고 있다.[19] 하지만 전통적으로 마케팅은 일반화보다는 전문화에 더 우선순위를 두었으며, 마케팅 학자나 실무자들은 더 좁은 분야에 대해 더 깊이 아는 것을 중시해왔다.[20]

전문화가 지나치게 진행된 곳의 표본으로 경영대학(원)을 꼽을 수 있다. 마케팅 분야의 학술적인 연구들을 살펴보면, 전형적으로 매우 복잡한 방법론을 동원하여 현실과는 동떨어진 문제들을 해결하려고 한다. 마케팅 분야의 학술연구들은 전략 분야와 차별화하기 위해 전술적인 실행상의 문제에 점점 더 빠져들고 있다. 마케팅 학술대회에 참석한 사람들은 모두 '가격인하' 압력을 다루고 있는 '프로모션'에 관한 수많은 논문들을 접할 수 있을 것이다. 그 결과 '꿈의 구장'이 되어야 했던 마케팅은 이제 '상거래의 장'으로 전락하고 말았다. 마케팅 학과에서 지속적으로 많은 학부생들을 배출해내어 그들이 주로 영업직에 종사하고 있지만, 그들 가운데 최고경영자가 관심을 가질 만한 내용을 이야기해줄 수 있는 사람은 거의 없다.

마케팅부서는 그들 나름의 전문성을 보유하

> **네트워크 조직** 핵심적인 업무에만 집중하고 대부분의 일은 외주를 주는 조직으로, 부서간 장벽 없이 원활한 교류가 이루어지는 특징이 있음.

고 있지만, 최고경영자의 후원을 받는 교차기능팀이나 다국적 팀처럼 주요 변화 프로젝트를 이끌어나갈 엄두를 내지 못하고 있다.

　점차 다른 부서들이 변혁의 주도권을 장악하고 있는 것이다. 예를 들면 생산부서에서는 전사적 품질경영(total quality management, TQM)과 리엔지니어링을 통해, 재무부서에서는 경제적 부가가치(economic value added)와 인수·합병(Mergers and Acquisition, M&A)을 통해, 회계부서에서는 균형성과기록표(BSC)를 통해 변혁의 주도권을 확보해가고 있다.[21]

　그렇다면 마케팅은 어떤 일을 할 수 있을까?

전사적 품질경영　생산부서만이 아닌 조직 전체에 의한 품질관리를 통해 기업의 모든 부문에서 품질을 개선하는 경영방식.

경제적 부가가치　영업이익에서 세금과 자본비용을 뺀 개념으로, 기존의 회계적인 이익보다 더 엄밀하게 기업의 가치를 평가할 수 있는 경영평가 모델로 각광받고 있음.

균형성과기록표　과거 성과를 재무적으로 측정하는 기존의 성과지표에서 진일보한 개념으로, 재무·고객·내부 프로세스·학습과 성장의 4분야로 구성된 지표의 선정 및 가중치 관리를 통해 미래 성과를 창출하는 측정지표임.

마케팅, 변화의 엔진

　마케팅 담당자들이 최고경영자의 마음을 사로잡기 위해서는 전술적인 4P의 굴레에서 벗어나, 최고경영자들이 관심을 가질 만한 전사적인 사안으로 눈을 돌려야 한다.

　전략적이고 교차기능적이며 수익과 직결되는 사안만이 최고경영자의 관심을 끌 수 있으며, 그런 사안들을 주도해나갈 때에만 마케팅과 마케팅 담당자들의 기업 내 위상이 높아질 수 있다. 마케팅은 전술적인 실행 문제만으로 자신의 역할을 국한시켜서는 안된다.[22]

　마케팅부서는 기업의 흥망성쇠를 결정하는 대화에 반드시 참여해야 한다. 최고경영자가 동시에 챙길 수 있는 사안은 몇 가지로 한정될 수 밖에 없다. 보통 최고경영자들은 제품이나 서비스의 품질향상, 원가절감, 고객맞춤화 향상, 더욱 정교한 커뮤니케이션 등의 다양한 측면을 동시에 향상시킬 수 있는 사안만 챙긴다.[23]

따라서 마케팅 담당자들은 다수의 제품, 다수의 국가, 다수의 브랜드, 다수의 유통망, 다수의 기능 등이 서로 실타래처럼 얽혀 있는 문제들을 해결하기 위해 노력해야 한다. 진정한 변화를 추구하는 경영자에게는 다차원적이고 추상적인 수준에서의 사고가 요구된다.

마케팅 담당자들은 가치사슬(value chain) 전반을 완전히 이해하고 있어야 한다. 단순히 광고, 프로모션, 가격 등에 대한 이해뿐만 아니라 엔지니어링, 구매, 제조, 재무, 회계 등 가치사슬의 모든 영역에 대한 이해를 요구한다는 것이다.[24]

경험 있는 마케팅 담당자들이 경영대학원의 고위 마케팅 과정이 자신의 능력을 향상시킬 수 있냐고 질문하면, 나는 그들에게 생산이나 재무와 관련된 과정을 이수하도록 지도하곤 한다. 다른 부서의 활동을 심도 깊게 이해해야 비로소 마케팅 담당자들이 가치사슬의 전 영역을 통제할 수 있기 때문이다. 마케팅 담당자들이 변화를 주도하기 위해서는 다음과 같은 활동에 집중해야 한다.

- 수익성 확보가 가능하며 고객에게 가치를 전달할 수 있는 일.

가치사슬 맥킨지(McKinsey) 컨설팅이 개발한 비즈니스 시스템(business system)을 마이클 포터(Michael Porter)가 훨씬 정교한 분석 틀로 발전시킨 것이다.

포터에 따르면 가치사슬 기법은 기업의 전반적인 생산활동을 주활동 부문(primary activities)과 보조활동 부문(support activities)으로 나누어 기업이 구매 및 재고관리에서 물류, 생산과정, 판매, 애프터서비스 단계에 이르기까지 각 부문에서 비용이 얼마나 들고 소비자들에게 얼마나 부가가치를 창출하는지를 보다 정교하게 분석할 수 있다. 가치사슬 기법을 통해 기업은 자사의 핵심 역량이 어디에서 창출되는지 파악할 수 있다. 그림 1-1과 그림 1-2는 각각 맥킨지와 포터의 가치사슬을 나타낸다.

그림 1-1　맥킨지의 비즈니스 시스템

기술	제품 디자인	생산	마케팅	유통	서비스

- 특허권
- 제품 · 공정 선택

- 기능
- 물리적 특성
- 미학
- 품질

- 통합
- 원자재
- 생산능력
- 생산입지
- 조달
- 부품생산

- 가격
- 광고 · 판촉
- 세일즈맨
- 포장
- 브랜드

- 유통채널
- 재고
- 수송

- 품질보증
- 서비스의 속도
- 전속 또는 독립적 서비스
- 가격

그림 1-2　포터의 가치사슬

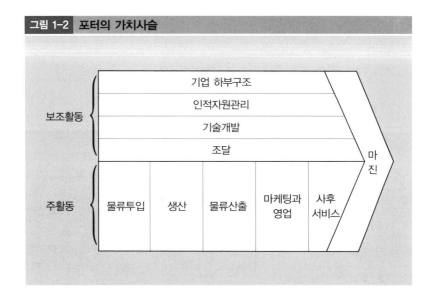

보조활동	기업 하부구조					마진
	인적자원관리					
	기술개발					
	조달					
주활동	물류투입	생산	물류산출	마케팅과 영업	사후 서비스	

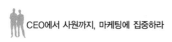 CEO에서 사원까지, 마케팅에 집중하라

- 높은 수준의 전문성이 요구되는 일.
- 성공적 실행에 교차기능적인 접근이 요구되는 일.
- 성과 지향적인 일.

셰스(Sheth)와 시소다(Sisodia) 교수는 여러 기업에서 마케팅 및 판매비용 지출이 자본비용 지출의 몇 배에 달하는데도 자본비용 지출보다 더 엄격한 평가가 이루어지지 않고 있다고 주장하였다.[25] 그러한 사실은 기업에서 특정 브랜드를 관리하는 재무부서 직원이 그저 더 많은 자원을 요구하는 마케팅부서 직원에 비해, 브랜드를 지원하기 위해 얼마만큼의 예산이 필요할지, 그러한 예산의 할당이 얼마만큼의 성과를 낼 것인지를 측정하기 위해 더 많은 시간을 할애해야 한다는 점을 뜻한다.[26]

오늘날 대부분의 주주들은 기업과 최고경영자에게 단기적인 이익을 달성하되 동시에 장기적인 전략도 유지할 것을 요구하고 있다. 마케팅이 최고경영자의 관심을 끌기 위해서는 실질적이고 가시적이며 전사적인 효과를 거둘 수 있어야 한다. 이제 마케팅 성과를 측정할 때 마케팅 활동은 그 효과가 나타나는 데 시간이 걸린다는 변명은 통하지 않는다. 마케팅이 선택이 아닌 필수가 되려면 그 성과에 대한 신빙성을 확보해야 한다.

7가지 과제

그림 1-3에서는 최고경영자의 마케팅 과제를 마케팅 담당자들이 주

그림 1-3　최고경영자의 마케팅 과제

최고경영자

- 마케팅 활동의 후원
- 고객 후견인
- 품질관리자

마케팅 담당자

- 전략적 관점의 확대
- 교차기능적 관점의 확대
- 수익성 지향 관점의 확대

1. 단순 세분시장에서 전략 세분시장으로 전환
2. 제품 판매에서 솔루션 제공으로 전환
3. 쇠퇴하는 유통망에서 성장하는 유통망으로 전환
4. 브랜드 불도저에서 글로벌 유통 파트너로 전환
5. 브랜드 합병에서 브랜드 합리화로 전환
6. 시장 중심적 마케팅에서 시장 주도적 마케팅으로 전환
7. 사업부 마케팅에서 전사적 마케팅으로 전환

도할 수 있는 7가지 전사적인 변화과제로 나누어놓았다. 이러한 과제
는 앞에서 강조한 바 있는 세 가지 테스트를 거쳐야 한다. 전략적이어
야 하고, 교차기능적이어야 하며, 성과 지향적이어야 한다. 7가지 과
제를 모든 기업에 적용할 수는 없겠지만, 최소한 한 가지는 모든 기업
에 적용할 수 있을 것이다.

현재 기업에서 이들 중 하나 혹은 두 가지의 프로젝트를 수행하고
있다면, 아마 이 책은 전략적 도구와 전술실행의 도구를 동시에 제공
할 것이다. 현재 이 과제들 중 고려하는 것이 하나도 없을지도 모른

다. 그렇다면 이 책은 관리자들에게 현재의 베스트 프랙티스(best practice)를 넘어서서 차세대 베스트 프랙티스를 지향할 수 있도록 도와줄 것이다.

> **베스트 프랙티스** 초우량 사례. 세계 최고 기업들의 경영방식이나 프로세스를 정리한 것으로 주로 벤치마킹 기준으로 활용됨.

단순 세분시장에서 전략적 세분시장으로 전환

가격인하에 대한 압력이 증가하고 고객의 충성도가 땅에 떨어지고 있는 상황에서, 최고경영자가 마케팅 담당자에게 원하는 가장 중요한 것은 차별화(특히 경쟁사가 모방하기 어려운 차별화)이다. 파니 매(Fannie Mae)의 회장이자 최고경영자인 프랭클린 레인즈(Franklin D. Rains)는 다음과 같이 이야기했다. "사람들은 주택 대부금을 생활필수품 정도로 이야기한다. 그러나 …… 어떠한 것도 범용상품(commodity)이 될 수는 없다. 심지어 주택 대부금조차도. 사실상 우리의 전략은 주택대부금도 범용상품에서 벗어나 차별화시키는 것이다. …… 우리는 단순히 상표명을 달리 하는 것이 아니라, 고객들이 가치를 부여하는 진정한 차별화를 창출해내고자 한다."[27]

전통적으로 마케팅은 차별화를 이루기 위해 시장세분화와 마케팅믹스에 의존한다. 시장세분화는 각각의 세분시장을 4P에 의한 마케팅믹스에 차별적으로 반응하는 고객집단으로 구분하는 과정을 의미한다. 그러나 오로지 4P만 가지고 모든 세분시장에 차별화를 구현할 수 있는 가능성은 매우 희박하다. 마케팅은 4P보다 더욱 전략적이고, 다양한 세분시장이 지닌 핵심을 도출할 수 있으며, 조직의 어느 부분에서 어느 정도의 차별화를 창출할 수 있을지 판단하는 새로운 사고의 틀이 필요하다.

전략적 세분시장 4P 믹스에 의한 차별화가 시도되던 기존의 시장세분화(market segmentation) 개념에서 진일보한 개념으로 4P가 아닌 가치네트워크에 의해 차별화될 수 있는 세분시장. 기존 세분시장보다 고객에게 근본적으로 접근하여 차별화를 추구한다는 점과 경쟁기업이 모방하기 어렵다는 점에서 중요한 차이가 있음.

이러한 필요를 충족시키기 위해 나는 전략적 세분시장이라는 개념을 제안한다. 전략적 세분시장은 각 세분시장별로 4P 믹스가 아닌 고유한 가치네트워크를 제공하여 차별화를 창출하는 것을 의미한다. 다른 용어로 가치사슬 혹은 비즈니스 시스템이라 불리는 가치네트워크는 고객을 위한 가치창출에 필요한 모든 마케팅 및 비마케팅 활동의 집합체를 의미한다. 가치네트워크를 복제하는 것은 마케팅 믹스를 복제하는 것보다 훨씬 더 어렵다. 따라서 전략적 세분시장의 개념은 진정한 차별화를 이루는 데 도움이 될 수 있다.

2장에서는 단순 세분시장에서 전략적 세분시장으로의 변화에 대한 내용을 다룬다. 마케팅은 전략적 세분시장의 개념을 채택함으로써 최고경영자 수준에서 다음과 같은 문제를 해결할 수 있을 것이다.

한 조직이 두 개의 다른 세분시장을 공략할 수 있을까? 다양한 세분시장을 공략하는 데 필요한 차별화가 가치네트워크의 어디에 존재하는가? 4P만으로 차별화를 달성할 수 있는 상황은 언제인가? 전략적 세분시장과 단순 세분시장의 차이를 어떻게 구분할 수 있는가?

최고경영자는 어떻게 하면 성격이 다른 세분시장을 효과적으로 공략할 수 있는지에 대한 딜레마에 빠져 있다.

전략적 세분시장을 위한 가치네트워크의 차별화가 구체적이지 않을 경우에는 고객의 불만족을 유발할 수 있고, 지나칠 경우에는 큰 시장을 잃을 수도 있다.

제품 판매에서 솔루션 제공으로 전환

글로벌 시장에서는 상품의 공급 과잉 때문에 상품의 차별화는 지속하기가 어렵다. 예를 들어 질레트(Gillette)는 마하 3(Mach 3) 삼중날 면도기를 개발하는 데 7년에 걸쳐 약 10억 달러를 사용했다. 하지만 영국의 유통업체인 아스다(Asda)가 그 상품을 복제하는 데는 단 두 달이 걸렸을 뿐이다.

소비자들은 상대적으로 차별화가 덜 이루어진 상품에 대해서는 눈에 보이는 가치에만 비용을 지불한다. 따라서 최고경영자들은 고객들에게 상품이 아닌 솔루션(solution)을 제공함으로써 기업에 대한 고객의 충성도를 높이고 가격인하에 대한 압력을 줄여야 한다.

컴덱스(COMDEX, 기술 분야에서 가장 유명한 무역박람회)에서 선 마이크로시스템스(Sun Microsystems), AMD, 마이크로소프트(Microsoft) 등의 최고경영자의 연설을 경청한 뒤, 한 기자는 이들이 마치 휴렛패커드(Hewlett-Packard, HP) 최고경영자 칼리 피오리나(Carly Fiorina)의 기조연설에 나왔던 다음 구절을 되풀이한 것 같다고 평했다. "여러분에게 가장 필요한 것은 최신의, 최고의 제품이 아닙니다. 물론 훌륭한 제품을 만드는 일도 중요합니다. 그러나 여러분에게 가장 필요한 것은 솔루션입니다. 개별 제품들이 더 잘 작동할 수 있도록 도와주고 여러분의 글로벌 네트워크를 아무런 문제 없이 관리해주는 솔루션이 가장 필요한 것입니다."[28] 소비자의 욕구보다는 기술적인 개가에 더 열을 올리던 기업의 최고경영자들이 이런 이야기를 했다는 것이 믿어지지 않는다.

같은 브랜드로 크게 차별화되지 않은 상품을 계속 출시하는 전통적인 마케팅 기법으로는 더

> **솔루션** 정보통신 분야와는 의미가 구분됨. 이 책에서는 고객의 문제를 해결할 수 있는 새로운 개념의 상품으로 제품과 서비스가 복합된 개념을 의미함.

이상 고객을 묶어둘 수 없다. 요즘 고객들은 시간에 쫓기고 참을성이 없으며 요구사항이 까다롭다. 또 고객들은 상품의 품질은 당연한 것으로 여기고, 나아가 고객의 니즈, 솔루션, 서비스, 선택의 여지, 이용의 편리성 등을 요구하고 있다.

박스터 인터내셔널(Baxter International), 그레인저(W. W. Grainger), 홈 데포(Home Depot), IBM 등과 같은 기업이 이와 같은 고객의 요구를 증명하고 있다. 예를 들면 홈 데포는 시장조사를 통해 전통적인 'DIY(Do It Yourself)' 정서가 '맞춤화(Do It For Me, DIFM)' 요구로 바뀌고 있음을 알게 되었다. 이후 홈 데포는 서비스를 강화함과 동시에 판매인력을 교육시켜 "귀하께서 찾으시는 상품은 어떤 것입니까?"라고 질문하기보다는 "귀하께서 현재 진행하고 있는 프로젝트는 무엇입니까?"라는 질문을 던지도록 하고 있다.

3장에서는 상품의 판매에서 고객에게 솔루션을 제공하는 방향으로의 변화를 다루고 있다. 솔루션의 판매는 최고경영자에게 많은 과제를 제시한다.

어떻게 하면 기업 구성원들의 마인드를 더 좋은 제품을 개발하는 것에서 고객의 문제를 해결해주는 쪽으로 바꿀 수 있을까? 어떻게 하면 서로 경쟁하며 적대시해왔던 기업의 여러 부서들을 화합시켜 전사적인 혁신을 이끌어낼 수 있을까? 고객에게 제공하는 솔루션의 가치는 어떻게 평가하며, 그 솔루션의 가격은 어떻게 책정할 수 있을까?

솔루션을 제공하고자 하는 기업들은 진정한 고객 솔루션의 창출과 수익성 유지 사이의 딜레마에 직면할 수 있다. 솔루션 판매 기업은 어느 때에는 고객의 요구에 부응하기 위해 자사의 솔루션에 경쟁자의 상품이나 서비스를 통합시켜야 하는 상황에 처할 수도 있다. 나아가 기업 입장에서는 솔루션 개발과 고객관리 비용이 발생하는데도, 고객들은 여전히 수량할인(volume discount)을 기대하는 상황이 연출될 수도 있다.

수량할인 대량 구매에 대해 일정한 가격할인 혜택을 제공하는 가격구사 전략 및 관행.

쇠퇴하는 유통망에서 성장하는 유통망으로 전환

오늘날 유통환경은 급변하고 있다. 전통적인 기존의 유통망들이 몰락하고 있고, 혁신적인 새로운 유통망이 대두되고 있다. 델(Dell)과 퍼스트 다이렉트(First Direct)는 직접유통 전략을 구사해서 각각 PC와 보험산업에서 시장을 선도하였다. 그리고 찰스 슈왑(Charles Schwab)은 유통부문에 집중하여 전통적으로 수직적 통합구조에 익숙해 있던 금융산업에서 금융 슈퍼마켓을 열었다. 다양한 금융사들이 설정한 뮤추얼펀드를 판매함으로써 독자적인 관리를 선호하는 투자자 시장을 효과적으로 공략한 것이다.

한편 인터넷의 급격한 성장은 아마존(Amazon), 이베이(eBay), 이부커닷컴(ebooker.com), 프리마켓(FreeMarkets), 카자(Kazaa), 엔씨소프트의 리니지(NCsoft's Lineage), 프라이스라인닷컴(Priceline.com)과 같은 다양한 유형의 신개념 유통경로를 탄생시켰다. 신개념의 온·오프라인 유통망은 대체로 기술집약적이며, 이들이 기존 유통에 비해 경쟁우위를 차지하는 부분은 '효율성'과 '도달범위'에 있다. 음악과 같은 몇몇 극단적인 경우에 온라인 유통의 효율성과 도달범위는 전체 산업의 비즈니스 모델을 무너뜨린 바 있다.

자동차나 금융 서비스 같은 산업과 캐터필러(Caterpillar), 델타(Delta), 컴팩(Compaq)과 같은 기업들은 전통적으로 기존 유통망과의 돈독한 관계를 중시하였고 유통경로의 구조변경(channel migration)에 미온적이었다. 예를 들어 자동차 산업을 보자. 지난 100여 년간 제품은 엄청나게 변화했지만 유통망은 거의 그대로다. 뿐만 아니라 다른 유통망처럼 자동차 딜러들 역시 강력한 계약의 보호를 받고 있다.

최고경영자들이 수익성장은 물론 효율성 제고와 새로운 유통경로를 이용한 도달범위의 확대를 강하게 원하고 있는 현 시점에서 새로이 부각되는 고성장 유통경로를 외면할 수 없다. 예를 들어 월마트 (Wal-Mart)나 테스코(Tesco) 같은 대형 할인 유통업체들을 철저히 외면하고, 심지어는 자사 제품에 대한 할인판매 혐의로 이들에 대해 소송을 감행하기까지 했던 리바이스(Levi's)는 최근 더 이상 이들을 무시할 수 없다고 판단했다. 리바이스는 결국 슈퍼마켓이나 대형 할인 매장용 청바지 라인을 새로이 도입했다.

4장은 전통적인 유통경로의 변화와 새롭게 부상하고 있는 유통경로에서의 포지셔닝 문제를 다룬다. 유통경로 구조에 대한 의사결정은 상대적으로 오래 걸리고 법적인 부분까지 고려해야 하기 때문에 최고경영자는 이 일에 늘 관심을 가지고 있다.

새로운 유통경로가 생겼을 때 최초의 진입자가 되는 게 좋은가, 아니면 한 발짝 늦게 진입하는 것이 바람직한가? 어떻게 하면 기존 유통경로를 관리하면서 신규 유통경로로 진입할 수 있는가? 유통경로 내에서 발생하는 갈등은 어떻게 해결해야 하는가? 새로운 유통기회를 가장 잘 활용하려면 어떻게 해야 하는가?

새로운 유통채널은 기업에 딜레마를 가져다준다. 전환기에는 새로운 유통채널의 급속한 성장에도 불구하고 기존 유통의 비중 역시 무시할 수 없다. 새로운 유통형태로 급속하게 이동해가면 치명적인 유통 갈등을 초래할 수도 있다. 그러나 새로운 유통경로에 진입하는 일을 머뭇거리면 쇠락하는 유통망에서 헤어나지 못한 채 높은 유통비용을 지불해야 한다. 엔터테인먼트, 금융 서비스, 컴퓨터, 여행업 등 다양한 산업에 속하는 기업들이 아직도 기존 유통경로와 새로운 유통경로 사이에서 적절한 균형을 달성하기 위해 애쓰고 있다.

브랜드 불도저에서 글로벌 유통 파트너로 전환

기존 유통채널들은 새로운 유통형식을 제시하는 수준을 넘어서서 나날이 대규모화되고 첨단화되어가고 있다. 유명 가전 브랜드를 포함한 일반소비재(fast-moving consumer goods, FMCG) 기업들은 최근 부상한 소매업체들 때문에 많은 손실을 입었다.[29] 과거 유통업자들은 특정 지역에 한정되어 있었고, 영역별로 세분화되어 있었으며, 첨단기술과는 거리가 먼 상태였다. 이로 인해 코카콜라(Coca-Cola), 콜게이트-팜올리브(Colgate-Palmolive), 질레트, P&G와 같은 기업들은 자신에게 대항할 수 없었던 유통기업들에게 브랜드 불도저처럼 상품과 판촉활동을 밀어붙였다.

그런데 채 20년이 지나지 않아서 이 모든 것들이 옛 이야기가 되어버렸다. 프랑스의 까르푸(Carrefour), 독일의 메트로(METRO), 영국의 테스코, 미국의 월마트 같은 초대형 유통업체들은 전 세계적인 기반을 확보하고 있다. 이들의 글로벌 매출액은 이미 대형 제조업체를 능가했으며, 이들은 앞으로 인수·합병을 통해 더욱 대형화될 것으로 전망된다. 유통업체가 점차 대형화되어감에 따라 제조업체에 대한 이들의 입지는 점차 커질 것이다. 이러한 역학관계의 변화와 유통업체들의 글로벌 구매관행은 소비재 기업들에게 엄청난 가격압박으로 작용하고 있다.

과거에 문제가 없었던 브랜드 관리 시스템은 이제 대형화되고 전문화된 유통업체를 상대하기에는 적합하지 않다. 일반적으로 제조업체의 브랜드 매니저는 글로벌 유통업체의 구매 담당자와 비교해볼 때 경험도 부족하며, 관점도 브랜드에 한정되어 있고, 단기 성과에 대한 부담감을 가지고 있으며, 조직 내부에서의 재량권도 제한되어 있다. 이에 따라 기업들은 제품군 관리(특정 범주에 속하는 모든 브랜드 관리를 통합하여 전략적 일관성을 확보하는 접근)나 각 브랜드, 범주, 기능, 국가 담당자들이 통합해서 유통업체를 상대하는 이른바 고객개발팀을 도입하였다. 그러나 이러한 조치에도 불구하고 최고경영자들은 여전히 마케팅부서는 브랜드, 제품군, 국가, 고객, 기업별로 동일한 기능을 중복 수행하는 비효율적인 부서라는 인식을 가지고 있다.

5장은 브랜드 불도저에서 강력한 유통업체의 글로벌 유통 파트너로 바뀌어야 하는 제조업체에 필요한 조직의 변화과정을 다루고 있다. 글로벌 유통업체의 구매력을 고려할 때 최고경영자는 그들과의 파트너 관계를 무시할 수 없다.

예를 들어 월마트 한 기업이 P&G의 전 세계 매출액의 17% 이상을 차지하고 있다. 글로벌 수준에서의 제조업체와 유통업자 간의 파트너십은 신뢰의 창출, 글로벌 유통업체의 요구 관리, 효율적이고도 효과적인 상호작용을 보장하는 글로벌 고객관리 구조 등 만만치 않은 과제가 남아 있다.

제조업체 입장에서 글로벌 고객관리의 딜레마는 거의 동일한 상품의 가격이 각 국가별로 40~60%나 차이가 난다는 데 있다.

글로벌 유통 파트너들은 전 세계용 단일 가격을 요구함으로써 이러한 제품과 가격구조를 적나라하게 공개하고 있다. 문제는 제조업체의 가장 큰 수익비결이 이러한 부분에 대한 소비자들의 무지에 있었다는 점이다.[30]

브랜드 합병에서 브랜드 합리화로 전환

강력한 유통업체들은 공급자에 대한 협상력을 바탕으로 중간상 판촉, 입점료, 실패 수수료, 가격할인 등의 유리한 조건을 얻어내고 있다. 이로 인해 매출을 유지하거나 높여야 하는 마케팅 담당자들의 부담은 점점 증가하고 있다. 1997년 미국 슈퍼마켓에서 판촉물이 제공된 상태로 판매된 생필품의 매출비중은 빵의 경우 35%, 기저귀는 36%, 냉동 오렌지 주스는 62%였다. 30년 전에는 백화점에서 단지 8%만이 할인된 가격으로 팔렸지만, 요즘은 약 20%가 할인된 가격으로 판매되고 있다.[31]

내구재와 감성재(emotional products) 역시 예외가 아니다. 예를 들어 미국의 3대 자동차 회사의 경우 차량 판매가의 14%에 해당하는 3,764달러를 판촉비로 사용하고 있다.[32] 하지만 강력한 브랜드와 경쟁력 있는 제품이 없는 상태에서 단기성 판촉은 부작용을 초래할 수도 있다.

한 예로 2001년 가을 미국의 자동차 3사는 구매자들을 유인하기 위해 무이자 할부판매를 단행한 바 있다. 이로 인해 고객들은 유인되었지만, 결국 여러 가지 차량을 비교한 끝에 3사의 차량보다 도요타(Toyota), 혼다(Honda)를 구매한 비율이 더 높았다. 그런데 일본 자동차

감성재 제품의 기능(기능재)보다는 제품의 소유나 소비를 통해 느끼는 감정적인 효용의 비중이 더 높은 제품. 대부분의 고급 패션상품, 공연이나 엔터테인먼트 등의 서비스가 여기에 해당한다.

회사들은 무이자나 저이자 할부행사를 하지 않았다. 판촉비 지출을 줄이려고 애쓰고 있는 크라이슬러(Chrysler)의 최고경영자 디터 제체(Dieter Zetsche)가 "판촉비는 마약과도 같은 것이다. 판촉은 단기적인 숨통을 트이게 해줄 수는 있어도 장기적으로는 매우 해롭다"[33]라고 말한 것도 무리는 아니다.

최고경영자들은 막대한 마케팅 비용이 왜 장기적인 브랜드 자산을 구축하는 데 쓰이는 것이 아니라 단기성 판촉에 사용되고 있는지에 대해 의문을 제기하고 있다. 유통업자들이 제조업자를 압박해서 가격 할인을 이끌어낼 수 있는 결정적인 이유는 무엇인가? 그 답은 우후죽순처럼 길러낸 브랜드에 있다.

아크조 노벨(Akzo Nobel), 일렉트로룩스(Electrolux), 제너럴 모터스(General Motors, GM), 굿이어(Goodyear), 유니레버와 같은 기업들은 최근까지 주로 인수·합병을 통해 지나치게 많은 브랜드를 보유하고 있었다. 그 중에는 세계적으로 강력한 브랜드들도 있지만, 상당수는 군소 브랜드인데다 지역적으로도 제한되어 있었다. 물류 및 유통업체는 제조업체의 대표 브랜드를 인질로 잡고 약한 브랜드간의 상호 경쟁관계를 이용하는 데 능하다. 최고경영자들은 브랜드 포트폴리오를 무자비할 정도로 냉정하게 평가해서 약한 브랜드들을 통폐합하거나 매각하여 소수의 우량 브랜드에 집중하고 싶어한다.

6장은 브랜드 포트폴리오 전략의 전환, 즉 브랜드 합병에서 브랜드 합리화로 변화된 전략을 다루고 있다.

퇴출시킬 브랜드와 남길 브랜드를 결정하는 잣대는 무엇인가? 포트폴리오 내에서 각 브랜드의 역할은 무엇인가? 브랜드를 통합하는 방법은 무엇인가? 각 브랜드에 대한 의사결정은 조직의 어느 부서에서 담당할 것인가?

브랜드 합리화의 성공여부는 한계 브랜드를 퇴출시키되 고객과 매출액의 손실을 최소화하는 것에 달려 있다. 브랜드 포트폴리오의 규모는 줄이되 남아 있는 브랜드에 집중력을 제고하여 수익과 이윤의 향상을 도모함으로써 브랜드 합리화에 성공할 수 있다.

시장 중심적 마케팅에서 시장 주도적 마케팅으로 전환

최고경영자들의 안건 중 최우선 과제는 혁신을 통한 성장이다. 최고경영자들은 혁신이 없는 기업은 미래의 성장과 수익창출이 불가능하다는 점을 잘 알고 있다. 기업이 신제품 출시에 상당히 많은 자원을 쏟아붓는 이유가 여기에 있다. 미국의 경우 2003년 한 해 포장 소비재 (packaged consumer goods) 산업에서만 3만여 종의 신제품이 출시되었다. 각 제품별로 2,000~5,000만 달러 정도의 평균 출시비용을 사용했음에도 불구하고 신제품의 약 90%는 실패하고 만다.

아쉽게도 위와 같은 신제품 출시는 대부분 해당 기업에서만 새로운 제품라인을 추가하거나 새로운 맛을 추가하는 식의 라인 확장, 기존 제품의 개선 등과 같은 형태의 점진적인 혁신에 그치고 말았다. 전체 신제품의 10% 미만만이 '시장에 새로운' 진정한 혁신에 해당한다. 미국에서 소비자의 50~80%는 지난 2년간 주택, 의류, 가구와 같은 유형의 제품은 물론 보험, 병원, 교육, 정부와 같은 서비스의 경우에서도 진정한 혁신은 없었다고 생각하는 것으로 조사되었는데, 이는 그다지 놀랄 만한 일도 아니다.[34]

최고경영자의 혁신의제를 추진할 때 마케팅

포장 소비재 표준화된 포장을 거쳐 대량으로 유통되는 소비재. 할인점이나 슈퍼마켓 등에서 볼 수 있는 대부분의 공산품이 이에 해당함. 내구재나 산업재와 구별됨.

담당자들은 불행히도 두 가지 오류를 범하고 있다. 첫째, 마케팅 담당자들은 혁신을 단순히 신제품 개발로 한정해서 해석하고 있다는 점이다. 둘째, 대부분의 마케팅 담당자들은 신제품 개발이 소비자 조사와 함께 시작한다고 믿는다. 그러나 이와 같은 시장 중심적 접근은 진정한 기업 혁신이 아닌 점진적인 제품혁신으로 이어지기 쉽다.

최고경영자들은 혁신을 신제품이나 공정 이상의 것으로 여기고 있다. 나아가 그들은 엔티티 도코모(NTT DoCoMo)의 아이모드(i-mode), 소니(Sony)의 플레이스테이션(PlayStation), 네슬레(Nestlé)의 네스프레소(Nespresso), 자라(Zara)의 저가 패션의류와 같은 혁신적인 시장 주도적 개념, 즉 산업의 규칙과 범위를 바꾸어놓는 제품을 만들어내는 것이 자신들의 임무라고 생각한다. 3M은 기존의 시장 중심적 욕구를 충족시키기보다는 시장 주도적 혁신(Post-it notes)을 통해 새로운 고객의 욕구를 창출하는 대표적인 기업으로 자주 언급된다.

아이모드 일본 NTT 도코모사가 제공하는 인터넷 서비스. 일반 휴대전화보다 3~4배 정도 큰 액정화면을 가진 전용 단말기를 통해 우리나라의 일반 인터넷 서비스에 준하는 서비스를 제공하고 있음.

플레이스테이션 소니의 자회사인 소니컴퓨터엔터테인먼트(SCE)가 개발한 게임기.

네스프레소 네슬레가 개발한 커피 메이커. 에스프레소에서부터 카푸치노까지 다양한 고급 커피를 제조할 수 있음.

7장은 시장 중심(market-driven)에서 시장 주도(market-driving)로의 전환에 대해 다루고 있다. 이 장에서는 혁신을 통해 기업을 바꾸고자 하는 최고경영자의 의제에 핵심적인 질문을 하고 있다.

급진적인 혁신에는 어떤 프로세스가 필요한가? 시장 주도적인 혁신을 위해 필요한 마케팅 전략은 무엇인가? 점진적인 혁신과 급격한 혁신을 동시에 관리할 수 있는 방법은 무엇인가?

시장 주도와 관련된 딜레마는 시장 중심적 프로세스를 통해 현존하는 고객의 욕구충족을 개선하는 것과 시장 주도적 프로세스를 통해 새로운 시장수요를 창출하되 고객을 너무 앞질러가지 않는 절묘한 균형을 달성하는 데 있다.

사업부 마케팅에서 전사적 마케팅으로 전환

오랫동안 전술적인 성격이 강한 4P에 집중해왔기 때문에 대부분의 기업에서 마케팅은 전략적 사업부(SBU) 수준의 활동으로 인식되어왔다. 이로 인해 마케팅의 역할은 전략개발을 할 때 최고경영자의 상대역이 되기보다는 단기적인 수요관리로 한정되었다.[35] 이러한 결과 마케팅이 전사적 마케팅(corporate marketing) 기능 혹은 그에 상응하는 역할로 설정되어 있는 기업은 거의 없는 실정이다.

최고경영자들은 최근에 마케팅이 경영전략 밖으로 퇴출된 이유는 기업의 전략목표나 전사전략과 조화를 이루지 못하기 때문이라고 생각한다.

마케팅 담당자들은 고객을 위한 장기적인 가치를 창출하고 기업의 성공역량을 높이려는 노력은 하지 않고 단기적인 판매촉진, 인적 판매, 밀어내기식 매출과 같은 수단을 통해 시장점유율이나 매출액을 향상시키기 위해 안간힘을 써왔다. 이는 단기 지향적인 숫자놀음으로 경영전략의 본질에서 벗어난 접근에 지나지 않는다.[36]

마케팅의 생산성이 낮다는 비판은 소비자나 시장점유율당 수익성이 낮기 때문이 아니라 그것을 창출하기 위해 단기적인 전술을 남용하는 데서 나온다. 한술 더 떠서 최고경영자들은 과연 마케팅 자체에 대해 근본적인 의문을 제기하기도 한다.

한 식품첨가물 업체의 사장은 나에게 "우리는 마케팅에 막대한 비용을 쏟아붓고 있는데 이게 다 무엇을 위한 것인지 모르겠습니다. 우리가 가격경쟁이라도 하고 있다면 차라리 행복하겠습니다. 우리는 가격경쟁은 고사하고 지금 비용경쟁을 하고 있습니다"라고 말하기까지 했다.

최고경영자들은 마케팅이 전략 파트너가 되어주기를 바라고 있다. 많은 기업들이 최고마케팅책임자(CMO)를 임명하는 것은 사업부 수준의 마케팅 관리자로는 전사적 마케팅을 관리하기 어렵기 때문이다. 브랜드 포트폴리오 합리화, 급격한 시장개념의 혁신, 솔루션 판매, 글로벌 유통 파트너십 등과 관련된 변화관리는 전사적 마케팅 개념을 필요로 한다.

8장은 전략적 사업부 수준의 마케팅에서 전사적 마케팅으로의 변화를 다루고 있다. 이 장은 다음과 같은 질문의 답을 구하는 데 도움을 준다.

마케팅이 특정 부서를 넘어 전사적으로 가치를 창출할 수 있는 방법은 무엇인가? 전사적 마케팅의 역할은 무엇인가? 최고마케팅책임자의 역할은 무엇인가? 마케팅 시너지와 레버리지(leverage)의 기회는 어디에 존재하는가?

전사적 마케팅의 딜레마는 많은 기업들이 마케팅을 특정 부서의 활동이라고 인식한다는 점이다. 마케팅 담당자들은 그들이 전사적인 가치를 창출할 수 있고, 최고경영자의 상대역이 될 수 있으며, 동시에 전략적 사업부 단위의 지엽적인 문제를 해결하는 데도 적절하게 대응할 수 있다는 것을 보여주어야 한다.

레버리지 원래는 재무관리 용어로 타인 자본(부채)의 비중이 증가할수록 자기자본 수익률이 향상되는 현상을 의미함. 여기서는 마케팅 활동의 효율성을 높일 수 있는 기회를 의미한다. 예를 들어 상표확장(brand extension)은 기존 상표의 자산을 새로운 상표에 적용함으로써 마케팅 활동의 효율성을 향상시킬 수 있다. 이 경우 마케팅 레버리지를 활용했다고 할 수 있다.

기업 전체를 고객에 맞춰라

최고경영자들만이 마케팅 때문에 좌절하는 것은 아니다. 마케팅 담당자들도 마찬가지로 좌절하곤 한다. 마케팅 담당자들이 좌절하는 이유는 다양하다. 먼저 최고경영자가 마케팅 기능을 제대로 이해하지 못하고, 영업 및 마케팅 프로세스에 충분한 지원을 하지 않을 때 그들은 좌절한다.[37] 또한 다른 부서에서 마케팅부서를 엄청난 비용만 허비하는 부서라고 생각하고, 단순히 경쟁사와 보조를 맞추는 수단으로 마케팅을 간주할 경우 그들은 좌절한다.[38] 마지막으로 기업이 마케팅부서를 자선을 받는 단체처럼 취급할 때, 즉 경기가 좋을 때에는 상당한 자원을 투입하고 불경기가 닥쳤을 때는 가장 먼저 투입자원을 삭감할 때 마케팅 담당자들은 좌절한다.[39]

많은 마케팅 담당자들은 최고경영자가 마케팅 능력에 대해 비현실적인 기대를 가지고 있고, 전사적 전략에 마케팅이 기여하는 바를 제대로 인정해주지 않는다고 생각한다. 가격할인을 자주 할 수밖에 없는 이유는 마케팅이 공장에서 생산하는 것은 무엇이든 팔아야 하는 역할을 담당하고 있기 때문이다. 이러한 현상은 자동차 산업에서 자주 목격된다. 크라이슬러, 포드(Ford), GM의 경영진은 과잉생산, 브랜드 중복, 제품 차별화와 같은 본질적인 문제를 외면해왔다. 주문생산 시스템이 없는 상황에서 재고소진을 감당해야 하는 판매인력과 전시장에 있는 차가 아니라 자신이 상상하는 차를 원하는 소비자 사이의 갈등은 깊어질 수밖에 없다.

일부 최고경영자는 다른 기업 출신의 세계적인 마케팅 담당자를 고용하면 시장 주도적인 기업이 될 수 있다고 믿지만, 기업 자체가 시장

지향적이지 못하면 새로 고용한 전문가가 역량을 제대로 발휘하기가 어렵다.[40] 유니레버, 네슬레와 같은 기업의 성공은 뛰어난 마케팅 담당자를 보유하고 있으면서, 기업 구성원 모두가 고객 중심적인 관점을 견지하기 때문에 가능한 것이다.

상급지휘관이 아닌 야전사령관형 최고경영자로 변모하라

불행하게도 최고경영자들은 종종 대고객 감각을 상실하곤 한다. 한 자동차 기업의 최고경영자는 딜러를 통해 차량을 구입해본 적이 없어서 고객들이 느끼는 좌절감을 이해할 수 없었다고 한다. 포드의 창업자인 헨리 포드(Henry Ford)는 자신의 대고객 감각에 대해 다음과 같이 말한 바 있다. "우리가 만든 차 한 대가 고장날 때마다 그것이 내 책임임을 절감한다."[41]

고객의 경험을 이해하기 위해 최고경영자들과 고위 경영진들은 사령부가 아닌 일선 현장에서 지휘하는 법을 배워야 한다. 사우스웨스트(Southwest) 항공사의 고위 경영진들은 정기적으로 고객접점 부서에서 다른 직원들이 고객을 대하는 것을 보기도 하고, 직접 고객을 응대해보기도 한다. 이지젯(easyJet)의 최고경영자인 스텔리오스 하지-이오아누(Stelios Haji-Ioannou)는 종종 (자신이 경영하고 있는) 3등석만 설치된 비행기를 이용하곤 한다. 소니의 고위 경영진들은 설명서를 이용해서 자사의 VCR을 직접 설치해보곤 한다. 이를 통해 소니는 더욱 이해하기 쉬운 제품 사용설명서를 만들 수 있었다. 한 화학회사의 최고경영자는 고객으로 가장해서 자사에 대한 불평을 제기한 후 그 대응체계를 시험해보곤 한다. 사실 자사의 고객서비스센터 전화번호라도 제대로 알고 있는 최고경영자가 몇 명이나 되겠는가?

최고경영자는 고객의 후원자가 되어야 하고, 주기적으로 품질관리 시스템을 점검하는 품질관리자 역할을 담당해야 한다. 상징적인 조치들을 잘 활용하면 이러한 역할을 임직원들에게 효과적으로 전달할 수 있다. 예를 들어 만다린 오리엔탈 호텔그룹(Mandarin Oriental Hotel Group)의 경우 중역이 엘리베이터를 기다리는 동안 담배꽁초가 가득 찬 재떨이를 발견한다면

상황설명 항공사들은 예약을 하고 공항에 나오지 않는 사람(no-show)을 감안해서 일정한 정도의 초과예약(overbooking)을 접수하는 편임. 만일 초과예약을 받은 고객들이 모두 공항에 나오는 경우 무료로 탑승하는 항공사의 직원들을 내리게 하고 대신 일반고객을 탑승시키는 것이 보편적인 항공업계의 관행임.

틀림없이 직접 그것을 비울 것이다. 캐세이퍼시픽(Cathay Pacific) 항공사는 만석인 항공기에서 일반 유료고객을 위해 자사의 임원을 내리게 할 것이다(상황설명). 이러다 보면 각 부서에서 자사의 임원을 항공기에서 내리게 하는 데 부담을 덜 느끼게 될 것이고, 결국 고객 지향적 기업이 될 것이다.

평가만을 위한 평가도구에서 벗어나라

일부 마케팅 담당자들은 모든 활동을 수익성이나 주주가치의 개념으로 환산하는 데 열을 올리고 있다. 하지만 제대로 측정할 수 없으면 부가가치 창출은 고사하고 관리도 할 수 없는 법이다. 그렇다 해도 잘못된 성과지표를 만들어내서는 안 된다.[42] 사실 광고보다는 판촉에 대한 매출 및 이익효과를 더 용이하게 측정할 수 있다. 그렇다고 광고보다는 판촉을 더 중시해야 한다고 할 수는 없다. 코카콜라가 지난 100년간 광고를 하지 않았다면 지금처럼 전 세계적인 브랜드가 되지 못했을 것이다.

마케팅 담당자를 포함하여 모든 기업 구성원들은 수익성 결과를 중

시해야 한다. 만일 이익이 감소하면 기업은 현재의 고객들에게 제대로 된 마케팅 활동을 펼칠 수 없을 것이며, 새로운 고객을 창출하기 위한 추가적인 자원도 조달할 수 없을 것이다. 매출액과 이익은 기업이 과거에 얼마나 잘 운영되었는가를 의미한다. 여기에 마케팅 담당자들은 브랜드 자산, 고객만족, 고객충성도와 같이 기업의 현재의 건실성과 미래에 대한 전망을 알려주는 지표들을 추가해야 한다.[43] 최고경영자들은 매우 중요한 균형자 역할을 담당하곤 한다. 만다린 오리엔탈 호텔그룹의 로버트 릴레이(Robert E. Riley)는 이렇게 말한 바 있다. "나는 총 지배인으로서 다른 최고경영자들처럼 브랜드에 대한 최종적인 책임을 집니다. 모든 기업에서 최고경영자는 단기적으로 재무목표를 달성하는 일과 장기적으로 브랜드를 구축하는 일 사이에서 최종 의사결정을 내리는 사람입니다."[44]

실질적인 성과지표를 개발·활용하면 마케팅에 대한 투자와 고객만족을 통한 수익창출이라는 기업의 목표 사이에 연계성을 확보할 수 있다. 이러한 마케팅 성과지표들은 기업의 마케팅 효과에 대한 다음과 같은 중요한 문제를 다룰 때 도움을 줄 수 있어야 한다. 예를 들어 우리의 고객서비스는 개선되었는가? 고객이 우리 제품을 선택할 수 있도록 제품을 차별화하고 있는가? 우리의 차별화는 수익을 창출하고 있는가? 우리의 가격 프리미엄은 고객을 위한 부가가치를 제대로 반영하고 있는가? 우리는 경쟁자보다 더 많은 고객을 더 높은 수준에서 만족시키고 있는가? 우리는 경쟁자보다 시장기회를 더 빠르게 활용하고 있는가? 조직 구성원들은 회사가 고객을 위한 가치창조를 어떻게 실천하고 있는지 이해하고 있는가? 대다수 유통업자들이 업계에서 정통성을 확보하기 위해 우리 제품을 취급하는가? 이러한 질문은 기업이 얼마나 마케팅을 잘 수행하고 있는지 이해하는 데 도움이 된다.

불행하게도 고위 경영진들은 스스로에게 이러한 질문을 던지지 못하고 있다. 중역들은 귀한 시간의 극히 일부만 마케팅이나 전략과 관련된 문제에 할애하고, 대부분의 시간을 실질적인 이익과는 그다지 상관없는 과거의 재무적인 성과보고서나 예산안을 검토하는 데 사용하고 있다. 최고경영자는 항상 고객만족, 브랜드 자산, 고객충성도와 같은 마케팅 성과지표를 주의 깊게 살펴보아야 한다.

고객자본 개념을 이해하라

닷컴 기업의 몰락과 엔론(Enron), 타이코(Tyco), 월드컴(Worldcom) 등의 실패사례는 수많은 기업들에게 마케팅이나 고객 중심주의의 가치를 재조명하는 계기를 마련해 주었다. 주가상승이 아닌 '진정한 고객가치를 창출하는 전략'이 다시 화두가 된 것이다.

1954년 피터 드러커는 기업의 본질과 기초는 고객이 결정한다고 설파하였다.[45] 또한 하버드 경영대학원의 테드 레빗(Ted Levitt) 교수는 "기업의 목표는 고객의 창출과 유지다"라고 설득력 있게 주장한 바 있다.[46] 그는 이윤이란 기업목표의 무의미한 서술이라고 주장한다. 고객에 대한 명확한 관점이나 고객을 어떻게 효과적으로 만족시킬지에 대한 명확한 이해 없이 이윤은 존재할 수 없기 때문이다.

1960년대 필립 코틀러(Philip Kotler) 교수는 이윤이란 목표가 아니라 고객만족에 대한 보상이라는 유명한 마케팅 개념을 정립했다(그림 1-4 참조). 판매 지향적 기업이 제품을 만들고 난 후 판매활동과 광고를 통해 고객을 찾는 반면, 마케팅 지향적 기업은 고객의 욕구를 찾아낸 후 통합 마케팅 믹스(잘 알려진 4P 믹스로 구성된)를 이용해서 고객

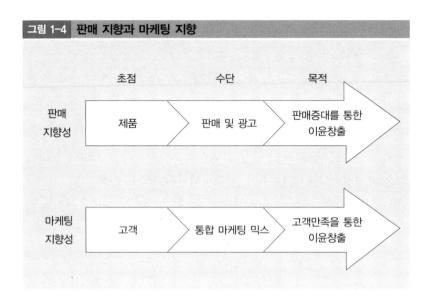

그림 1-4 판매 지향과 마케팅 지향

	초점	수단	목적
판매 지향성	제품	판매 및 광고	판매증대를 통한 이윤창출
마케팅 지향성	고객	통합 마케팅 믹스	고객만족을 통한 이윤창출

들을 만족시키는 접근법을 사용한다.[47]

우리는 본질적인 목표를 다시 확인해야만 한다. 기업은 장기적인 고객만족을 위해 존재하는 것이지, 주주의 부의 극대화를 위해 존재하는 것은 아니다. 나는 이를 고객 자본주의라고 부른다. 이 개념에 따라 기업은 사업에 재투자하고, 고객을 지속적으로 만족시키는 데 필요한 적정 이윤을 창출한다. 월마트의 최고경영자인 리 스코트(Lee Scott)는 월마트의 금융 서비스 산업 진출에 대해 다음과 같이 말했다. "나는 이 사업을 누구보다도 더 월마트식으로 경영할 수 있습니다. 즉 시장 평균보다 싸게, 가령 시장이 70% 이윤을 보고 있다면 우리는 50% 정도의 이윤만 취하면서도 수익을 창출할 수 있다고 말할 수도 있지만, 그 대신 '이 사업에서 적정 이윤은 어느 수준인가?' 라고 말하고 싶습니다."[48] 한 예로 월마트는 업계의 관행인 3~6%의 수수료 대신 모든 급료지불 수표(payroll check)에 일률적으로 3달러의 수수료만 부과할 계획이다.

고객 자본주의는 북미권의 주주 자본주의(주주의 부의 극대화)나 유럽의 다소 모호한 이해관계자 자본주의(종업원, 주주, 지역사회, 환경적 요구 사이에 균형을 달성하는 것)보다 우월한 개념이다. 기업들은 인도의 어라빈드 안과병원(Aravind Eye Hospital)의 기업 사명문, "고품질의 안과 서비스를 모든 이들에게 제공함으로써 실명상태를 근절하는 것"과 같은 가치를 재발견해야 한다. 존슨앤존슨(Johnson & Johnson)는 지난 50년간 다음과 같은 기업신념을 고수해오고 있다.

우리는 의사, 간호사, 환자, 부모, 그리고 우리의 제품과 서비스를 사용하는 다른 모든 사람들을 책임진다는 각오로 일한다. 이들의 욕구를 충족시키기 위해 우리는 최고의 품질을 유지하기 위한 노력을 아끼지 않는다. 우리는 항상 적정한 가격을 유지할 수 있도록 원가를 줄이기 위해 노력한다. 고객의 요구에 대해서는 즉시 친절하게 대응한다. 우리는 공급자들과 유통업자들이 이윤을 확보할 수 있도록 기회를 제공한다.[49]

기업의 목표는 고객의 욕구를 충족시키고 고객을 위한 가치를 창출하는 것이다. 고객을 위한 가치창출은 마케팅부서만이 아니라 전체 조직이 유기적으로 연계할 때 가능하다. 조직에서 경영상 책임을 특정한 조직에 부여하면 지휘권 일원화 시도, 부서나 기능 이기주의, 정보차단 등의 다양한 문제가 발생한다. 마케팅에 대한 권한과 책임을 누구에게 줄 것인가에 대해서도 똑같이 고민해야 한다. 그러나 마케팅은 어느 한 부서의 권한과 책임이 되기보다는 최고경영자, 고위 경영진, 고위 관리자, 마케팅 전문가 모두의 것이 되어야 한다.[50]

마케터에서 시장전략가로

마케팅이 풀어야 할 과제들이 산적해 있지만, 오늘날 마케팅이 전사적 혁신을 주도할 수 있는 절호의 기회를 맞이하고 있다는 점은 분명 희소식이다. 기업은 마케팅 활동을 강화해야 하는 절체절명의 상황이다. P&G의 전 최고경영자가 언급한 것처럼 "우리는 무엇을 개선할 것인가에 신경을 쓰기보다는 우리 스스로를 개선해나가야 한다."

기업에서는 점점 유형 자산이 아닌 무형 자산의 중요성이 증가하고 있다. 코카콜라의 생산공장을 하룻밤 사이에 잃어버리는 것과 소비자들의 기억 속에서 코카콜라 브랜드를 지워버리는 것 중 어떤 것이 코카콜라의 시장가치에 더 큰 영향을 미치겠는가? 후자가 더 큰 타격을 줄 것이란 사실은 명백하다. 브랜드, 고객, 유통망은 어떤 기업에서든 보배와 같은 것이다. 마케팅 관리자는 그 보배의 주 관리자인 셈이다.

21세기 초 마케팅 관리자들은 변화라는 도전에 직면해 있다. 또한 조직에서 권력은 특정 지역이나 산업에 국한된 마케팅 전문가로부터 떠나고 있다. 각 산업간·국가간 경계가 무너짐에 따라 산업과 문화를 초월해서 사고할 수 있는 능력이 새롭게 떠오르고 있다.[51]

최고경영자들은 사후적인 성찰(hindsight)보다는 미래에 대한 통찰력(foresight)을, 전술가(tactician)보다는 혁신가(innovator)를, 마케팅 기획자(marketing planner)보다는 시장전략가(market strategist)를 원하고 있다.

 마케팅 담당자들은 소비자에 대한 통찰력을 가지고 상상력을 발휘할 수 있는 리더가 되어야 하며, 시장조사 자료에 의지해서 미래를 예측하려 해서는 안 된다. 마케팅 담당자로서 이러한 변화를 맞이할 준비가 되어 있는가? 우리가 잃을 것이라곤 조직의 위계, 국가나 기능간 경계, 4P 정도밖에는 없다.

전략적 시장세분화를
위한 3가지 조건

단순히 전술 차원의 4P가 아닌

전략 세분시장 공략을 이해하려면

가치고객, 가치제안, 가치네트워크로

구성되는 3V에 대해 알아야 한다.

최고경영자의 관심을 끌 수 있는 것은

세분화와 차별화에 대한 전략적인

이슈들이지, 마케터들이 습관처럼

내세우는 4P 믹스가 아니다.

사업이 망하고 나면, 아무도 당신을 찾지 않을 것이다

If you went out of business, would anyone miss you?

마케팅의 기본적인 임무는 자사의 오퍼(offer)를 고객의 관점에서 볼 때 경쟁자의 오퍼와 차별화하는 것이다. 제품과 서비스를 차별화하기 위해서 마케터는 시장세분화(segmentation)와 목표시장 선정(targeting), 포지셔닝(positioning), 즉 STP를 사용한다. 시장세분화란 전체 시장을 마케팅 전략의 실행수단인 마케팅 4P 믹스에 대한 반응을 기준으로 하여 나누는 과정이다. 여기서 마케팅 4P 믹스는 자사의 오퍼가 목표 세분시장에서 의도한 포지셔닝을 확보할 수 있도록 하는 역할을 수행한다. 이런 현실을 고려하면 모든 마케터들이 시장세분화, 목표시장, 포지셔닝 개념에 입각해서 의사소통을 하는 것은 어쩌면 당연한 것인지도 모른다.

최고경영자의 가장 큰 고민거리 중 하나는 마케터들이 이러한 오퍼의 지각된 차별화를 창출하지 못한다는 데 있다. 마케터들은 전략이 아닌 전술적 측면을 지향하는 바람에 마케팅 믹스에 지나치게 의존하게 되었다. 그런데 마케팅 믹스는 전략적 세분시장에서 심층적 차별화(deeper differentiation)를 구현하는 데 뚜렷한

오퍼 기업이 고객에게 제공하는 제품, 가격, 서비스의 총칭으로 마케팅 오퍼링(marketing offering)이라고도 함.

지각된 차별화 실제 제품의 물리적인 차이에 의한 차별화가 아닌 고객의 관점에서 느끼는 차이에 의한 차별화를 의미함. 고객은 객관적인 차이는 물론 주관적인 차이에 의해 판단을 내리기도 한다. 물리적인 측정 없이 롤스로이스가 가장 정숙성이 뛰어난 차라고 느끼는 것은 지각된 차별화의 전형적인 경우에 해당한다.

한계를 지니고 있다. 심층적인 차별화는 지속 가능한 이익을 창출하고 제품의 범용화를 막는 데 매우 중요한 역할을 한다.

4P에 의존하는 세분시장 수준의 차별화에 비해 심층적인 차별화는 기업의 핵심 경쟁우위를 전략 세분시장[1]을 공략하기 위한 가치네트워크[2]에 반영함으로써 구현할 수 있다. 가치네트워크란 목표 세분시장을 효과적으로 공략하는 데 필요한 마케팅 활동들을 교차기능적으로 조율하는 것을 뜻한다. 4P를 이용한 차별화도 여기에 포함된다. 그러나 전략 수준의 심층적 차별화는 마케팅의 범위를 넘어서서 연구개발, 운영, 서비스와 같은 기능에서의 차별화도 포함한다.

이번 장은 마케터가 시장세분화를 보는 관점에 대한 설명으로 시작하겠다. 그 후 4P의 믹스에 기초하는 시장세분화와 가치네트워크의 조합에 기초하는 전략적 시장세분화의 차이를 설명하고, 새로운 세분화 개념을 도출할 것이다. 단순 세분시장과 전략적 세분시장의 구분은 조직과 경쟁우위의 관점에서 매우 중요한 시사점을 갖는다.

단순한 전술 차원의 4P가 아닌 전략 세분시장 공략이 갖는 교차기능적인 시사점을 이해하려면 가치고객(valued customer), 가치제안(value proposition), 가치네트워크(value network)로 구성되는 3V에 대해 보다 폭넓은 관점을 가질 필요가 있다. 전략 세분시장에 대한 개념 정립과 3V 모델을 이용하여 마케터는 다음과 같은 문제에 더욱 유연하게 대응할 수 있을 것이다. 기업이 지속적이고 장기적인 차별화를 할 수 있는 방법은 무엇인가? 한 세분시장을 공략하는 일이 기업에 어떠한 영향을 미치는가? 서로 다른 세분시장들을 여러 개 공략할 때 발생할 수 있는 긍정적 시너지 또는 부정적인 영향은 무엇인가? 서로 다른 세분시장을 공략할 때 가치네트워크의 어느 부분에서 차별화가 이루어지는 것이 바람직한가? 우리 회사의 마케팅 컨셉트는 얼마나 독창적인가? 핵심 역량, 프로세스, 자산의 관점에서 우리 회사가 차별적인 경쟁우위를 유지하는 원천은 무엇인가?

최고경영자의 관심을 끌 수 있는 것은 세분화와 차별화에 대한 이러한 전략적인 이슈들이지, 마케터들이 습관처럼 내세우는 4P 믹스가 아니다.

4P에 의한 고전적 시장세분화

우선 마케터들이 전통적으로 세분시장을 어떻게 개념화하고 공략해왔는지부터 알아보자. 마케터들은 먼저 세분시장을 정의내린 뒤 목표 세분시장을 선택하고, 4P 믹스를 통해 포지셔닝하는 과정으로 시장세분화 전략을 실행해왔다. 물론 이러한 과정을 실행하는 일은 매우 번잡스러운 것이 사실이다.

시장세분화

시장을 구성하는 고객들의 욕구나 기대수준이 비슷한 경우는 거의 없다. 이러한 고객들이 구성하는 다양한 세분시장을 찾아내기 위해 시장세분화 과정은 세분시장간 차이의 극대화와 세분시장 내 차이의 최소화를 추구하는 기준과 변수들을 규명하고자 한다. 창의적인 시장세분화가 가능할 경우 기업은 4P를 다양하게 조합함으로써 각 세분시장에 대해 좀더 차별적인 마케팅 믹스를 개발할 수 있고, 결과적으로 고객들에게 더 가까이 다가갈 수 있다.

고객 관점에서 궁극적인 세분화는 각 고객 하나하나가 세분시장이 되는, 이른바 대중맞춤화(mass customization)라고 할 수 있다. 대중맞춤화의 유명한 사례가 델 컴퓨터이다. 델은 개인용 컴퓨터를 개별 고객의 욕구에 맞추어줄 수 있는 능력을 확보했다. 델뿐만 아니라 많은 기업들이 유연생산 시스템, 신속대응 공급망(quick-response supply chain), 제품 개발주기 단축 등을 활용하여 다양한 제품을 낮은 원가로 생산할 수 있게 되었으며, 결과적으로 대중맞춤화에 더욱 근접할 수 있게 되었다. 경쟁이 가열되는 현상 역시 기업을 이런 방향으로 몰아세우고 있다. 유럽의 최고경영자 한 명은 몇 년 전에 이렇게 말했다. "1980년대에는 각 개인을 고객으로 보았습니다. 그런데 1990년대에는 고객 하나하나를 개인으로 보아야만 하는 상황에 처하게 되었습니다."[3] 그러나 대부분의 기업들은 더욱 큰 세분시장을 추구하려는 기업논리와 개별 고객의 독특한 욕구충족을 추구하는 고객논리 사이에서 적절한 균형을 달성해야만 한다.[4]

세분화의 기준이 되는 변수는 매우 다양하다. 이런 의미에서 세분화는 기술(art)이라고 할 수 있다. 시장세분화는 고객을 바라보는 렌즈와도 같다. 시장은 공략 가능한 세분시장이 될 때까지 끊임없이 세분화되고 또 세분화되어야 한다. 공략 가능한 세분시장은 다음과 같은 3가지 특징을 갖는다.

1. 차별성(distinctiveness). 다른 세분시장은 마케팅 믹스에 대해 다르게 반응해야 한다.
2. 정체성(identity). 어느 고객이 어느 세분시장에 속하는지 합리적으로 분류할 수 있어야 한다.
3. 적절한 규모(size). 세분시장을 위해 마련된 마케팅 프로그램이 그 시장 내에서 경제성을 확보할 수 있어야 한다.

시장세분화 변수는 크게 기준변수(identifier)와 반응변수(response)의 두 종류로 나누어 볼 수 있다. 기준변수는 마케팅 믹스에 의해 다르게 반응하는 세분시장을 찾기 위해 누가 고객인지에 기초해서 시장을 세분화하는 변수이다. 이를 선험적 시장세분화(priori segmentation)라고 한다. 예를 들어 성별, 연령, 교육수준, 기업과 시장의 지리적 위치 등에 기초해서 시장을 세분화할 수 있다.

이에 반해 사후적 시장세분화(post hoc segmentation)는 반응변수를 이용해 고객이 어떻게 반응하는지에 따라 세분시장을 찾아내고자 하는 방법이다. 예를 들어 통신고객은 가격을 선호하는 고객과 가격보다는 신뢰성이나 서비스, 품질을 선호하는 고객으로 나누어 볼 수 있다. 그림 2-1에는 몇 가지 자주 이용되는 시장세분화 변수들이 정리되어 있다.

실무에서 관리자들은 선험적 과정과 사후적 과정 모두를 활용해서 시장세분화를 정교화한다. 하지만 여전히 많은 기업들은 선험적 시장세분화 변수에 지나치게 의존한다. 예를 들어 기업의 규모는 B2B 시장에서 자주 활용되는 시장세분화 변수이다. 그러나 이 변수를 활용해서 얻게 되는 소기업, 중기업, 대기업이라는 3가지 세분시장은 구분

그림 2-1 | 자주 활용되는 시장세분화 변수들

기준변수(그들은 누구인가)　　　　　　반응변수(그들은 무엇을 원하는가)

소비자 시장
- 인구통계 변수
  (연령, 성별, 생애단계, 인종, 종교)
- 사회경제적 변수
  (소득, 직업, 교육수준)
- 심리묘사적 변수
  (신념, 의견, 활동, 관심사)

기업 시장
- 고객기업의 규모
- 산업
- 지리적 위치

추구 효익
- 가격, 신뢰성, 서비스

사용 상황
- 정기 유지보수, 부정기 유지보수
  (트럭, 공장설비)

마케팅 믹스에 대한 민감도
- 가격, 촉진, 제품 특성

구매행동
- 구매량과 빈도
- 상표전환 정도
- 구매방식
- 선호하는 유통경로

하기에는 쉬울지 몰라도 각 세분시장의 욕구나 행태 면에서는 별다른 차이가 없는 경우가 대부분이다.

목표시장 선정과 집중

목표시장 선정과 집중은 매출창출을 위해 기업이 적극적으로 공략해야 할 시장을 결정하는 과정이다. 기업은 무차별화 전략, 차별화 전략, 집중화 전략 중에서 한 가지를 선택한다.

무차별화 전략은 모든 고객들에게 똑같은 마케팅 믹스로 접근하는 전략이다. 가장 유명한 사례는 포드의 창업주 헨리 포드의 T 모델 자동차에 대한 1908년 발언에서 찾아볼 수 있다. "어떤 색의 차라도 생산할 수 있다. 단 그 색이 검정이라면." 이런 주장은 마케팅 개념의 관점에서 보면 말도 안 되는 것이지만, 이런 접근이 적합한 상황도 있다는 데 유의해야 한다. 만일 표준화를 통해 가치제안의 전달비용을 전례없는 수준으로 감소시킬 수 있고 대규모 신규고객에게 접근할 수 있다면, 무차별화 전략은 강력한 위력을 발휘할 수 있다.

차별화 전략은 동시에 각각의 독특한 마케팅 믹스를 이용해서 여러 개의 세분시장에 집중하는 전략이다. 예를 들어 오늘날의 포드는 애스턴 마틴(Aston Martin), 포드, 재규어(Jaguar), 랜드로버(Land Rover), 링컨(Lincoln), 볼보(Volvo) 등의 다양한 브랜드로 구성된 포트폴리오를 이용해서 다양한 세분시장에 소구하고 있다.

끝으로 집중화 전략은 하나의 세분시장을 선택해서 집중하는 전략으로, 포르셰(Porsche)의 경우는 연간 소득 20만 달러 이상의 40대 이상 대졸 남성 세분시장에 줄곧 집중해왔다. 그러나 포르셰는 심리묘사 변수를 이용해서 세분시장을 더욱 세분화하고 있다. 포르셰에서 구분한 세분시장의 명칭과 그에 대한 설명은 다음과 같다. 'Top Guns' 세분시장은 눈에 띄기를 좋아하고 권력과 통제력을 선호하는 사람들로 구성되고, 'Elitists' 세분시장은 차는 차일 뿐 아무리 비싸도 개성의 표출수단은 아니라고 보는 사람들이며, 'Fantasists'는 월터 미티(Walter Mitty, 영화 주인공. 공상을 즐기는 소시민 캐릭터)처럼 차를 이용해서 현실을 탈피하지만 차량을 소유하는 것에 대해서는 죄책감을 느끼는 사람들이고, 'Proud Patrons' 세분시장은 차량의 보유를 인생의 성공지표로 보는 사람들이며, 'Bon Vivants'은 이미 충분히 열정적인 그들의 인생을 차를 이용해서 더욱 흥미진진하게 하는 제트족이

나 스릴 추구족이다.[5]

포지셔닝

포지셔닝은 목표 세분시장에 대해 독특한 판매제안(unique selling proposition, USP)을 개발해내는 활동이다. 기업의 독특한 판매제안은 문자 그대로 다른 경쟁사와 차별화되는 독특한 것이어야 하고, 목표고객에게 호소력이 있어서 판매에 직접적인 영향을 미칠 수 있는 것이어야 한다. 포지셔닝은 기업이 시장에서 존재하는 이유를 의미하며, 고객이 그 회사가 없어지면 아쉬움을 느낄 이유이다.

잘 정리된 USP는 간단한 문장으로도 명쾌하게 의사소통이 될 수 있어야 한다. "귀하는 이런 이유로 우리의 상품이나 서비스를 구매하셔야 합니다." 이 문장을 정리할 때 제품의 특징이 아닌 소비자가 느낄 수 있는 효용에 중점을 두는 것이 중요하다. 최고경영자들이 느끼는 실망의 상당 부분은 마케터들이 이 문제에 대해 설득력 있는 답변을 제공하지 못한다는 데 있다. 그 결과 기업은 고객에게 가격을 양보하거나 매출기회를 포기하게 된다.

폭스바겐(Volkswagen)은 고등교육을 받은 젊고 부유하며 모험을 즐기고 주관이 확고하며 운전을 즐기고 가끔은 속도위반도 불사하는 계층을 목표시장으로 선택했다.

그래서 이성적으로는 '당신이 소유할 수 있는 독일 차'로, 정서적으

독특한 판매제안 상품이나 서비스를 구매함으로써 얻을 수 있는 독특한 이점. 1940년대 뉴욕의 광고대행사 테드 베이츠(Ted Bates)사의 로서 리브스(Rosser Reeves)에 의하면 상품이나 서비스의 독특한 판매제안이란 "상품을 구매함으로써 얻을 수 있는 특출한 이점으로서 주로 광고의 주제로 사용된다. 상품의 독특한 이점이 없다면 광고주는 포장의 간편성 등을 상품의 독특한 판매제안으로 창출해야 한다." USP의 3가지 기본 개념은 다음과 같다. ①상품이나 서비스에 관한 각각의 광고는 소비자에게 그 상품의 독특한 이점을 제시해야 한다. ②광고하는 상품의 USP는 경쟁사의 상품이 가지지 못하는 독특한 것이어야 한다. ③광고 상품의 독특한 이점은 소비자가 그 상표를 구매하고 싶어할 만큼 충분히 강력한 것이어야 한다.

로는 '길과 세상으로 이어지는 이제껏 경험해보지 못한 운전경험' 으로 포지셔닝했다. 그 결과 닛산(Nissan), 혼다, 마즈다(Mazda), 도요타와는 달리 고객들은 폭스바겐을 '운전하는 재미가 있고 가치가 있으며 맞춤화되어 있고 활력이 넘치는 차'로 인식하게 되었다.[6] BMW, 사브(Saab), 메르세데스 벤츠(Mercedez-Benz), 볼보 등에 비해 폭스바겐은 더 호감 가고, 사볼 만하며, 가치 있고, 더욱 인간적인 차로 인식되었다.

이 사례의 교훈은 바로 명확한 목표 포지셔닝(USP)을 설정해야 한다는 것이다. 그래야 수많은 선택 앞에서 혼란스러워하는 고객들에게 명확한 대안을 제시할 수 있다.

마이다스의 사례를 통해 살펴본 시장세분화

마케팅이 전술 차원에 치중하는 현상은 위에서 설명한 시장세분화 과정을 밟아오면서 얻게 된 습관에서 비롯된 것이다. 세분시장의 본질은 각기 다른 세분시장별로 각기 다른 4P의 조합인 마케팅 믹스를 제공하는 것이다. 시장세분화 접근은 마케터가 개별 세분시장을 공략하기 위해 어떤 마케팅 믹스를 구사할지 결정하는 데 도움을 준다.

기업에서 실제로 집행하는 시장세분화는 교과서에 나오는 이론보다 더 복잡하고 혼란스러운 과정이다. 현업에서 시장세분화 접근이 어떻게 실행되는지 알아보기 위해 자동차 정비사업체 마이다스(Midas)[7]의 사례를 살펴보기로 하자. 마이다스는 소비자에게 브레이크, 머플러, 배기가스관 등의 경정비 서비스(walk-in service)를 제공하는 회사이다. 이 회사는 3가지 기준변수를 사용해서 시장을 세분화하고 있다.

1. 차령. 오래된 차일수록 정비수요가 많다.
2. 차급. 대형차일수록 수익성이 높다.
3. 차주. 남성보다는 여성 고객의 수익성이 높다.

이러한 세분화를 토대로 이 회사는 고객과 차량의 특성에 맞추어 마케팅 믹스에 변화를 가하고 있다.

마이다스의 시장세분화는 여기에서 끝나지 않았다. 서비스에 대한 기대와 욕구를 기준으로 자동차 애호가(car lover)와 실용주의자(utilitarian)라는 두 부류의 고객 서비스 세분시장을 발견했다.

자동차 애호가는 차를 소중한 재산으로 보는 반면, 실용주의자는 단순한 이동수단으로 본다. 두 세분시장 모두 마이다스로부터 받고 싶어하는 서비스는 동일하다. 즉 신속하고 신뢰성 있으며 한 번에 완료되는 정비 서비스를 바란다.

마이다스는 두 세분시장을 모두 완벽하게 만족시키기 위해서 기초 니즈를 중심으로 다양한 부가 서비스를 제공하고 있다.

자동차 애호가 고객을 담당하는 정비사는 고객과 차량의 상태에 대해 설명해주고, 대기시간에는 차량 정비과정을 볼 수 있도록 배려한다. 또한 정비에 대한 믿음을 주기 위해 교환한 부품을 보여주고, 6개월 주기로 차량정비에 대한 안내전화를 걸어준다.

실용주의자 고객은 이런 종류의 서비스를 귀찮아한다. 그래서 실용주의자 고객을 담당하는 정비사는 대기시간에 지루하지 않도록 신문이나 게임을 권하며, 소음이 사라졌다는 점을 끊임없이 강조하고, 보증수리 주행거리를 제시한다.

3V에 의한 전략적 시장세분화

위에서 설명한 것과 같은 시장 및 서비스 세분시장은 마케팅 믹스의 변화만을 요구한다. 전략 세분시장은 단순한 마케팅 믹스의 변화가 아닌 독특한 가치네트워크를 필요로 하는 세분시장을 의미한다. 예를 들어 마이다스는 자동차 정비사업에서 '신속정비'를 원하는 전략 세분시장에 집중하고, 그 대신 자동차 판매사 정비공장에서 제공하는 '보증정비', 카센터의 '특별정비', 보디 숍(Auto body shop, 판금 등 사고차량을 정비하는 업소)의 '사고정비', 자동차 전문가들의 '자가정비' 시장은 까맣게 잊어버렸다. 이러한 각 전략 세분시장에는 각기 독특한 핵심 성공요인이 있다.

전략 세분시장을 규명하면 어떤 가치네트워크를 적용해야 할지가 명확해진다. 만일 어떤 기업이 두 개의 서로 다른 전략 세분시장을 공략하고자 한다면 그 기업은 두 개의 서로 다른 가치네트워크를 개발해야 한다. 세분시장을 공략할 때처럼 단순히 4P 믹스에 변화를 가하는 것만으로는 안 된다. 전략 세분시장을 공략하기 위해서는 연구개발이나 운영관리와 같은 기업기능의 정렬(alignment)이 필요하다.

따라서 전략 세분시장을 설명할 때는 기존의 4P보다는 3V, 즉 가치고객, 가치제안, 가치네트워크가 훨씬 적절한 사고의 틀이라고 할 수 있다.[8]

항공산업을 예로 들어 전략 세분시장의 개념과 3V 모델에 대해 좀더 깊이 다루어보자. 이지젯은 미국의 사우스웨스트 항공사를 본딴 유럽의 대표적인 저가 항공사이다.[9] 이 회사는

> **정렬** 경영에서 상위 개념과 하위 개념의 일관성을 확보하는 활동을 의미함. 예를 들어 전사의 전략과 사업부의 전략이 일관성을 갖도록 관리하는 것을 정렬이라고 표현함.

1995년 11월 "청바지 한 벌 값에 스코틀랜드로!"라는 표어와 함께 런던-글래스고 노선에 편도 26파운드(약 5만 2,000원)짜리 상품을 선보인 후 대박을 터트렸다. 설립자인 스텔리오스 하지-이오아누(편하게 스텔리오스라고 불러주는 것을 좋아하는 소탈한 면모를 가지고 있음)의 화려한 리더십을 바탕으로 이지젯은 영국항공(British Airways), 에어프랑스(Air France), 네덜란드 항공(KLM), 스위스 항공(Swiss)과 같은 전통적인 국적 항공사(Flag Carrier)들에게 눈엣가시 같은 존재가 되었다. 대형 국적 항공사들과 이지젯의 3V를 비교해보면 전략 세분시장이 얼마나 유용한지 명확하게 알 수 있다.

가치고객: 어느 시장을 공략할 것인가

첫 번째 V인 가치고객의 관점에서 네덜란드 항공이나 스위스 항공과 같은 대형 국적 항공사들은 모든 사람을 목표고객으로 삼는다. 그러나 국적 항공사들의 가장 중요한 가치고객은 비즈니스 여행자들이다. 이지젯은 자기 돈으로 여행하지 않는 비즈니스 여행자들이 아닌 자기 돈으로 여행하는 사람들을 목표고객으로 삼았다.

이들의 대부분은 레저 여행자들이지만, 이들 중에는 자기 돈으로 여행하는 기업가나 중소기업 경영진들도 포함되어 있다. 이들은 유럽에서 상당한 수를 구성하는 세분시장이면서도 이지젯이나 라이안 항공(Ryanair)과 같은 저가 항공사들이 등장하기 전까지는 항공산업의 오퍼에 만족하지 못하고 있었다. 이렇듯 비즈니스 여행자(회사 예산으로 여행하는 사람들)와 레저 여행자는 단순한 마케팅 믹스의 차별화를 넘어서 독특한 가치네트워크를 필요로 한다는 점에서 전략 세분시장이라고 볼 수 있다.

가치제안: 무엇을 제안할 것인가

두 번째 V인 가치제안, 즉 '가치고객에게 무엇을 제안할 것인가'는 두 전략 세분시장의 차이를 명확하게 보여준다. 회사 경비로 여행하는 비즈니스 여행자들은 비즈니스 클래스의 안락한 좌석 등의 기본 서비스는 물론이고 무료 신문, 식사, 마일리지 프로그램 등 부가 서비스에도 요구사항이 많고 까다롭다. 또한 이들은 사전 좌석배정, 여행사 서비스, 전 세계에 미치는 노선망과 편리한 운항 스케줄 등도 당연하게 여긴다.

이에 반해 레저 여행자들은 위와 같은 서비스도 물론 좋아하지만, 선택이 가능할 경우 그러한 서비스보다는 낮은 운임을 더 좋아한다. 『블루오션 전략』의 저자인 김위찬 교수와 마보안(Mauborgne) 교수는 이지젯과 같은 기업의 가치제안 창출과정을 이해하는 데 유용한 4가지 프레임워크를 개발했다.[10]

1. 다른 기업들이 당연한 것으로 여기는 요소들 중에서 없어도 되는 것이 있는가? 이 질문을 통해 기업은 어떤 요소가 가치고객에게 가치를 창출해주는지 성찰할 수 있다. 이지젯의 결론은 무료 식사와 여행사가 필요없다는 것이었다. 그 대신 이지젯은 기내에서 스낵류를 판매했고, 좌석의 95%를 인터넷을 통해서 판매했다. 나머지 5%는 콜센터를 통해 판매했다.

2. 업계 평균 이하로 감소해도 되는 것은 어떤 요소인가? 이 질문은 기업이 가치고객에게 과도한 제품이나 서비스를 제공하고 있는지 살펴보게 한다. 이지젯은 항공편 예약변경 가능과 좌석선택의 여지를 줄일 수 있다고 결론지었다. 이지젯의 모든 운임은 환

불불가 조건부(nonrefundable)이다. 그러나 불가피하게 다른 항공편을 이용해야 할 경우 승객들은 10파운드(약 18,000원)의 위약금을 내고 그 항공편에 탑승할 수 있다. 목적지를 변경할 경우에는 위약금과 운임의 차액을 지불하면 된다. 좌석은 도착순으로 배정된다. 탑승수속을 할 때 승객들은 1~25 혹은 26~50과 같은 구역탑승권을 받아서 탑승한 후 해당 번호의 좌석 중에서 마음에 드는 좌석을 선택할 수 있다. 이런 프로세스는 탑승 수속시간을 상당히 절약할 수 있다. 다른 항공사들은 사전에 좌석을 배정하기 때문에 승객들은 탑승을 서두를 이유가 없으며, 이들을 기다리느라 정시에 운항하지 못하는 경우가 종종 있다.

3. 업계 평균 이상으로 향상시켜야 하는 요소는 무엇인가? 이 질문을 통해 기업이 고객에게 어떤 타협을 강요하고 있는지 이해할 수 있다. 예를 들어 다른 항공사에 비해 이지젯은 낮은 운임, 정시 운항, 더 낮은 기령(항공기 노후도)을 확보하기 위해서 노력하고 있다.

4. 어떤 요소를 업계 최초로 도입해야 하는가? 이 질문을 통해 기업은 소속 산업에 어떠한 가치창출 원천이 남아 있는지 성찰할 수 있다. 이에 대해 이지젯은 단일요금 체계, 4시간 이상 지연시 환불, 무티켓 탑승을 최초 도입하기로 결정했다.

가치곡선 기업이 제공하는 가치를 주요 가치요소(속성)별로 곡선의 형태로 정리한 것. 그림 2-2 참조.

이지젯과 기존 국적 항공사들이 가지고 있는 가치제안의 차이를 가치곡선(value curve)이라는 도구를 이용해서 좀더 명확하게 비교해볼 수 있다.[11]

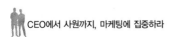

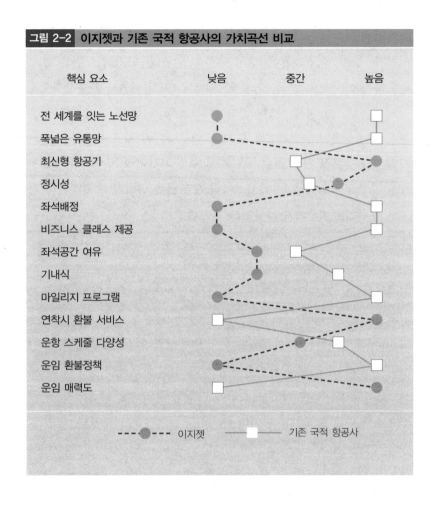

그림 2-2 | 이지젯과 기존 국적 항공사의 가치곡선 비교

| 핵심 요소 | 낮음 | 중간 | 높음 |

전 세계를 잇는 노선망
폭넓은 유통망
최신형 항공기
정시성
좌석배정
비즈니스 클래스 제공
좌석공간 여유
기내식
마일리지 프로그램
연착시 환불 서비스
운항 스케줄 다양성
운임 환불정책
운임 매력도

- - ● - - 이지젯   ──■── 기존 국적 항공사

그림 2-2의 가치곡선에서 보듯이 국적 항공사들은 대부분의 요소에서 이지젯을 능가하고 있다. 그러나 항공기 이용자들에게 가장 중요한 요소들을 살펴보자.

첫째, 이용자들은 목적지에 안전하게 도착하고 싶어한다. 이지젯의 낮은 운임은 안전운항에 대한 염려를 불러일으킨다. 이지젯은 눈에 보이거나 만질 수 없는 안전을 어떻게 구현했을까? 답은 최신형 항공기였다. 둘째, 이용자들은 정시 운항을 원한다. 단거리 노선을 주로 운항하는 이지젯으로서는 쉽지 않은 4시간 이상 지연시 환불정책으로 정시성을 고객들에게 각인시켰다. 이지젯은 이 두 가지 혜택과 낮은 운임을 제공하면서 고객들에게 기존 항공사들이 제공하던 다른 모든 서비스는 포기할 것을 요청했다. 이지젯은 자사의 가치고객이 절대적으로 중요하게 생각하는 가치제안에 집중하고 나머지 가치제안은 철저하게 포기함으로써 경쟁사들을 제압했다.

가치네트워크: 어떻게 전달할 것인가

세 번째 V인 가치네트워크, 즉 '가치고객에게 어떻게 가치제안을 전달할 것인가'에서 이지젯은 각 요소들을 체계적으로 재정의함으로써 낮은 운임이라는 가치제안을 수익 면에서 효과적으로 전달할 수 있었다. 이지젯은 여행사를 이용하지 않은 인터넷 판매를 강조하고, 사브레(SABRE)와 같은 예약 시스템에 가입하지 않고 종이 항공권을 없앰으로써 다른 항공사들에 비해 유통비용을 20~25% 줄였다.

이지젯은 예산의 10%를 마케팅에 사용했다. 그러나 이지젯이 더욱 폭넓고 강력한 광고를 실행함에 따라 이 비용은 점차 감당하기 어려운 부담이 되었다. 게다가 정교한 수익관리 시스템(yield management system)을 사용하여 수요와 공급의 균형을 달성함으로써 수익 극대화를 도모했다. 이지젯에 대한 수요가 증가함에 따라 운임은 인상되었고, 거꾸로 수요가 감소하면 운임이 인하된다.

수익관리 시스템 고객의 행동을 이해, 예측, 대응함으로써 수익을 극대화하려는 기법을 응용한 시스템. 항공사의 경우 고객의 예약 패턴과 항공료의 최적화를 통해 수익을 극대화하는 방법을 사용함. 예를 들어 항공기 출발시간이 임박할수록 항공료를 인하해줌.

그림 2-3	이지젯과 기존 국적 항공사의 가치네트워크 비교			
	구매	운영	마케팅	유통
국적 항공사	• 내부 통합	• 다양한 기종 • 장·단거리 노선 • 터미널 공항 　(허브) • 전 세계 노선망 • 사전 좌석배정	• 세분화된 고객 • 다양한 기내식 • 마일리지 　프로그램	• 여행사 활용 • 세계 공용 예약 　시스템
이지젯	• 아웃소싱	• 단일 기종 • 149석 운용 　(국적 항공사는 　109석이다) • 단거리 노선 • 지점 대 지점 노선 　(point-to-point) • 신속한 운항 • 비즈니스 클래스 　제거 • 사전 좌석배정 　제거 • 기내식 제거	• 시장조사 중단 • 마일리지 프로 　그램 미운영 • 기체를 이용한 　광고 • 효과적인 광고 　캠페인 • 다양한 운임 　제공 • 편도 항공권만 　판매	• 여행사 미활용 • 항공권 미발급 • 예약 시스템 　미사용 • 직판 　(전화 및 인터넷) • 예약 대리점 　(수수료)

　마케팅과 유통부문에서의 변화도 중요했지만, 이지젯의 가치네트워크에서의 비용절감은 주로 파격적으로 간소화된 운영체계에서 이루어졌다(이지젯과 국적 항공사의 가치네트워크 비교는 그림 2-3을 참조).

　이지젯의 운영은 짧은 운휴(fast turnaround, 항공기가 지상에 머무르는 시간이 짧다는 의미)와 높은 항공기 활용률을 통해 저운임에 맞도록 최적화되어 있다. 또한 '보잉 737' 단일 기종만 사용함으로써 부품재고

관리비용, 조종사와 정비사의 교육훈련 비용 등을 절감하였다. 단일 기종의 선택은 항공기 교체도 더 용이할 뿐만 아니라 항공기 제작사에 대한 교섭력을 높여주며, 모든 항공기의 좌석수와 배치가 동일하므로 수익관리 시스템도 효율적으로 개발할 수 있다.

가치네트워크의 재정립 | 좀더 깊이 이해하자면 이지젯의 가치네트워크 설계에는 5가지의 비용원칙이 반영되어 있다.

1. 가능한 한 고정비를 없애라. 예를 들어 이지젯에는 비서가 없다. 최고경영자인 레이 웹스터(Ray Webster)조차도 스스로 이메일을 관리한다.
2. 만일 고정비가 존재한다면 그 요소를 다른 회사보다 더 잘 활용하라. 예를 들어 이지젯의 항공기는 매일 11시간 운항한다. 업계 평균은 6.5시간에 불과하다.
3. 여행사 수수료와 같이 업계에서 당연하게 여기는 변동비를 가능한 한 없애라.
4. 공항 이용료와 같은 변동비는 최소한으로 줄여라.
5. 기내식 대신 기내에서 스낵류를 판매하는 등 수익원으로 변화시킬 수 있는 변동비 요인이 있는지 검토하라.

물론 이지젯과 동일하지는 않겠지만, 이러한 원칙은 모든 기업에 적용해볼 만하다.

3V를 활용해 성장한 이지젯

3V에 대해 이지젯과 국적 항공사를 비교해보면 전략 세분시장과 관련된 몇 가지 흥미 있는 사실을 알 수 있다(표 2-1 참조).

가치네트워크에 기반한 차별화

각 유형별 회사의 경쟁우위는 대부분 독특한 가치네트워크에 내재되어 있다. 영국항공이 이지젯처럼 낮은 운임을 도입할 수도 있겠지만, 그렇게 해서 수익을 낼 수는 없다. 실제로 영국항공은 이지젯과 라이안 항공에 대응하기 위해 저가 자회사인 GO를 출범시키기도 하였다.

그러나 GO는 영국항공의 일부이므로 가치사슬상의 시너지를 창출하고 싶은 유혹이 끊임없이 일었다. 이 두 항공사는 상이한 가치네트워크를 필요로 하는 서로 다른 전략 세분시장을 상대하고 있었기 때문에 영국항공 측의 시너지 창출 시도는 GO의 경쟁력을 약화시켰다. 가치네트워크의 공유를 의미하는 시너지는 GO 입장에서는 저운임에 맞게 최적화되지 못했고, 영국항공 입장에서는 고품질 서비스에 맞게 정렬되지도 못했다. 결국 영국항공은 GO를 분사시켜서 독자 영업하도록 했으나 나중에 이지젯에 인수되고 말았다. 이와는 반대로 기업이 전략 세분시장이 아닌 서로 다른 세분시장을 동시에 공략할 때는 가치네트워크를 공유할 수 있다.

기업들은 3V를 정렬시켜야 한다. 이지젯의 가치제안을 도입한다고 해도 기존 대형 항공사들의 가치네트워크로는 이지젯의 가치고객을 공략할 수 없다. 이익을 내기에는 수익이 너무 적을 것이다.

표 2-1	이지젯과 기존 국적 항공사의 3V 비교		
		국적 항공사	이지젯
가치고객 (어느 시장을 공략할 것인가?)		• 모든 고객, 특히 비즈니스 클래스 고객	• 자비 여행객 및 항공 기를 자주 이용하지 않는 고객
가치제안 (무엇을 제공할 것인가?)		• 다양한 요금 • 폭넓은 서비스 • 높은 운임	• 편도운임 • 부가 서비스 제외 • 낮은 운임
가치네트 워크 (어떻게 전달 할 것인가?)	구매	• 내부 통합	• 아웃소싱
	운영	• 다양한 기종 • 장·단거리 노선 • 전 세계 노선망	• 단일 기종 • 단거리 노선 • 선택적 노선망 구성
	마케팅	• 세분화된 고객 • 다양한 기내식 • 마일리지 프로그램	• 모든 고객에게 동일 하게 대응 • 핵심 서비스에 집중 (기내식 미제공)
	유통	• 여행사/기타 모든 채널	• 인터넷/직접판매만 활용

반대로 이지젯의 가치네트워크로는 기존 대형 항공사의 가치제안
을 구현할 수 없을 것이다. 서비스에 대한 고객의 기대를 충족시키지
못할 것이기 때문이다.

3V를 개발할 때 기업은 다음과 같은 사항을 먼저 고려해보아야 한
다. 첫째, 우리 회사의 마케팅 개념은 업계 다른 기업들과 얼마나 다
른가? 둘째, 우리 회사 마케팅 개념의 구성요소들은 어느 정도로 상호
보완적인가?[12]

새로운 세분시장에 진입하는 것과는 달리 새로운 전략 세분시장에 진입하기 위해서는 새로운 가치네트워크가 필요하다. 하지만 새로운 가치네트워크를 찾지 못하면 시장 구축에 실패하고 만다. 예를 들어 네덜란드 항공은 저가 항공사인 버즈(Buzz)를 자회사로 설립하고 독자적으로 자금을 조달하게 하는 등 독립적으로 운영한 바 있다. 그러나 모기업과 자회사 간의 시너지를 전혀 활용하지 못하여 버즈는 결국 라이안 항공에 매각되고 말았다.

전략 세분시장별 가치네트워크 옵션 찾기

많은 기업들이 서로 다른 전략 세분시장을 공략할 때 가치네트워크를 어디에서 분리해내야 할지 고민하고 있다. 다농(Danone) 요구르트, 네슬레 커피, 유니레버 매그넘(Magnum) 아이스크림과 같은 대형 식품회사의 경우를 생각해보자. 유통업자의 교섭력 증가와 시간에 쫓기는 부유한 소비자들로 인해 영국의 경우 1982년부터 1990년까지 이런 대형사들의 식품매장 매출비중은 52%에서 33%로 감소되었다.[13] 한편 유통업체 브랜드(private brand)의 비중은 33%에서 46%로 증가했으며, 시간적 여유가 없는 부유해진 고객들은 그 사이 식료품 소비 비중을 15%에서 21%로 늘렸다.

이러한 소비 패턴에 맞추어 다국적 식품기업들은 대형 유통업체를 위해 유통업체 브랜드를 부착한 상품을 만들고 호텔, 식당 등을 겨냥한 전용상품과 포장을 개발했다. 식품기업들이 유통업체 브랜드 상품이나 외식업체용 상품을 개발하기 시작하자 가치네트워크의 분리 이슈가 끊임없이 제기되기 시작했다.

이런 회사에서는 높은 매출비중에도 불구하고 기존 제품 형태의 식품사업과 차별화된 시장조사 및 연구개발 서비스를 받지 못하고 있다는 식품서비스 담당 중역들의 불만이 끊이지 않고 있다. 그들은 식품서비스사업은 기존의 사업과는 별도의 가치네트워크를 필요로 하는 전략 세분시장이라고 주장한다. 다른 임원들은 식품서비스사업은 기존의 완성품 형태의 식품사업과 함께 효과적으로 관리될 수 있는 세분시장이라고 주장한다.

제조업체 브랜드(national brand) vs 유통업체 브랜드

도매업체 체인이나 소매업체들은 소위 유통업체 브랜드 또는 자체 브랜드라고 부르는 유통업체 자체 부착 브랜드 상품을 보유하여, 제조업체 브랜드 상품과 함께 판매하고 있다. 광고비가 많이 드는 유명한 제조업체 브랜드에 비해서 이런 무명의 자체 브랜드는 제반 비용이 덜 들어가기 때문에 가격이 저렴하다. 유통업체들은 자체 브랜드와 거래할 때 좀더 유리한 조건으로 계약을 하기 때문에 제조업체 브랜드를 판매하는 경우보다 수익률이 높다. 바로 이런 이유 때문에 도소매 유통업체들은 자신의 특정 매장이나 체인에서만 자체 브랜드 제품을 구입할 수 있도록 조치를 취해놓고 판매를 지원해준다.

많은 경우 해당 점포 내에서 유통업체 자체 브랜드는 유명 제조업체 브랜드보다 낮은 가격을 무기로 고객들을 유혹하며, 유명 브랜드와 직접 경쟁을 벌인다. 하지만 때로는 유명 브랜드를 생산하는 제조업체가 자체 브랜드로 유사한 제품을 생산하여 소매 유통업체에 넘기는 일도 있다. 유명 브랜드 제조업체가 그런 선택을 하는 이유는 우선 놀고 있는 공장의 생산능력을 풀가동시키기 위해서이다.

또 다른 이유로는 만일 유통업체의 그런 요구를 거부할 경우 자신들의 유명 브랜드 제품이 타사의 자체 브랜드 제품과 경쟁하는 일이 발생할 수도 있다는 점을 우려해서이다. 1990년대 들어 유통업체 자체 브랜드의 품질도 제조업체 브랜드만큼 좋다는 사실을 깨닫게 되었다. 그 결과 유명 제조업체 브랜드가 타격을 입게 되었다. 이렇게 제조업체 브랜드 대 무명 유통업체 자체 브랜드 간의 경쟁이 치열해짐에 따라 일부 제조업체들, 특히 담배 및 일회용 기저귀 생산업체들은 가격차별화를 통해 무명 브랜드와 자신의 유명 브랜드 간에 차이가 확실하게 보이도록 하는 차별화 전략을 채택하기도 하였다.

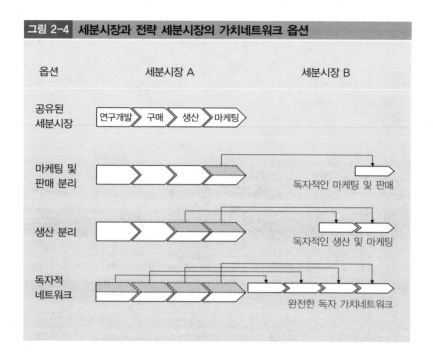

그림 2-4 세분시장과 전략 세분시장의 가치네트워크 옵션

옵션	세분시장 A	세분시장 B

공유된 세분시장: 연구개발 > 구매 > 생산 > 마케팅

마케팅 및 판매 분리 — 독자적인 마케팅 및 판매

생산 분리 — 독자적인 생산 및 마케팅

독자적 네트워크 — 완전한 독자 가치네트워크

이들의 관점을 종합해본다면 각 사업부는 별도의 판매인력과 상품 포장을 보유해야 하겠지만, 연구개발과 제조부문은 공유되어야 한다. 이 경우를 통해 볼 수 있듯이 전략 세분시장과 일반 세분시장은 일종의 연장선(continuum)으로 볼 수 있다. 그림 2-4는 세분시장과 전략 세분시장이 별도의 가치네트워크를 가질 수 있음을 보여주고 있다.

세분시장 공략이 주는 경제적 시사점

과연 유통업체 브랜드 사업과 제조업체 브랜드 사업이 서로 다른 전략 세분시장인가에 대해 논쟁이 벌어지고 있다. 이 문제는 두 가지 브랜드 모두 동일한 유통업자에 의해 판매가 이루어지고 있다는 점에

표 2-2	유통업체 브랜드 사업과 제조업체 브랜드 사업의 가치네트워크 비교						
	연구개발	구매	생산, 물류, 판매	마케팅 영업이익	제조 총 마진	중간상 마진	평균 가격
유통업체 브랜드 사업가치 네트워크	• 모방상품 • 역엔지니어 0	• 저렴한 원재료 • 공개입찰 12	• 소량 생산 • 긴 리드 타임 9.5	• 핵심 고객 관리자 • 모방포장 6	4.5	32.5	65
제조업체 브랜드 사업가치 네트워크	• 신상품 • 신기능 2	• 특허 원재료의 공동 개발 15	• 다양한 생산수량 • 신속대응 (QR) 14	• 광범위한 상표 투자 • 대규모 판매인력 20	9	40	100

서 더욱 판단하기 어렵다. 따라서 물류, 판매인력, 마케팅을 공유하고
자 하는 유인이 강하다. 그러나 수익성 있는 유통업체 브랜드 상품을
위한 가치네트워크와 제조업체 브랜드 상품의 가치네트워크는 상당
히 다르다.

표 2-2는 소비재 산업의 경우를 이용해서 가장 성공적인 유통업체
브랜드 사업자와 굴지의 제조업체 브랜드 사업자의 가치네트워크를
비교하고 있다. 두 회사 모두 유통업체 브랜드 사업과 제조업체 브랜
드 사업이라는 본업에만 충실한 기업이다. 유통업체 브랜드 상품의
소비자가격은 제조업체 브랜드 상품에 비해 평균적으로 35% 저렴하
다(따라서 제조업체 브랜드 상품의 가격을 100으로 보면 유통업체 브랜드
상품의 가격은 65이다).

유통업체 브랜드 상품의 평균 마진은 제조업체 브랜드 상품보다 높

지만(50% 대 40%) 액수로는 더 적다(32.50달러 대 40달러). 유통업체 브랜드 사업자(4.5/32.5)와 제조업체 브랜드 사업자(9/40) 모두 15% 정도의 영업이익을 갖지만, 두 사업자가 이를 성취하는 과정은 가치네트워크 최적화 관점에서 보면 완전히 다르다.

유통업체 브랜드 사업자는 거의 연구개발을 하지 않으며, 대신 모방 혁신에 전적으로 의존한다. 유통업체 브랜드 사업자는 더욱 저렴한 원재료를 사용하며, 더욱 강력한 구매관행을 활용한다. 유통업체 브랜드 사업의 경우에는 다수의 유통업자에게 납품하므로 단위 생산물량(SKU)의 규모가 작으며, 예측 가능한 구매관행으로 인해 리드타임의 연장이 가능하다. 이러한 관행은 공급망의 효율화를 통해 원가를 상당 수준으로 절감시켜준다. 게다가 유통업체 브랜드는 핵심 고객 담당자(KAM)를 통해 관리되며, 모방전략을 사용하므로 포장비용도 절감된다.

제조업체 브랜드 사업자는 새로운 기능을 가진 신제품을 개발하기 위해 연구개발에 상당한 투자를 하며, 경우에 따라서는 특허 원재료를 개발하기 위해 파트너십을 맺기도 한다. 이 사업자는 다양한 고객과 유통업자에게 상품을 공급해야 하므로 다양한 단위 생산물량을 감당할 수 있는 고가의 생산 시스템을 보유해야 한다. 또한 차별화를 위해 신속대응(QR) 역량을 갖춘 시스템도 보유하고 있다. 그러나 가장 큰 원가요인은 숙달된 대규모 판매인력, 광범위하고 강력한 광고 및 촉진 캠페인 등 상표자산 구축과 관련된 비용이다.

두 회사의 가치네트워크와는 달리 제3의 회사는 매출이 유통업체 브랜드 사업과 제조업체 브랜드 사업에서 각각 50%씩 발생하고 있다. 제조업체 브랜드 사업의 경우 국내 유수의 상표로 인정받고 있다. 이 회사는 가치네트워크의 통합으로 높은 시장점유율에도 불구하고 겨우 손익분기점을 달성하는 수준의 수익을 달성하고 있다.

가치네트워크의 공유는 제조업자 브랜드 상품의 정체성을 위협할 수 있다. 유통업자들이 수금 날짜는 미루면서도 제조업체 브랜드 상품의 효용(품질, 혁신성, 포장)을 유통업체 브랜드 상품에 도입하는 데는 매우 적극적이기 때문이다. 하지만 화장지, 알루미늄 호일과 같은 연속 공정을 가지고 있는 산업의 경우 구매와 제조단계에서의 가치네트워크의 분리는 생산 효율성의 심각한 저하를 야기할 수 있다.

두 가치네트워크의 차별성을 고려해볼 때 위의 회사가 선택할 수 있는 방안은 3가지 정도로 압축된다.

1. 제조업체 브랜드 사업 혹은 유통업체 브랜드 사업에 전적으로 집중하기.
2. 주로 제조업체 브랜드 사업에 집중하고 다음과 같은 일정한 요건을 충족하는 경우에 한해 유통업체 브랜드 상품 생산. 기준수익률, 생산능력의 여유, 포장 차별화, 적용기술 차별화.
3. 두 사업을 완벽하게 분리해서 각각 최적화된 가치네트워크 구현.

열띤 논쟁 끝에 이 회사는 마지막 방안을 선택하기로 했다.

찰스 슈왑, 델, 이지젯, H&M(Hennes & Mauritz), 월마트와 같은 뛰어난 경쟁사들과 경쟁하면서 기업들은 경제적 시사점을 분석한 후 가치네트워크의 분리 문제를 점점 더 심각하게 고려하게 되었다. 그러나 전통적인 가치네트워크에 대한 집착으로 인해 새로운 가치네트워크를 채택하는 기업은 많지 않다. 영국항공, 델타 항공, 컨티넨탈 항공(Continental), 네덜란드 항공, 루프트한자 항공(Lufthansa) 등은 모두 저가 항공사를 분사시키는 방안을 선택했다. 이들이 분사시킨 저가 항공산업은 기존 항공산업보다 성장률과 수익성이 좋은 산업이었는데도 말이다.

3V를 활용한 마케팅 혁신관리

3V를 활용한 마케팅 혁신은 다음과 같은 3가지 문제의식을 중심으로 개념화될 수 있다.

1. 현재 업계의 오퍼에 만족하지 못하고 있거나 업계가 관심을 보이지 않고 있는 고객이 있는가? 이 질문을 통해서 기업은 큰 기회를 발견할 수 있다. 아프리카 대륙에 있는 에이즈 양성 반응자들을 생각해보라. 다국적 제약사의 가치네트워크로는 이들을 대상으로 수익성이 보장되는 솔루션을 창출할 수 없을 것이다. 그렇게 하기에는 그들의 가치네트워크가 너무 막대한 연구개발 투자, 의료보험 수입을 고려한 가격전략, 엄청난 마케팅 비용, 높은 수익성을 반영하고 있기 때문이다. 그 대신 아프리카의 환자들은 누군가 이지젯 스타일의 가치네트워크로 효과적인 치료방안을 제시해줄 것을 기다리고 있다. 혹은 어떤 보험사도 가입을 받아주지 않는 고위험 가입자 집단을 목표시장으로 삼고 있는 프로그레시브 인슈어런스(Progressive Insurance) 같은 경우를 생각해볼 수 있다.

2. 경쟁사들에 비해 획기적으로 효용을 향상시키거나 가격을 낮추는 가치제안을 제공할 수 있는가? 버진 애틀랜틱(Virgin Atlantic)

항공의 기내 마사지 서비스나 매니큐어 서비스는 획기적인 효용 향상 전략의 좋은 예이다. 혹은 자라의 명품 패션을 모방해서 원작보다 더욱 빠르고 저렴하게 시장에 출시하는 것도 좋은 전략 사례이다. 가치곡선은 기업의 가치제안 차별화에 매우 유용한 도구이다. 이 도구는 상황을 가시적으로 명확하게 보여주므로 기업의 가치제안 차별화에 명확한 지침을 제공해줄 수 있다.

3. 낮은 비용으로 가치네트워크를 재정의할 수 있는가? 컴퓨터 업계의 델, 호텔 업계의 포뮬라원(Formula one), 가구산업의 이케아 (IKEA) 같은 회사는 좋은 사례이다.

전에 언급했던 가치네트워크와 관련된 4가지 질문(제거, 감소, 향상, 신설)과 위의 3가지 질문은 산업에서 마케팅 혁신의 기회를 어떻게 포착할 수 있는지 잘 정리해준다. 3V를 잘 활용하면 혁신이 연구개발이나 제품개발 부서만의 고유영역이 아니라는 것을 알 수 있다. 사실 혁신은 고객의 새로운 욕구 발견과 새로운 가치곡선의 창출, 가치네트워크의 재정립을 통해 마케터나 전략가에 의해서도 얼마든지 가능한 일이다.

3V를 활용한 성장기회 발굴

앞에서 언급한 마케팅 혁신과 관련된 3가지 질문과 기업의 3V 모델에 대한 심층적인 이해가 유기적으로 결합되면 전략적 성장방향을 발굴할 수 있다.[14] 아무도 공략하지 않은 고객집단이 어디에 있는지 미리 포착하면 기업은 어느 시장과 산업에서 활동해야 하는지, 즉 '어느 고객을 공략할 것인가'를 결정할 수 있다. 경쟁에서 이기는 방법과 경

전통적인 가구점과 달리 다양한 서비스를 제공하는 이케아

이케아는 스웨덴에 본사를 두고 있는 세계적인 가구업체로, 회사의 서비스 방침은 전통적인 가구점과 차별화시키는 것이다. 전통적인 가구점에는 전시실이 구비되어 있어 일부 상품을 전시함과 동시에 고객들이 카탈로그에 나와 있는 가구 샘플을 살펴보게 되므로, 판매원들은 고객들이 카탈로그에 있는 상품을 검토하는 일만 돕게 된다. 그런 다음 고객이 상품을 선택하면 그 주문은 공장으로 이어지고, 주문품은 6주 내지 8주 후에 고객의 집으로 배송된다. 이러한 판매 시스템으로 주문처리는 극대화되지만 비용은 만만치 않다.

이와 대조적으로 이케아에서는 방대한 매장 진열품을 토대로 셀프 서비스 방식을 채택하고 있다. 고객들은 매장 안에 있는 정보 데스크에서 매장안내도와 더불어 연필, 주문양식지, 클립보드, 그리고 줄자를 지급받아 카탈로그와 매장 진열상품을 면밀히 살펴보고, 셀프 서비스 창고에서 판매표에 찍힌 코드를 보고 상품을 찾는다.

모든 상품은 15만 평방피트의 70여 개 방에 진열되어 있다. 따라서 고객은 가구가 어떤 식으로 조화를 이루는지 보기 위해 군이 전문가의 도움을 청할 필요도 없을 뿐만 아니라, 전시실 옆에는 조립식 가구가 상자에 담겨 있으므로 매장을 나갈 때 자신이 택한 상품을 가지고 나가면 된다.

뿐만 아니라 이케아는 매장 안에 탁아센터를 설치하여 고객들에게 편의를 제공하였고, 가구품질에 대한 정보를 제공하는 등 여타 다른 가구업체에서는 시행하지 않았던 서비스를 제공하였다.

출처: Levi and Weitz, *Retailing Management*, 4th Ed., McGraw-Hill, 2001.

제성 확보 방안을 명확히 하면 차별적인 가치제안의 정립, 즉 '무엇을 제공할 것인가' 가 확연해진다. 끝으로 가치네트워크, 즉 '어떻게 전달할 것인가' 는 시의성(언제 어느 시장에 진입할 것인가), 수단(어떻게 진입할 것인가)을 명확히 해주어 기업이 성장기회를 활용할 수 있도록 해준다(그림 2-5 참조).

스텔리오스는 이지젯의 출범 이후 최소한 2가지 새로운 혁신을 선

그림 2-5 이지그룹의 사업 다각화

	마케팅 혁신을 위한 질문	성장을 위한 전략	이지젯의 대응
3V의 일관된 전략	**가치고객** 현재 산업 내에 불만족 혹은 비공략 고객이 있는가?	**시장** 어느 세분시장과 지역?	유럽, 단거리 노선
자비 여행자들은 낮은 운임을 위해 다른 서비스들을 과감하게 포기함		**산업** 어떤 상품/서비스?	항공운수, 인터넷 카페, 렌터카
이지젯 이지인터넷카페 이지카	**가치제안** 기존 산업과 확연하게 다른 가치제안이 가능한가?	**경쟁우위 확보 방법** 어떻게 이길 것인가?	업계 최저 운임과 고객 중심적 이미지
저 고 저 고 저 고		**경제성 논리** 어떻게 수익을 창출할 것인가?	고정비 비중이 높은 산업이므로 동적인 가격 전략을 통한 자산활용률 향상
유통 마케팅 운영 구매 유통 마케팅 운영 구매	**가치네트워크** 저비용 또는 고효용의 가치네트워크 재정립이 가능한가?	**시의(timing)** 신속성과 순서	승자 독식 시장에 신속히 진입
전략자산: 'easy' 상표 · 핵심 공정: 수익관리 · 핵심 역량: 저가구현		**실행방안** 어떻게 실행할 것인가?	내부성장 중심

어느 자산, 공정, 역량이
- 우리에게만 있는가?
- 다른 산업에 적용 가능한가?
- 고객을 위한 가치창출이 가능한가?

보이면서 사업을 다각화했다. 이지인터넷카페(easyInternetcafe)는 세계 최초의 대형 인터넷 카페 체인이다.[15] 유럽 전역에서(뉴욕에 지점을 설립하였음) 24시간 영업 중인 이 카페는 시간당 1파운드(약 1,780원)를 내면 초고속 인터넷에 접속해서 대형 화면을 이용한 인터넷 서핑을 즐길 수 있다. 이지카(easyCar)는 인터넷으로만 예약을 접수하는 렌터카 회사로, 초창기에는 메르세데스 벤츠 A 클래스(소형차)만을 하루 9파운드(약 16,000원)의 저렴한 가격으로 임대해주는 서비스를 제공했다.

물론 스텔리오스는 이지젯에서 얻은 아이디어를 새로운 사업에 접목시키고자 노력했다. 그는 항상 '우리의 핵심 역량(우리가 아는 것)은 무엇이며, 전략적 자산(우리가 가지고 있는 것)은 무엇이고, 핵심 프로세스(우리가 하는 것)는 무엇인가' 하는 질문을 반복했다.[16] 이지그룹(easyGroup)의 핵심 역량은 파격적으로 낮은 원가로 산업의 가치사슬을 재정의하는 것이고, 전략적 자산은 고객욕구를 잘 충족하는 기업이라는 이미지를 갖는 'easy'라는 브랜드 명이며, 핵심 프로세스는 수익관리에 기초한 가격책정 시스템이다. 이 모든 것은 이 회사에만 있는 것들로, 고객을 위한 가치를 창출할 수 있으며 다른 사업에도 접목할 수 있다.[17] 이것들이야말로 성장과 혁신을 위한 기회의 터전인 셈이다.

지금까지 이지그룹의 사례를 이용해서 전략 세분시장과 일반 세분시장을 비교해보았으며, 3V 모델을 혁신과 성장에 어떻게 활용할 수 있는지 설명하였다. 그렇다고 해서 이지그룹이 순탄하게 성장해온 기업이라는 의미는 아니다. 이지인터넷카페는 아직도 수익성 있는 사업 모델을 찾기 위해 노력 중이다. 이지젯은 영국항공으로부터 인수한

GO가 문화적 동질성을 확보할 수 있도록 노력을 기울이고 있는 상태이다. 게다가 이지젯과 이지카 모두 단일 기종의 항공기와 단일 차종을 채택하는 정책을 변경했다. 단일 공급자를 갖는 것은 추가구매시 해당 기업을 인질과도 같은 상태로 만들 수도 있다. 스텔리오스는 운영비용을 약간 늘리는 대신 항공기와 차량의 구매비용을 절감하기로 결정했다. 이러한 의사결정이 갖는 시사점은 아직 명확하게 알려져 있지 않다.

기업을 바꾸는 3V 모델

최고경영자들은 기업의 가치제안이 경쟁사와 얼마나 차별화되었는지에 대해 마케터들에게 명확한 설명을 듣고 싶어한다. 마케터들은 가치곡선과 3V 모델을 이용해 시장세분화, 목표시장 선정, 포지셔닝, 가치제안을 제공하기 위한 사업모델에 대해 중요한 문제의식을 가질 수 있다(상세한 것은 다음 페이지의 체크리스트 참조).

전략 세분시장의 이해와 3V 모델은 많은 기업들이 직면한 주요 이슈들을 보여주고 있다. 기업이 세분시장에 진출할 때 일반적인 세분시장에 진출해야 하는가, 아니면 전략적 세분시장에 진출해야 하는가? 상이한 세분시장을 상대할 때 가치네트워크의 어느 수준에서 차별화를 구현해야 하는가? 마케팅이나 유통을 분리하는 수준으로 족한가, 아니면 완전히 새로운 가치네트워크를 만들어내야 하는가? 마케팅이 기업의 혁신과 성장에 기여할 수 있는 방법은 무엇인가?

이러한 것들이 최고경영자들이 고민 중인 시장세분화다. 이 고민에

대한 답은 전략적이고 전사적이며 수익과 직결되는 파급효과를 갖는
다. 3V 모델을 이용해서 이 고민에 접근하는 기업은 전략 세분시장을
발견할 수 있고, 보다 심층적인 차별화가 가능하며, 혁신과 성장을 도
모할 수 있고, 나아가 기업 자체를 완전히 바꿀 수 있다.

우리 회사는 3V를 실행하고 있는가

가치고객

- 누가 우리의 가치고객인가?
- 산업 내 다른 기업들의 상품이나 서비스에 만족하지 못하는 고객이 있는가?
- 산업 내 다른 기업들이 충족시키지 못하는 욕구를 지닌 고객이 있는가?
- 우리의 상품이나 서비스가 필요하다는 점을 인식하지 못하는 고객이 있는가?
- 사용자, 구매자, 의사결정자, 결재권자의 주요 의사결정 기준은 무엇인가?
- 목표 세분시장의 규모는 충분한 매출을 보장할 수 있는가?
- 목표 세분시장의 성장률은 어느 정도인가?

가치제안

- 가치제안이 충족시키고자 하는 핵심 욕구는 무엇인가?
- 가치제안과 가치고객의 욕구가 부합하는가?
- 고객이 실제로 느끼는 효용은 무엇인가?
- 우리의 가치제안은 경쟁자와 차별화되는 것인가?
- 가치제안은 상품과 서비스의 특징과 부합되고 있는가?
- 우리의 포지셔닝은 경쟁자의 공격에도 끄떡 없는가?
- 우리의 포지셔닝은 현실적인가?

가치네트워크

- 가치고객에게 가치제안을 제공하는 일이 수익성을 확보할 수 있는가?
- 가치제안 전달에 필요한 역량을 확보할 수 있는가?
- 가치고객을 공략하는 것이 기존 고객에 대해 부정적인 결과를 가져오는가? 그렇다면 그것을 어느 정도 통제할 수 있는가?
- 제거, 감소, 아웃소싱이 가능한 고비용·저부가가치 활동이 어느 정도인가?
- 가치네트워크에서 규모의 경제가 가능한가? 규모의 경제와 유연성은 양립 가능한가?
- 가치네트워크는 얼마나 차별화되어 있는가?
- 손익분기점은 어떻게 되는가? 가치네트워크의 변화를 통해 이를 낮출 수 있는가?

제품을 팔지말고,
솔루션을 제공하라

2000년 연차보고서에서 네트워킹 기업
스리콤(3Com)은 "제품과 솔루션이 있다.
제품은 기능은 수행하지만,
솔루션은 인간의 욕구를 충족시킨다.
사람들은 솔루션을 원한다"라고 주장했다.
확실히 사람들은 제품보다는 솔루션을
선호한다. 그러나 모든 사람이 솔루션을
구매하지는 않을 것이다. 고객욕구와
고객수요의 중요한 차이점은 수요는 구매
의지와 능력을 갖춘 고객의 욕구라는 점이다.

고객들은 구멍을 뚫고 싶어하지 드릴을 사고 싶어하지 않는다

Customers buy holes, not drills

많은 산업, 특히 B2B 시장상황에서 '제품' 의 공급자들은 제품의 범용화 현상과 힘겨운 싸움을 전개하고 있다. 경쟁사들이 빠른 속도 로 제품의 새로운 특장점을 모방하고, 제품의 차별화를 무력화시키며, 영악한 소비자들은 브랜드 프리미엄(brand premium)을 지불하지

> **브랜드 프리미엄** 특정 브랜드를 사 용함으로써 발생하는 가격이나 매출액 등에서의 이점. 브랜드 자산과 유사한 개념임. 한편 프리미엄 브랜드는 품질 이나 가격 면에서 일반 브랜드보다 우 위에 있는 브랜드라는 의미임.

않으려고 한다. 기업이 브랜드를 구축하고 유지하는 데 소요되는 비 용, 즉 브랜드 값을 지불하고 싶어하지 않는 것이다.

제품의 범용화 현상에 직면한 기업이 선택할 수 있는 전략적 방법 은 많지 않다. 해당 산업에서 가장 싸게 공급을 하는 방법이 있을 수 있으나, 이 방법은 지속적인 원가절감을 요구한다.

이 방법을 선택한 기업들은 통상 생산기지를 원가가 낮은 곳(주로 해외)으로 옮기고, 대량 판매를 노리며, 마진폭을 줄이고, 고객들에게 원가구조를 공개하며, 진정한 마케팅보다는 할인판매를 주로 활용한 다. 일상용품 사업에서는 구매 담당자가 고객과의 상호작용을 주도 하는 편이며 고객의 교섭력이 강하기 때문에 판매자는 가격운용의 융통성이 거의 없다.

이러한 상황에 대응하기 위해 많은 기업들이 상품과 대고객 서비스

를 결합시켜 솔루션을 제공하기 위해 노력한다. 솔루션 제공의 사업 원리는 의외로 간단명료한 편이다. 제품과 달리 솔루션은 서비스의 비중이 높아서 다른 솔루션과 비교하기가 어렵다. 시간이 지남에 따라 판매자는 고객의 사업 프로세스를 이해하게 된다. 판매자가 고객을 더 잘 이해하고 그에 따라 고객의 만족도가 높아질수록 고객 입장에서는 판매자를 바꾸기가 어려워지며, 결국 고객의 충성도가 높아지게 된다. 나아가 솔루션 판매는 제품과 서비스의 결합이 요구되므로 고액 매출로 연결되는 경우가 많다.

따라서 화학, 재무 서비스, 의료, 정보기술, 물류, 농약, 이동통신, 여행 등 다양한 산업에서 단순한 상품이 아닌 솔루션을 제공한 기업들의 성과가 뛰어난 것은 당연한 일이다. 서비스란 기업이 제품을 팔수 없을 때 파는 것이라고 말한 적이 있는 선 마이크로시스템스의 회장 스콧 맥널리(Scott McNealy)도 요즘은 "우리 회사의 인터넷 역량은 혁신적이면서도 안정적인 솔루션 및 전문 컨설팅 서비스와 유기적으로 결합되어 고객들에게 최상의 IP 기반 서비스를 제공하고 있다"라고 말할 정도이다.[1]

하지만 기업을 솔루션 사업자로 바꾸는 것은 쉽지 않은 일이다. '솔루션 사업자'의 의미는 차치하더라도 솔루션 사업자로의 변화가 어느 정도의 도전과제인지를 제대로 이해하는 최고경영자조차 드물다. 그러나 이 변화를 성공적으로 달성한 기업도 있다. 대표적인 기업인 IBM은 메인프레임 컴퓨터의 강자에서 퍼스널 컴퓨터 기업으로, 그리고 IT 솔루션 사업자로 성공적인 변신을 이루었다.

솔루션 강자가 된 IBM

시장 선도기업으로 승승장구하던 IBM은 1990년대에 들어오면서 어려움을 겪게 된다.[2] 경쟁사들이 IBM과의 품질격차 인식을 좁혀오자 더 이상 가격 프리미엄을 누릴 수 없게 되었다. 1991년과 1993년 사이에 IBM은 160억 달러의 적자를 기록했고, 1993년 한 해에만 총 매출 627억 달러 중 81억 달러가 감소하였다. 월가(Wall Street)는 IBM의 주가가 하락하고 적자가 증가하자 비수익 사업부문을 분사시키라는 압력을 넣기 시작했다.

1993년 4월 1일 IBM은 대표적인 마케팅 중심 기업인 RJR 나비스코(RJR Nabisco)와 아메리칸 익스프레스(American Express) 사장을 역임한 루 거스너(Louis Gerstner)를 회장으로 영입했다. 회사 내외의 많은 전문가들은 기술에 대한 경력이 전혀 없는 최초의 비IBM 출신 최고경영자가 과연 혁신에 성공할 수 있을지 의문을 제기했다. 일부 컴퓨터 관련 매체들은 독자들을 대상으로 "루 거스너가 IBM의 회생에 적합한 인물이라고 생각하십니까?"라는 내용의 투표를 하기도 했다.[3]

루 거스너 회장은 IBM이 기술의 강자로 승승장구하던 시절에는 깨닫지 못했던, 기업가치에 부정적인 영향을 미치는 관행들을 곧 규명해냈다. 연구개발의 경우 IBM은 항상 새로운 것을 추구했으며 외부의 기술은 무시했다. 전형적인 판매 중심 기업의 면모도 발견되었다. 영업인력들은 연구개발 부서에서 개발한 것은 무엇이든 판매하려고 노력했다. 하지만 해가 갈수록 종업원의 애사심이나 판매 중심적 조직문화와 같은 IBM의 강점들은 약점으로 변했다. 기업문화는 점점 더 외부와 고립되어 편협해져서 'IBM식 접근'은 실험정신의 싹을 고사시켰다. 설상가상으로 IBM 사람들은 컴퓨터가 어떻게 작동하는지는 알았지만, 그 컴퓨터가 고객들에게 무엇을 해줄 수 있는지는 몰랐다. 아메리칸 익스프레스 재직시절 IBM의 제품을 도입한 적이 있었던 루 거스너는 이러한 차이를 정확하게 이해하고 있었다.

루 거스너는 고객과의 접촉을 최우선 사항으로 설정했으며, IBM의 관료주의를 통하지 않고 직접 고객의 목소리에 귀를 기울이는 기회를 자주 만들었다. 그는 이러한 행태를 모든 임직원이 따르기를 원했다. IBM의 회사 건물들은 IBM의 고립주의, 관료주의, 원가통제 개념의 상실을 잘 보여주고 있었다. 유명한 건축가인 페이(I. M. Pei)와 로헤 (Mies van der Rohe)가 각각 설계한 뉴욕과 시카고의 IBM 사옥은 산업기업보다는 법률회사나 금융기관에 더 잘 어울려 보였다. 루 거스너는 이 사옥들을 비우고 모든 임직원에게 랩탑 컴퓨터를 지급해서 이들이 집이나 현장에서도 신속하게 일할 수 있도록 했다.

루 거스너 회장은 고객과의 직접 상담을 통해 하드웨어와 소프트웨어의 결합에 필요한 기본적인 지식이 부족하다는 사실을 알게 되었다. 고객들은 문제해결에 필요한 솔루션을 원하고 있었지만, IBM은 IT 전문인력의 부족과 급격한 기술변화로 인해 솔루션을 찾지 못하고 있었다.

이러한 상황을 간파한 루 거스너는 IBM의 다양한 사업부를 분리 매각하려던 계획을 철회했다. 그는 IBM의 가치는 고객에게 수직적으로 통합된 제품과 서비스를 제공하는 데 있다고 판단했다. IBM은 대용량 데이터베이스를 담당할 수 있는 메인프레임, 고성능 서버, 애플리케이션 소프트웨어 등 네트워크의 모든 요소에 해당하는 상품을 가지고 있었다. 그는 IBM의 사업 초점을 하드웨어 제품의 판매에서 하드웨어와 소프트웨어의 번들링을 통한 종합기술 솔루션으로 바꿨다. 이러한 IBM의 솔루션 접근은 어느 기업도 따라하지 못했다.

1996년에 루 거스너는 서비스가 IBM의 전략적 우선순위가 높은 부문이라는 의지를 표명하기 위해 IBM 글로벌 서비스(IBM's Global Services, IGS)를 설립, 사업부간 정보흐름을 향상시킴으로써 고객에게 솔루션을 제공하는 사업을 개시했다. 2002년경 IGS는 매출 364억 달러 규모의 기업이 되었고, 2002년 IBM의 813억 달러 매출과 36억 달러 이익달성에 견인차 역할을 하였다.

자신의 의지와 역할을 이해시키기 위해 루 거스너는 기회가 있을 때마다 고객 서비스와 고객의 욕구에 대해 강조했다. '위대한 IBM의 기술'이란 말에 익숙해 있던 임직원들은 이 메시지를 제대로 이해하지 못했다. 그러자 루 거스너는 "기술은 기업이 유일한 경쟁우위로 삼기에는 너무도 빠르게 변화한다. …… (중요한 것은 어떻게 해서) 고객이 기술을 활용할 수 있도록 도울 것인가이다"라고 자신의 의중을 설명해주었다.

솔루션 기업으로 거듭나기

IBM의 성공으로 시스코(Cisco), 컴팩, 선 마이크로시스템스, 유니시스(Unisys)와 같은 다른 기업들도 솔루션 판매를 지향하는 쪽으로 변화를 시도했다. 가장 상품 중심적인 기업인 마이크로소프트조차도 은행산업에 대한 프리젠테이션에서 "우리의 목표는 소프트웨어 상품을 판매하는 것이 아니라 은행업계가 고객에게 더 나은 서비스를 제

표 3-1 | 제품 중심에서 솔루션 중심으로의 3V 변화

		제품 중심	솔루션 중심
	가치고객	• 거의 모든 고객	• 세분시장 집중
	가치제안	• 개선된 제품과 서비스	• 고객의 비용과 위험을 감소시키거나 수익을 향상시켜주는 최종 솔루션
가치네트워크	연구개발	• 신기술 중심 • 독자적 제품 지향 • 폐쇄적 제품	• 고객 문제해결 중심 • 모듈화된 제품 지향 • 공개된 산업표준 제품
	운영	• 내부 제조 • 제한된 공급망 복잡성	• 최고의 공급자 파트너 • 독립 파트너들과의 긴밀한 협력
	서비스	• 비용 중심적 • 제품에 무상으로 추가	• 이익 중심적 • 제품으로부터 독립된 수익원
	마케팅	• 원가가산법에 의한 가격 책정 • 제품 판매 • 수주 중심의 영업인력 • 지역 기준 상권 보장 • 수량 기준 수수료	• 가치기반 가격전략 • 다층적 서비스 수준 계약 • 산업 전문가 수준의 판매인력 • 서비스에 기초한 커미션 제공
	유통	• 다양한 채널을 통한 판매	• 부가가치 재판매업자(VAR) 지향

공할 수 있도록 도와주는 솔루션을 제공하는 것이다"라고 선언할 정도였다.[4]

　하지만 일부 성공사례에도 불구하고 모든 추종기업들이 IBM처럼 변화에 성공하지는 못했다. 솔루션 기업으로의 변화는 왜 그렇게 어려운 것일까? 표 3-1은 2장에서 정리한 3V 모델을 이용해서 솔루션 판매 사업자가 되기 위해서는 마케팅 개념의 각 요소별로 중대한 변화가 필요하다는 점을 보여주고 있다.

솔루션을 구매할 고객을 목표고객으로 삼아라

2000년 연차보고서에서 네트워킹 기업 스리콤(3Com)은 "제품과 솔루션이 있다. 제품은 기능을 수행하지만, 솔루션은 인간의 욕구를 충족시킨다. 사람들은 솔루션을 원한다"라고 주장했다.[5] 확실히 사람들은 제품보다는 솔루션을 선호한다. 그러나 모든 사람이 솔루션을 구매하지는 않을 것이다. 고객욕구와 고객수요의 중요한 차이점은 수요는 구매의지와 능력을 갖춘 고객의 욕구라는 점이다. 솔루션 제공은 각각의 고객에게 맞추는 노력이 필요하므로 가격이 올라간다. 따라서 솔루션 판매를 희망하는 기업은 가치고객을 주의 깊게 정의해야 한다.

솔루션의 가치고객을 선정하기 위해서는 먼저 그 솔루션의 가치제안을 정확하게 이해해야 한다. 솔루션은 단순히 연관 상품이나 서비스를 번들링하거나 교차판매하는 것 이상이다. 진정한 솔루션은 소비자의 욕구에 기초해서 정의되는 것이지, 기업이 보유하고 있는 상품을 좀더 많이 팔아보기 위해 만들어내는 것이 아니다.[6] 따라서 솔루션 판매는 고객의 욕구를 정확하게 파악하기 위해 기업과 고객의 면밀한 협력을 필요로 한다. 이러한 과정을 밟고 나서야 상품과 서비스의 단순 결합이 아닌 진정으로 차별화된 솔루션이 탄생하는 것이다.

솔루션의 구성에 사용될 제품과 역량이 확정되면, 목표고객과 그들의 해결과제가 명확하게 정리될 수 있다. 예를 들어 IGS는 3가지 영역에 집중되어 있다.

1. 프런트엔드시스템(Front-end System). 자동화를 통한 고객 상호작용 과정의 재설계 지원.

2. 통합(plumbing). 고객이 다른 벤더로부터 구매한 제품을 이미 보유하고 있는 경우 시스템 통합을 지원.
3. 아웃소싱(outsourcing). IBM이 전체 시스템 운영을 지원.

이러한 서비스는 고객사의 사업방식과 시스템에 대한 깊은 이해를 필요로 하고, 이러한 이해에는 상당한 비용과 시간이 필요하기 때문에 주로 규모가 큰 고객, 즉 기업고객들을 목표로 하고 있다.

아웃소싱은 일반적으로 특정 부서의 기능이 아닌 전사적인 차원의 의사결정 과제이다. 따라서 대부분의 경우 최고경영자가 관여하는 의사결정 사항이기도 하다. 이런 이유로 솔루션의 구매결정은 구매 담당자보다는 최고경영진이 내리게 된다. 또한 아웃소싱에 대한 의사결정에는 IBM이 외주를 맡게 되면 자신들의 일자리가 없어질 것이라고 생각하는 제품 구매자나 IT 전문가들의 반대가 만만치 않다.

예를 들어 2002년 아메리칸 익스프레스는 2,000명의 IT 전문가와 컴퓨터를 IBM에 넘기는 7년 기간의 계약을 체결한 바 있다. 금액으로는 40억 달러 규모였다.[7] 표준 아웃소싱 계약 대신 아메리칸 익스프레스는 매월 기술이용료만 지불하기로 계약했다. 그 결과 아메리칸 익스프레스는 계약기간 동안 수백만 달러를 절감할 수 있을 것으로 기대하고 있으며, IBM이 시스템을 관리하는 동안 관련 기술을 5배 이상 빠르게 업그레이드할 수 있을 것으로 전망하고 있다.

고객들이 알아서 솔루션 구매를 위한 예산을 책정하는 경우는 흔치 않다. 따라서 판매기업들이 고객사의 최고경영진에게 솔루션의 당위성을 알리고 이를 예산에 반영하도록 설득할 필요가 있다. 그림 3-1에서와 같이 솔루션 구매 가능성이 가장 높은 고객사는 아웃소싱을 원

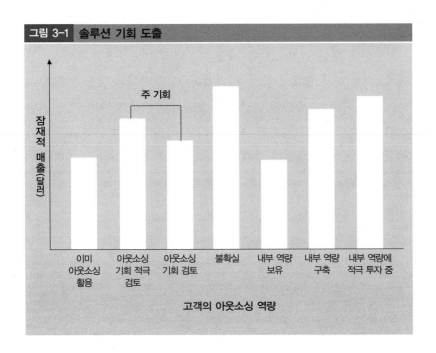

그림 3-1 솔루션 기회 도출

잠재적 매출(달러)

주 기회

고객의 아웃소싱 역량

이미 아웃소싱 활용 / 아웃소싱 기회 적극 검토 / 아웃소싱 기회 검토 / 불확실 / 내부 역량 보유 / 내부 역량 구축 / 내부 역량에 적극 투자 중

하고 있거나 그 가능성을 검토하고 있는 기업이다. 이에 반해 이미 아웃소싱을 하고 있는 기업은 전담 공급자가 있기 때문에 공략하기가 더 어렵다.

솔루션 판매에는 일반적인 '수주영업'과는 다른 판매인력이 필요하다. 솔루션 판매인력은 최고경영진을 상대할 수 있어야 하고, 구매 의사결정권자에게 제품이나 서비스의 일부가 아닌 통합 솔루션을 구매하는 것이 더 좋은 결정이란 점을 확신시킬 수 있어야 하므로 '컨설턴트' 이상의 존재가 되어야 한다.

3가지 유형의 솔루션을 활용한 고객가치 창조

솔루션에 대한 최적 고객은 각종 시스템의 더욱 신속한 활용, 차질 없는 운영, 핵심 활동에 집중, 원가절감, 내부 자원의 절감 등을 중시하는 기업이다. 솔루션 공급사들은 고객의 수익증대, 사업과 관련된 고객의 위험이나 책임 경감, 제품이나 서비스 이용과 관련된 고객의 총 비용절감 등을 통해서 고객을 위한 가치를 창출한다. 강력한 솔루션은 이 3가지 모두에 능하며, 대부분의 솔루션은 이 3가지 중 하나의 강점을 가지고 있다.

솔루션을 이용해서 고객의 가치를 증대시켜라 | 누트레코(Nutreco)의 자회사인 헨드릭스(Hendrix Voeders BV)는 돼지, 가금류, 양, 소 등의 동물용 사료시장에서 시장점유율 8%를 차지하고 있다.[8] 대부분의 기업들이 가격경쟁을 벌이고 있는 데 반해 이 회사는 자사 제품의 가격을 경쟁사 제품보다 10~15% 정도 높게 책정하고 대신 서비스를 강화하는 전략을 선택했다. 판매인력과 별도로 편제된 150명의 컨설팅 인력은 동물의 몸무게를 5~10% 늘리거나 순산확률을 4~5% 향상시키는 서비스를 제공하고 있다.

이러한 생산성 향상은 농장주와 컨설턴트가 함께 동물의 발육상태를 관리할 수 있는 정교한 관리 시스템을 통해 가능했다. 모든 동물에 번호를 부여한 다음 이들의 식사량과 몸무게 변동상황을 일일 단위로 관리했다. 이와 같이 정교한 자료가 확보되자 영양소, 약물, 물리적 환경 등에 대한 정교한 관리가 가능해졌다. 예를 들어 암퇘지 관리 시스템을 이용해서 헨드릭스는 연간 18~24마리를 낳는 암퇘지가 한두 마리를 더 낳을 수 있게 해주었다. 이 정도의 서비스를 제공하자 사료

값 10%는 중요하게 여겨지지 않았다.

몇 년에 걸쳐서 헨드릭스는 각 발육단계별 동물의 영양상태에 맞는 1,500종의 사료를 개발해냈다. 이 과정을 통해서 이 회사는 단순한 사료 공급업자에서 농장주를 위한 종합 서비스 제공자로 변모했다. 예를 들어 헨드릭스는 동물의 초기 성장단계에 필요한 거의 모든 것(사료, 우유 대용식, 비타민, 미네랄 등)을 공급하고 있다. 동물이 성장해가면 이 회사는 동물의 판매, 육류가공 등에 관한 종합안내 서비스를 제공해준다. 이러한 종합 서비스 정신은 이 회사의 표어에 잘 드러나 있다. "농장주의 만족이 우리의 만족."

솔루션을 이용해서 고객의 위험을 감소시켜라 | 채석업체들은 전통적으로 소시지 형태의 발파작업용 포장화약을 사용했다.[9] 발파작업을 하기 위해서는 작업자가 며칠 동안 바위 표면에 드릴로 구멍을 뚫어야 한다. 발파 당일에는 이 구멍들 속에 포장된 화약을 몇 시간에 걸쳐서 장착한다. 때에 따라서는 제한시간 내에 이 작업을 서둘러 마쳐야 한다. 폭파 후에는 여기저기로 날아간 바위들을 중장비와 트럭을 이용해 모은 다음, 작은 돌로 가공하기 위해서 분쇄기로 옮기는 공정이 필요하다. 이 모든 공정이 끝나면 등급별로 자갈을 분류해서 고객들에게 판매한다. 드릴작업과 발파작업에 드는 비용은 채석업자들의 총 경상원가에서 큰 비중을 차지한다. 화약류의 저장과 사용관리에 대한 엄격한 통제로 인해 채석업자들은 보통 필요한 수량만큼 화약을 주문해서 발파작업이 있는 당일에 전달받는다.

이러한 노동집약적 공정으로 인해 많은 인력이 필요하므로 경쟁력을 갖춘 채석업체는 그다지 많지 않다.

ICI 1925년 독일에 이게파르벤(IG Farben)이 설립되자 이에 맞서서 1926년 영국 4대 화학공업체인 브루너몬드(암모니아, 소다), 노벨인더스트리(화약), 유나이티드 알칼리(비료, 소다), 브리티시 염료회사 등이 합병하여 창업한 기업. 종합화학공업 회사로 크게 발전하여 저밀도 폴리에스틸렌, 폴리에스테르 섬유(테릴렌) 등의 획기적인 신제품을 개발함.

그러나 발파작업을 잘 관리하면 바위를 좀더 균일한 자갈 덩어리로 만들 수 있어서 큰 덩어리를 분쇄기에 넣기 전에 2차 작업을 하는 수고를 덜 수 있다. 또한 자갈 덩어리들이 30미터 이내에 떨어지게 하면 위험은 물론 화약의 낭비도 막을 수 있고, 중장비를 이용한 수거도 용이해진다.

1985년 호주의 ICI는 전통적인 소시지 모양의 화약이 아닌 일반 트럭에 싣고 다닐 수 있는 액상 화약을 판매하기 시작했다. 고객이 주문하면 미완성 상태의 화학물질을 실은 이동 제조차량이 현장에 도착해서 일부 화학물질을 추가해 발파용 구멍에 완성된 화약을 넣어준다.

ICI는 또한 발파작업을 경험적 기술에서 정교한 과학으로 바꾸어놓았다. 이 회사는 바위 표면을 레이저로 측정한 후 발파의 위력과 범위를 정확하게 예측해준다. 액체 화약으로 정확도가 향상되었고 바위 표면을 정확하게 측정함으로써 드릴작업에 소요되는 시간과 비용이 줄어들었다. 이와 같이 ICI는 발파작업의 효율성을 향상시켜 채석작업 전체의 효율성을 향상시켰으며, 분쇄 등의 후공정 관련 비용을 절감시켰다. ICI는 '파쇄된 바위'를 채석업자에게 제공하는 서비스 계약을 체결하기 시작했다. 이 계약에서 대금은 화약 공급량이 아닌 특정한 크기로 파쇄된 바위의 양(무게로 측정)을 토대로 청구되었다. 고객사와 ICI는 모두 다음과 같은 이점을 얻었다.

• 화약을 일상적인 상품이 아닌 전체 서비스의 일부로 변화시킴.

- ICI의 배송부담 경감: 현장에서 최종 배합을 하기 전에는 폭발하지 않으므로 배송에 따르는 각종 규제가 적용되지 않음.
- 완벽하게 처리된 발파공 제공: 화약의 재고처리 부담이 사라짐.

솔루션을 이용해서 고객의 비용을 절감시켜라 │ 그레인저는 50여만 종의 품목을 공급하며 매출액 50억 달러 규모를 자랑하는 미국에서 가장 큰 사무지원 용품(MRO) 유통업체이다. 이 회사는 주로 제조업 분야 고객사들의 사무지원 용품에 대한 전문적 컨설팅 수요에 부응하기 위해 1995년에 GISO(Grainger Integrated Supply Operations)라는 자회사를 설립했다.[10]

GISO의 설립목표는 공정, 제품, 재고관리와 관련된 비용을 절감하기 위해 전체 간접용품 관리 프로세스를 아웃소싱하고자 하는 기업들을 공략하기 위한 것이었다. GISO의 직원들은 고객사의 현장에서 근무하면서 BPR(Business Process Reengineering), 재고관리, 공급망 관리, 공구함 관리, 정보관리 등의 간접지원 업무를 수행한다. 초기에 GISO는 사업장당 연간 100만 달러 이상 주문하는 고객사에게만 서비스를 제공했다. 이런 고객사들에게 그레인저가 간접용품 구매를 대행해주면서 발생하는 절감효과는 상당한 것이었다. 결국 그레인저는 얼라이드시그널(AlliedSignal), 아메리칸 항공(American Airline), GM, 유니버설 스튜디오(Universal Studios)와 같은 대기업 고객들로부터 적절한 투자수익을 얻을 수 있었다. 사업이 본 궤도에 오르자 그레인저는 최소 주문금액을 낮추어서 시장을 확대했다.

솔루션 판매 사업자가 되기 위해 그레인저는 GISO 직원들이 500만 개 이상의 품목에 대해 1,200곳 이상의 공급자에게 접근할 수 있도록 사내외 전산망으로 구성된 기술적 기반을 마련해주었다. 직원들은 이러한 네트워크를 이용해서 공급자와 의사소통하고 가격·제품의 유용성, 기술적인 자료 등을 평가한다. 이런 과정을 통해 직원들은 공급망의 중복을 피하여 효율성을 제고함으로써 원가를 절감한다. GISO에 사무지원용품 공급을 100% 외주 하청한 기업들에 따르면 원가 20%, 재고 60%가 절감되었고, 프로세스 주기단축 효과가 50~80% 향상되었다고 한다. 게다가 고객사의 사무지원용품 담당자들이 그 일이 아닌 본업에 더 집중할 수 있는 효과도 추가된다. GISO에 따르면 이로 인해 고객사 직원들의 생산성이 향상됨은 물론 각종 대고객 결함도 감소되었다고 한다.

고객사의 비용절감에 기초한 솔루션 판매전략은 단순한 제품 관련 비용이 아닌 고객의 총 비용에 토대를 둔다. 그레인저는 고객이 구매하는 제품의 가격인하 경쟁을 선택하지 않았다. 그 대신 고객이 사무지원용품을 사용하는 데 소요되는 총 비용(예를 들어 제품구매 비용, 제품관리 비용, 재고관리 비용, 관련 인건비 등)을 절감해주는 데 집중했다.

마찬가지로 IBM은 IT 부문을 수년간 완전히 위임하는 계약을 체결하는 고객사에게 상당한 비용절감을 약속했다. 예를 들어 2002년 3월에 IBM은 네슬레의 글로브(Globe) 프로젝트에 IT 기반을 제공하는 5억 달러 규모의 계약을 수주한 바 있다.[1] 세계 최대의 식품회사인 네슬레는 5년 동안 18억 달러를 절감하는 계획의 일환으로 전 세계에 산재한 100여 개의 IT 센터를 5개 정도로 집중화하는 계획을 세웠다. IBM은 5개의 글로브 데이터 센터(두 곳은 스위스 비시니에, 나머지는 시드니, 프랑크푸르트, 피닉스에 소재)에 서버, 스토리지 시스템, 데이터베이스 시스템을 제공하기로 하였다.

IBM과의 계약은 각 지사별로 분권화된 경영구조를 유지하면서 동시에 글로벌 비즈니스 프로세스를 통합, 표준화하려는 네슬레의 공용 IT 기반 구축 노력의 일환이었다. 수년간 네슬레는 대부분의 지사에서 중복된 IT 및 마케팅 기능을 보유하고 있었다. 글로브 프로젝트의 주 목표 중 하나는 공급자, 소비자, 제품정보를 전사적으로 조정하는 것이다. 최고경영자(Peter Brabeck)가 주도하는 글로브 프로젝트는 네슬레의 주당 수익률을 2003년에서 2006년 사이에 15.1%, 세전이익을 2006년까지 15.2~25% 향상시킬 수 있을 것으로 전망하고 있다.

서비스를 염두에 둔 제품설계

새로운 가치제안을 뒷받침하려면 최고경영자가 기존 가치네트워크의 모든 요소를 재평가해야 한다. 제품 중심의 기업 시절 IBM은 제품의 판매에 치중했고, 서비스는 그저 판매를 돕는 전술적 수단으로 간주했다. 이제 솔루션 중심 기업으로 바뀐 IBM은 서비스를 고객이 구매하는 '주요 상품'으로 보고 있으며, 제품은 필요에 따라 번들에 포함되는 것으로 간주하고 있다.

IBM이 진정한 솔루션 사업자가 되는 데 자사가 과거에 최고 품질의 제품을 만들어냈다는 자부심은 더 이상 중요하지 않게 되었다. 그보다 솔루션 사업자가 되기 위해서는 여러 가지 제품을 통합해서 고객의 문제해결을 돕는 것이 중요하다는 것을 깨달아야 했다. 이처럼 솔루션 판매 사업자는 제품의 모듈성에 역점을 두어야 하며, 자사는 물론 필요에 따라서는 경쟁사의 제품과도 쉽게 통합될 수 있는 '사용이 간편한(plug-and-play)' 제품을 개발해야 한다.

시스템을 차질 없이 가동시키기 위해서 기업들은 서비스가 용이한 제품을 설계해야 한다. 이런 점은 솔루션 사업자들이 고객사의 사업장에서 시스템 운영을 담당한다는 점을 고려할 때 더욱 그렇다.[12] 만일 제품이 서비스하기에 비쌀 경우에는 솔루션 제공 계약의 수익성이 악화될 것이다. 이 점이 바로 서비스 제공과 부품교환이 상당한 수익원이 되는 제품 중심의 기업과 크게 다른 점이다.

적정 수준의 제품과 독립성 확보

IBM과 다른 기업들은 과거에는 호환되지 않던 제품과 서비스를 통합해서 '솔루션'으로 마케팅하는 운영체계를 만들어냈다. 그러고 나

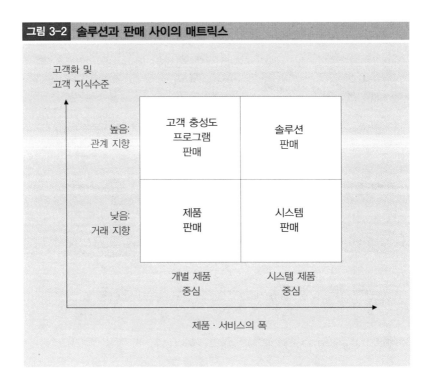

그림 3-2 솔루션과 판매 사이의 매트릭스

고객화 및
고객 지식수준

높음:
관계 지향

고객 충성도
프로그램
판매

솔루션
판매

낮음:
거래 지향

제품
판매

시스템
판매

개별 제품
중심

시스템 제품
중심

제품 · 서비스의 폭

서 이 솔루션에 적합한 고객을 물색했다. 시스템 판매와는 달리 진정한 솔루션 판매는 고객과 함께 그들의 문제를 규명하고 맞춤화된 솔루션을 설계하는 것을 의미한다(그림 3-2 참조). 판매 전후에 상당한 노력이 소요되며 강력한 고객관계가 필요하다.

솔루션 완성에 필요한 모든 제품 분야에서 기술적 우위를 유지할 수 있는 기업은 없다. 또한 고객들은 레거시 시스템(legacy system)으로 인해 특정 브랜드를 선호할 수도 있다. 제품에 대해 자부심이 강한 기업의 경우 고객이 솔루션 구성에 필요한 하드웨어를 경쟁 브랜드를 포함해 어떤 브랜드라도 선택할 수 있게 해주는 제품 독립적(product agnostic)인 기업으로 변화하는 것이 가장 어려운 과제가 된다.

자사 제품이 최적이 아닌 경우에도 자사 제품을 권유하는 기업은 솔루션 판매가 아닌 제품이나 시스템 판매로 회귀하게 된다. 예를 들어 가정용 가구로 유명한 런던의 한 백화점 체인은 고객이 직접 자기 집을 꾸미는 문제를 해결하는 솔루션을 제공하기로 했다. 이를 위해 이 백화점은 고객의 선택을 돕는 개인 쇼핑 관리자 제도를 채택했다. 그러나 불행히도 개인 쇼핑 관리자는 그 백화점에 있는 가구만 선택할 수 있었고, 그 결과 이 제도의 효과는 반감될 수밖에 없었다.

제품 지향적 기업에서 솔루션 판매부서에 배치된 사람들은 종종 제품의 논리와 솔루션의 논리 중에서 선택에 직면하게 된다.[13] 고객과의 상호작용을 통해 이들은 고객의 이익을 고려해서 행동하는 컨설턴트

레거시 시스템 사전적 의미는 '유산'으로, IT 분야에서 새로 도입하는 시스템의 관점에서 기존에 가지고 있던 시스템을 지칭함.

제품 독립적 최적의 솔루션은 최적의 제품과 서비스의 통합을 통해 구축됨. 따라서 최적의 솔루션을 구축하려면 자사 제품을 고집하기보다는 최적의 제품(타사 제품일 수도 있음)을 선택해야 함. 이처럼 최적의 솔루션을 구축하기 위해 굳이 자사 제품에 집착하지 않는 경향을 제품 독립적이라고 함.

로서의 정체성을 먼저 갖고, 그 다음 조직에서의 정체성을 갖는다. 그러나 제품사업부는 종종 솔루션 사업부에 기업 브랜드에 대한 충성도와 정체성을 요구하기도 한다. 만일 제품 논리가 솔루션 논리를 압도할 경우 기업은 고객 중심적 솔루션 제공에 대한 능력과 신뢰성을 상실하게 된다.

IBM은 제품 독립적인가 | IBM은 선 마이크로시스템스, HP 등 다양한 공급원의 기술을 통합해서 IGS를 독립적인 기업으로 만들고자 했다. 1999년 IBM의 중역들은 IBM의 제품 및 서비스와 경쟁사의 더욱 뛰어난 제품을 통합하겠다는 '사업 파트너 헌장'에 서명하였다. 현재 IBM은 SAP, 시벨 시스템(Siebel System) 등을 포함하는 72개 사로 구성된 '업계에서 가장 광범위한 비즈니스 파트너 네트워크'를 구축하고 있다. IBM의 마케팅과 유통역량은 군소 소프트웨어 기업들에게 IBM을 매력적인 통합주체로 인식시켜주었다.

파트너 제휴를 통해 IGS는 더 많은 잠재고객들에게 접근할 수 있게 되었고, 기존 고객들에게는 더욱 완전한 서비스 기반을 제공할 수 있게 되었다. IBM의 개발업자 관계 담당 중역인 밥 팀슨(Bob Timpson)은 파트너십의 당위성을 다음과 같이 설명한 바 있다. "오늘날의 세계에서는 어느 회사도 자사의 하드웨어, 소프트웨어, 판매인력에만 의존할 수 없다. 이제 기업은 보다 큰 생태계의 일원이 되는 선택밖에할 수 없게 되었다."[14] 물론 브랜드 통합과 경쟁사 제품에 대한 품질보장 등의 문제는 여전히 남아 있다.

제품으로부터의 독립성 확보는 기술 전문가로서 IBM의 신뢰도 향상에 도움이 되었다. 솔루션 제공자로서 IBM은 고객사들의 운영, 혁신역량, 유통채널을 향상시킬 수 있는 방안을 구하기 위해 적극적으로 협력했다. 다양한 원천기술을 통합함으로써 IBM은 고객의 구체적인 사업문제를 해결하는 데 도움이 되는 시스템을 구축할 수 있었다. 이렇듯 제품으로부터 독립하여 고객의 문제에 집중하는 접근은 IBM과 고객사 간의 신뢰 형성에 크게 기여하였다.

솔루션 제공 사업자가 되는 것은 목적지가 아닌 여정이라고 할 수 있다. IGS는 아직까지 다른 회사의 하드웨어와 소프트웨어에 대해서 진정한 독립성을 확보하고 있지 못하다. 만일 고객사가 다른 플랫폼을 원할 경우 IGS는 그것을 제공해주기는 하지만 불가피한 경우로 제한한다. 게다가 IBM은 솔루션을 구현할 때 자사 제품보다 더 좋은 경쟁사의 제품을 활용할 것이라는 약속을 지키겠지만, 그 경쟁사가 IBM의 비즈니스 파트너 자격을 취득한 경우로 제한하고 있다. 그러나 경쟁사가 IBM의 비즈니스 파트너 자격을 취득한다는 것은 현실적으로 무리가 있다. 이 문제를 해결하기 위해 IBM은 자사 컨설턴트에 대한 인센티브 시스템에서 IBM 제품판매에 대한 비중은 낮추고 대신 서비스 목표달성도의 비중을 높였다.

뛰어난 제품은 솔루션 판매에 장애요인이 되는가 | IBM의 성공을 목격한 HP는 자사의 다양한 제품과 핵심 역량이라고 할 수 있는 기술역량을 활용해서 IBM과 유사한 고객 솔루션 제공 전략을 채택해보려고 최소한 세 번은 시도해보았으나 성공하지 못했다.[15] HP는 IBM에 대한 경쟁력 제고를 목적으로 다양한 방법을 시도하였고, 컴팩 인수도 그 일환 중 하나였다.

역설적이지만 HP는 분권적인 조직문화와 기술 중심적인 풍토, 그리고 이러한 풍토에서 개발된 뛰어난 제품들이 문제가 되었다. 기술 중심적 문화는 기업이 고객과 그 고객의 고민이 아닌 자사의 기술이 만들어낸 제품과 종종 사랑에 빠짐으로써 솔루션 중심 기업으로 변화하는 데 장애요인이 되는 경우가 많다. 사실 솔루션 기업은 고유한 제품을 갖지 않는 것이 바람직할 수도 있다. 자사가 개발한 제품이 있을 경우에는 그 제품을 중심으로 고객가치를 창출하려는 압력을 받기가 쉽기 때문이다.

액센추어(Accenture, 구 앤더슨 컨설팅)는 고전적인 의미의 제품을 전혀 가지고 있지 않은 IT 솔루션 사업자의 전형이다. 제품이 없는 대신 액센추어의 컨설턴트들은 고객의 요구에 더욱 귀기울였고, 고객의 프로세스를 연구했으며, 그 프로세스를 재설계해서 자동화시켰다. 이들은 자사의 제품 판매가 아닌 고객과 고객의 업무관행을 이해하기 위해 노력했다. 그렇기 때문에 하드웨어를 선정할 때 액센추어는 중립적인 입장을 견지할 수 있었다. 사실 대부분의 고객들은 특정 브랜드의 하드웨어를 고집하지 않는다. 통상 어떤 제품을 사용해도 기능을 구현하는 데 별 차이가 없으므로 액센추어는 해당 프로젝트에 최적인 하드웨어를 선정할 수 있다. 액센추어의 유일한 제품은 결국 개념과 방법론인데 이것이야말로 솔루션 사업자의 핵심 역량이다.

솔루션의 가치를 반영하는 가격책정

제품과 달리 솔루션은 비교 가능한 동일한 솔루션이 존재하지 않기 때문에 적절한 가격을 설정하는 것이 용이하지 않다. 심지어는 동일한 솔루션이라 하더라도 고객별로 제공되는 가치가 큰 차이를 보일 수 있다. 따라서 솔루션의 가격은 그것이 고객에게 창출해주는 가치와 그것을 제공하는 데 드는 비용 사이에서 절묘한 균형을 이룰 수 있어야 한다.[16] 가격이 너무 높을 경우 고객들은 솔루션의 구성요소들을 개별적으로 구매해서 스스로 솔루션을 구현하고자 할 것이다. 가격이 너무 낮을 경우 솔루션 공급업자는 적절한 보상을 받지 못할 것이다.

지나치게 낮은 가격을 막으려면 가치고객과 가치제안이 명확해야 한다. 솔루션이 고객에게 제공하는 가치는 각 개별 구성요소에 대한 비용보다 커야 한다. 솔루션의 가치는 다양한 구성요소를 일괄 구매하는 데 대한 할인 수준에 머물러서는 안 된다. 솔루션 사업자의 마진은 통합 솔루션의 가격과 개별 구성요소의 가격 차이로 결정되어야 한다.

솔루션 사업자의 대고객 가치의 일부는 솔루션 사업자가 제공하는 차별적 가격전략에서 비롯된다. 솔루션의 가치는 대부분의 경우 사용시간에 비례한다. 따라서 솔루션의 가치에 대한 가격은 고객사의 상황에 따라 달라질 수 있다. 솔루션에 대한 가격지불 방식은 일괄 구매(턴키 방식), 종량제 사용료, 정액제 사용료는 물론, 경우에 따라서는 지분참여 방식이 될 수도 있다.[17] 여기에 다양한 유형의 서비스 수수료, 유지보수비, 라이선스비, 자문료 등이 부과될 수도 있다. 이러한 가격전략은 각각 혹은 조합의 형태로 제시될 수 있으며, 수량이나 무게 등의 단위로 거래되는 제품과는 상당히 다른 양상을 보인다.

무료에서 유료 서비스로 전환

기업 내에서 서비스의 역할은 다양하다. 전통적으로 제품을 만드는 기업에서 서비스는 무료로 주는 것이었고, 따라서 비용으로 간주되었다. 예를 들어 많은 기업들이 시스코에 e-비즈니스를 좀더 잘할 수 있는 방법에 대해 문의하고, 시스코는 이런 질문에 조언해주는 데 대해서 아무런 수수료도 부과하지 않는다. 시스코는 이런 방식의 컨설팅 서비스를 제공하는 데 드는 비용보다는 이런 서비스를 제공함으로써 얻을 수 있는 장비판매의 증가가 훨씬 크다고 보고 있다.[18]

1960년대와 70년대 IBM의 메인프레임 컴퓨터는 마진이 워낙 좋아서 관련된 모든 서비스를 포괄할 수 있었다. 솔루션 사업자로 전환하면서 IBM은 이러한 부가 서비스를 하나씩 분리해서 유료화했다. 이런 시도 가운데 가장 성공적인 것이 HP가 그렇게도 모방하고자 하는 '대규모 다년간 서비스 제공 계약'이다.[19]

시스코와 IBM의 경우에서 보듯이 서비스의 역할범위에 대한 기업의 입장은 다음과 같이 상당한 편차를 보인다. 제품 판매를 위한 무료 서비스, 부분적인 비용 보전 서비스, 완전한 비용 보전 서비스, 제품을 지원하는 독립적 수익원 서비스, 경쟁사의 제품을 지원·활용하는 독립된 사업단위 서비스.[20] 솔루션 사업자들은 다섯 번째 유형에 속한다. 솔루션 사업자들이 무료 서비스에서 솔루션으로 단번에 전환되는 경우는 흔치 않다. 그보다는 대체로 단계적인 변화를 밟게 된다.

무료에서 유료 서비스로의 전환이 어려운 이유는 기업들이 무료 서비스의 가치와 관련 비용을 고객들에게 이해시키려고 애쓰기 때문이다. 또한 고객들이 이러한 무료 서비스에 대해 느끼는 가치가 다르다는 점도 한 가지 이유다. 어떤 고객들은 무료 서비스를 많이 사용하는 반면 어떤 고객들은 거의 이용하지 않는다. 따라서 무료 서비스의 유료화는 유용한 고객 세분화 방법이 될 수 있다. 헤비 유저는 합당한 비용을 내야 하고, 라이트 유저는 훨씬 저렴한 비용을 제안받을 것이기 때문이다. 그러나 헤비 유저들에게 서비스 이용료 지불을 설득하는 것은 용이한 일이 아니다. 이런 현상은 최종 소비자에게는 무료 서비스를 제공하고, 그 대신 광고와 같은 부차적인 수익원을 추구하는 인터넷 비즈니스 모델(예를 들어 야후)에서 확인된 바 있다.[21]

이런 문제를 해결하기 위한 최선의 방법은 제임스 앤더슨(James Anderson), 제임스 나루스(James Narus) 두 명의 교수가 개발한 표 3-2 를 활용하는 것이다.

우선 세분시장을 선택한 후 해당 세분시장에 무료로 제공하는 표준 서비스를 정리하고, 그 다음엔 유료 옵션으로 제공되는 옵션 서비스를, 마지막으로는 제공을 고려 중인 신규 서비스를 정리한다. 그런 후

표 3-2 서비스 오퍼링 매트릭스			
서비스 요소의 상태	표준 서비스	옵션 서비스	제공하지 않음
기존의 표준 서비스 1._____ 2._____ 3._____	표준 오퍼링 유지	부가가치 옵션으로 변경	표준 오퍼링에서 삭제
기존의 옵션 서비스 1._____ 2._____ 3._____	표준 오퍼링 강화를 위한 변경	부가가치 옵션으로 유지	옵션에서 삭제
신규 서비스 1._____ 2._____ 3._____	표준 오퍼링 보완	부가가치 옵션으로 도입	유지

출처: James C. Anderson and James A. Narus, *Business Market Management: Understanding, Creating, and Delivering Value*(Upper Saddle River, NJ: Prentice-Hall, 1999), 176. Pearson Education 출판사의 허락하에 인용함.

각각의 표준·옵션·신규 서비스별로 대부분의 고객들이 가치를 인정하는 표준 서비스, 일부 고객들만이 가치를 인정하는 옵션 서비스, 가치를 인정하는 고객이 거의 없는 제거대상 서비스로 분류한다. 이렇게 정리·분류하면 매트릭스를 얻게 되는데, 이 매트릭스를 이용하면 각각의 서비스를 어떻게 관리해야 할지 알 수 있다.

기존에 무료로 제공하던 서비스에 대해 이용료를 내라고 고객을 설득하는 것은 어려운 일이므로 위의 프로세스는 기존 서비스보다는 새로운 서비스에 훨씬 용이하게 적용할 수 있다.

이렇게 하면 고객에게 서비스를 유료로 이용하는 것에 대해 학습시킬 수 있다. 동시에 사업자는 고객이 무료 서비스를 사용할 때마다 서비스의 가치인식을 유도하기 위한 '유령 고지서('무료입니다'라고 쓰인)'를 보낼 수도 있다. 이런 식으로 서비스의 가치에 대해 의사소통할 수 있는 기업은 무료 고객을 성공적으로 유료 고객으로 전환시킬 수 있다. 그 결과 기업은 두 가지 버전의 서비스를 개발할 수 있다. 무료 서비스와 유료 프리미엄 서비스. 예를 들어 핫메일(Hotmail)은 제한된 기능을 가진 서비스는 무료로 제공하지만, 모든 기능을 갖춘 서비스는 유료로 제공하고 있다.

서비스는 이제 중요하고도 빠르게 성장하는 수익원이 되었다.[22] 오티스 엘리베이터(Otis Elevator)의 경우 50억 달러의 매출액 중 3분의 2가 서비스와 유지보수 수수료이다. ABB 서비스(ABBS Service)는 자사는 물론 경쟁사의 설비에 대해 100건 이상의 대규모 총괄 서비스 계약을 보유하고 있다.

효과적인 솔루션 판매를 위한 요건

효과적으로 솔루션을 판매하기 위해서는 새로운 역량의 개발이 필요하며, 시간, 인력, 비용과 같은 귀중한 자원의 투자가 필수이다. 제품 판매에서 솔루션 판매로의 전환에 많은 기업들이 실패하는 이유는 이러한 요구사항을 충족시키지 못했기 때문이다.

고객을 먼저 생각하는 조직문화 만들기

솔루션 판매로 전환하기 위해서는 고객을 먼저 생각하는 조직문화가 필요하다. 제품 중심의 기업에서는 제품과 제품의 기능, 제품의 새로운 사용방법과 고객 찾기가 가장 우선시 된다. 만일 어떤 제품이 고객의 사용상황에 적합하지 않을 경우에는 새로운 기능을 추가하거나 새로운 제품을 개발한다.[23] 어떤 경우이든 기업은 자사의 제품과 관련된 문제만 해결할 수 있다.[24] 그러나 솔루션 중심 기업은 고객의 문제에서 출발하여 고객이 원하는 결과물을 꼭 찾아낸다. 이러한 솔루션을 제공하기 위해서는 고객의 현장에서 전체 프로세스에 대해 책임을 지는 자세가 필요하다.

전체 대고객 프로세스 검토하기

솔루션 판매는 고객이 여러 공급자를 상대해야 하는 번거로움과 비용, 다양한 솔루션 구성요소의 통합과 관련된 어려움을 줄여주어 가치를 창출하기도 한다. 이러한 원리를 이해하기 위해 다음과 같이 문제해결을 모색하는 고객의 경우를 생각해보자. 소프트웨어 공급자는 하드웨어에, 하드웨어 공급자는 네트워크 연결에, 네트워크 사업자는

그림 3-3 아크조의 DIY 고객 활동 사이클

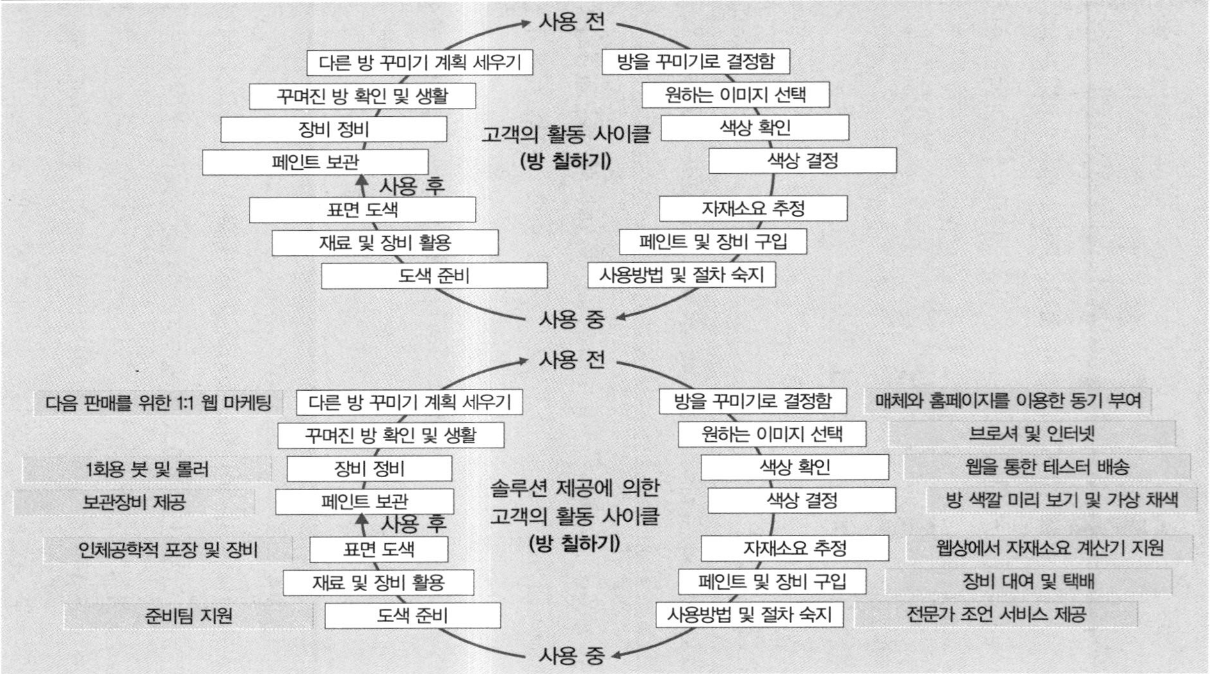

고객의 활동 사이클 (방 칠하기)

사용 전
- 방을 꾸미기로 결정함
- 원하는 이미지 선택
- 색상 결정
- 자재소요 추정
- 페인트 및 장비 구입
- 사용방법 및 절차 숙지

사용 후
- 다른 방 꾸미기 계획 세우기
- 꾸며진 방 확인 및 생활
- 장비 정비
- 페인트 보관
- 표면 도색
- 재료 및 장비 활용
- 도색 준비

사용 중

솔루션 제공에 의한 고객의 활동 사이클 (방 칠하기)

사용 전
- 방을 꾸미기로 결정함
- 원하는 이미지 선택
- 색상 확인
- 색상 결정
- 자재소요 추정
- 페인트 및 장비 구입
- 사용방법 및 절차 숙지

- 매체와 홈페이지를 이용한 동기 부여
- 브로셔 및 인터넷
- 웹을 통한 테스터 배송
- 방 색깔 미리 보기 및 가상 채색
- 웹상에서 자재소요 계산기 지원
- 장비 대여 및 택배
- 전문가 조언 서비스 제공

사용 중

사용 후
- 다른 방 꾸미기 계획 세우기
- 꾸며진 방 확인 및 생활
- 장비 정비
- 페인트 보관
- 표면 도색
- 재료 및 장비 활용
- 도색 준비

- 다음 판매를 위한 1:1 웹 마케팅
- 1회용 붓 및 롤러
- 보관장비 제공
- 인체공학적 포장 및 장비
- 준비팀 지원

출처: Akzo Nobel.

전화회선에, 전화회사는 소프트웨어에 문제가 있다고 주장하고 있다. 이런 경우 솔루션 사업자는 한 곳에서 모든 문제를 해결해준다.

고객에게 차질 없는 솔루션을 제공하려면 전체 대고객 프로세스를 검토해서 고객이 상품을 더 쉽게 살 수 있도록 솔루션을 개발해야 한다. 사업자의 프로세스와 고객의 프로세스가 부합되어야 하는데, 고객들은 각기 다른 프로세스를 가질 수도 있다. 이 프로세스는 제품이 아닌 고객의 제품소비에 대한 전체 프로세스를 창출해야 한다.[25] 예로 제시된 그림 3-3은 DIY 페인트와 방을 장식하고자 하는 고객과의 프로세스를 보여주고 있다.

고객이 소비하는 총 비용 파악하기

헨드릭스, ICI, 그레인저의 사례에서 보았듯이 솔루션 사업자는 고객 관점에서 경제성의 원리를 완벽하게 이해해야 한다. 고객에 대한 책임감, 고객 프로세스의 완전한 검토에 덧붙여 솔루션 사업자는 제품소비와 관련된 고객의 총 비용을 파악해야 한다.

총 비용을 파악하기 위해서는 구매 관련 비용(가격, 구매 전 평가 노력, 구매에 소요된 시간, 서류작업, 주문 관련 활동 등), 소유 관련 비용(이자, 세금, 보험, 보관, 설치, 관리, 감가상각 등), 사용 관련 비용(가동중지, 부품조달, 교육훈련, 사용, 교체, 폐기 등)을 파악해야 한다.[26] 이러한 비용을 고객과 논의하는 과정을 통해 단순히 제품의 가격만을 보는 것보다 폭넓은 비용구조를 이해시킬 수 있다.

에어버스(Airbus)가 보잉(Boeing)과의 경쟁에서 승리한 과정을 생각해보자. 에어버스는 다양한 기종의 항공기를 생산했지만, 모든 항공기에 동일한 조종실 설계와 유사한 비행 특성을 제공했다.[27] 이러한 유사성은 고객사인 항공사들의 조종사 재교육(기종이 바뀔 때 받는) 비용을 줄여주었고, 조종사의 일정을 좀더 유연하게 편성할 수 있도록 해주었다(다양한 기종의 조종이 가능하므로). 항공기 자체의 가격은 보잉이 더 저렴했지만, 항공기 가격은 항공사의 전체 비용 중 일부에 지나지 않는다.

이런 원리는 OOCL(Orient Overseas Container Line)의 회장인 텅(C. C. Tung)의 말을 들으면 더욱 명확해진다. "우리는 가격경쟁을 피하기 위해 직원들이 단순 서비스 제공자가 아닌 물류 컨설턴트의 역할을 담당할 수 있도록 교육시키고 있습니다. 운송이 고객사의 전체 물류비에서 차지하는 비중은 상대적으로 작습니다. 그래서 우리는 최소 재고유지를 통한 이자비용의 감소와 신속정확한 서류작업을 통한 현금흐름의 개선 등 다른 방법으로 고객을 돕고 있습니다."[28]

전체 비용을 고객에게 논리적으로 설명하기

불행히도 고객이 자신의 사업 프로세스 운영과 관련된 경제원리를 제대로 이해하지 못하는 경우가 종종 있다. 따라서 솔루션 사업자는 고객을 교육시켜야 한다. 예를 들어 사라 리(Sara Lee)의 자회사인 다우 에그버트(Douwe Egberts)는 유럽의 전문 식품서비스사업자들을 위해 신선한 원두커피 솔루션인 카피테스(Cafitesse)를 개발한 바 있다. 모듈 방식으로 제작된 이 솔루션은 신속하게 커피를 제조(9초 만에 카푸치노를 만들어냄)하고 청소 및 유지비용을 절감하며, 커피나 거름종이 같은 폐기물을 적게 배출한다.

전문가의 분석에 따르면 원두커피 제조시장은 매우 가격에 민감해서 킬로그램당 커피가격에 상당히 집착한다고 한다. 카피테스 솔루션에 사용되는 커피의 가격은 그다지 경쟁력이 없었지만, 원두커피 제조산업에서 커피 자체의 가격은 전체 비용의 20~30%(경우에 따라서는 40%까지)에 지나지 않는다. 나머지 요소들은 제대로 파악되지 않거나 고려되지 못했는데, 이로 인해서 어떤 원두커피 솔루션을 채택하느냐에 따라 원가구조가 매우 달라졌다.

이런 점을 고객에게 교육시키기 위해서 다우 에그버트는 광범위하고 명확한 엑셀 자료를 만들었다. 이 자료를 이용하면 고객들이 기존의 원두커피 솔루션을 이용했을 경우 커피 한 잔당 원가와 카피테스 솔루션을 사용할 경우의 원가를 비교할 수 있다. 이 비교에는 청소시간, 감가상각, 필터, 전력, 물 사용량, 커피 찌꺼기 등 커피제조와 관련된 모든 변수가 반영되어 있다.

신속하면서도 폐기물 배출이 적은 카피테스의 특징은 컵당 원가를 절감하는 데 기여했다. 폐기물의 예로 커피의 98.5%를 구성하는 물을 생각해보자. 기존 원두커피 솔루션에서 만들어진 커피의 20%가 폐기물이 된다면 커피와 물 모두 폐기물 원가산정에서 중요한 요소가 된다. 폐기물 배출량을 줄일 수 있는 시스템을 만들어낸다면 커피 자체의 가격이 갖는 비중은 줄어든다.

고객사들은 기존 원두커피 제조방식의 원가를 파악하고 나면 상당히 놀란다. 엑셀 자료는 고객들이 카피테스측의 논리에 더욱 집중하게 만들어준다. 카피테스가 경쟁력을 확보하고 있는 컵당 커피의 총원가를 파악하고 나면 고객들은 단순한 가격이 아닌 맛에 대한 논의로 방향을 전환하기 시작한다.

이와 비슷하게 그레인저는 대기업들에게 사무보조용품의 경우 프로세스 비용이 전체 제품가격의 70%에 달한다는 점을 상세하게 분석하여 보여주었다. 이러한 내용은 이 회사의 광고문안에 잘 드러나 있다. "이 망치를 구매하는 데 7명의 직원이 필요합니다. 그런데 이 망치는 겨우 17달러(17,000원)에 불과합니다. 7명의 직원이 사용한 시간은 100달러(10만 원)나 됩니다." 그레인저는 이런 식으로 공급자를 압박해서 제품단가를 낮추는 방법으로는 원가를 절감하기 어렵다는 점을 구매 담당자들에게 교육시켰다.

지식은행 개발하기

솔루션 판매는 정보집약적인 면이 있다. 솔루션을 판매하기 위해서 기업은 각 고객사의 사업 프로세스를 이해해야 하며, 이러한 이해를 다각도로 분석할 수 있는 역량을 지니고 있어야 한다. 예를 들어 고객관계관리(CRM)의 일환으로 IBM은 1,000대 고객사 니즈에 대한 최신 자료를 파악하고 있다.[29] 이 자료에는 고객사의 현재는 물론 미래의 니즈에 대한 추정치도 포함되어 있다. 니즈를 파악한 후 IBM은 고객의 성장률과 추정 생애가치를 기준으로 서열을 매긴다.

기업들은 종종 원천제품에 고도로 고객화된 정보를 통합해서 판매한다. 판매기업은 고객사를 벤치마킹하여 소비과정을 면밀하게 분석함으로써 고객에게 제품을 어떻게 사용하는 것이 최선인지 알려줄 수 있다. 헨드릭스, IBM, ICI, 그레인저가 고객사에 판매하는 지식이야말로 진정으로 차별화되고 점점 더 중요해지는 기업의 핵심 역량이 될 수 있다. 이러한 지식은 활용하는 고객사가 많아질수록 더욱 강력하고 모방하기 어려운 경쟁우위 원천이 된다.

효과적인 솔루션 판매를 위해서 기업은 남들이 접근하기 어려운 전문지식 풀로 구성된 시스템을 갖추어야 한다. IBM은 온라인 지식관리 시스템을 구축해서 자사의 사내 전산망이 솔루션 판매자들을 위한 포털 기능을 수행할 수 있도록 하고 있다. 그 중 한 가지 기능을 소개하자면 '전문가 검색'이 있다. 이 기능은 예를 들어 리눅스 데이터를 구축할 수 있는 소프트웨어 엔지니어를 검색해줄 수 있다.

솔루션 조직으로의 변화

솔루션 판매는 조직 측면에서 중대한 시사점을 갖는다. 만일 조직 전체가 솔루션 조직으로 바뀌지 못한다면 솔루션 전략은 위축되고 말 것이다. 이러한 현상은 조직이 클수록 더할 것이다. IBM의 조직변화 사례를 생각해보자.

취약지대 찾아내기

효과적으로 솔루션을 판매하려면 판매 담당자가 고객의 당면과제를 신속하게 진단해서 그에 맞는 맞춤화되고 완벽한 솔루션을 제시할 수 있어야 한다. 그러기 위해서는 고객사의 역량에 대해 깊이 있게 통찰하고 고객사의 사업 본질을 이해할 수 있어야 한다. 때문에 고객사의 사업 프로세스와 원가구조에 대해 해박한 지식을 갖고 있는 외부인을, 어쩌면 고객사의 산업에서 고용해야 할 수도 있다.

IBM은 자사의 판매 담당자가 은행에, 유통업체에, 정유회사에 컴퓨터를 판매할 때 그러한 문제가 생길 수 있다는 사실을 인식하게 되었다. 이러한 문제를 해결하는 유일한 방법은 판매 담당자가 컴퓨터가 아닌 고객의 문제에 전문가가 되는 것이었다. 판매 담당자가 단순한 주문접수인이 아닌 컨설턴트가 되기 위해서는 먼저 산업 전문가가 되어야 했다.

만일 IBM의 판매 담당자가 다국적 기업에 IT 솔루션을 판매한다면 이 솔루션을 인도하기 위해서 여러 나라의 지사와 다양한 제품사업부의 협력이 필요하다. 따라서 솔루션 판매자는 여러 사업부가 만든 다양한 단위제품들이 서로 긴밀하게 협력할 수 있도록 조정하는 일을 맡는다고 볼 수 있다.[30] 그러나 IBM에서의 역학관계는 제품사업부 책임자와 지역별 지사장을 중심으로 편성되어 있었다. 특히 한 나라의 지사장은 그 나라에 대한 전권을 가진 대사와도 같은 존재였다. 그 나라에서 지사장은 수많은 직원들로 구성된 거대한 조직을 담당한다.

이런 식으로 IBM의 조직구조는 솔루션 판매에 적합하지 않았다. 그런데 고객의 문제를 해결하기 위해 다양한 공급업자들의 상품을 통합하는 시스템 통합 담당자의 역할은 점점 더 중요해지고 있었고, 그 통합비용을 IBM이 부담해야 하는 상황이 전개되고 있었다. 이러한 상황을 해결하기 위해 루 거스너 회장은 14개의 산업을 선정해서(예를 들어 금융, 유통 같은) 산업단위별로 책임자를 임명했다.

새로 임명된 IBM의 산업 책임자들은 대부분 기존 IBM 지역 또는 제품 책임자와 담판을 지을 수 있는 자질과 역량을 갖춘 외부 인사들이었다. 기존의 제품 및 국가 책임자들은 산업 책임자가 고객 솔루션을 창출하는 데 있어 내부 공급자 역할을 담당하게 되었다. 일부 국가 책임자들은 산업 책임자에게 보고하기를 거부했고, 그 중 일부는 결국 회사를 떠났다.

다국적 거대기업을 위한 솔루션을 창출하기 위해서는 다양한 국가와 제품 책임자의 협력이 필요했다. 이를 위해 IBM은 지역별로 편제된 판매인력을 산업별로 재편했고, 제품의 내부거래에 적용되는 이전가격(transfer price)과 같은 새로운 조정 프로세스를 창출했으며, 솔루션 창출에 필요한 자원을 원활하게 배분하

기 위해 강력한 지역단위 리더십을 확보할 수 있는 조직구조를 만들어냈다.

비즈니스 모델 관리하기

제품 판매 기업이 솔루션 판매 기업으로 바뀐다는 것은 매우 혁명적인 일이지만 정작 그 변화과정은 점진적이다. 제품 고객을 솔루션 구매자로 변화시키는 데에는 상당한 시간과 노력이 소요된다. 그 사이에 현재는 물론 미래의 비즈니스 모델들을 관리해야 한다. 두 가지 모델을 관리하는 일은 경영자에게 쉽지 않은 일이다.

전통적인 제품 또는 국가 중심의 사업단위를 유지함과 동시에 고객 솔루션을 담당하는 새로운 팀 중심의 조직이 마련되어야 한다. 고객 솔루션 팀은 프로젝트 단위별로 다양한 사업단위들로부터 필요한 요소들을 조달하게 된다. 이러한 변화과정에서 과거에 명확하던 책임, 권한관계, 자원배분은 새로운 사업단위에 의해 흔들리게 된다. 새로운 사업단위들이 유동적인 팀제로 운영되고, 필요한 자원에 대해 직접적인 통제력이 결여된 프로젝트 책임자의 관리를 받기 때문이다.[31]

고객에게 솔루션을 제공하는 직원들은 다양한 제품단위 조직, 산업 전문가, 지역 전문가의 전문지식을 필요로 한다. 따라서 이들을 위해 회사는 사업단위의 조합이 아닌 자원의 조합으로서 기능해야 한다.[32] 그러나 이러한 자원의 전통적인 공급자들, 즉 제품 및 국가 담당자들

은 이러한 자원의 공유를 불필요한 비용으로 보며, 나아가 자신의 핵심 고객을 솔루션 팀에게 빼앗긴다고 생각한다.[33] 따라서 보상문제를 담당하는 위원회는 각 소속 사업단위가 아닌 회사 전체에 기여한 바에 대해 인센티브를 제공할 수 있도록 보상 시스템을 관리해야 한다.

루 거스너의 변화관리 리더십

솔루션 판매 기업으로 변화하기 위해서는 IBM의 루 거스너 회장과 같은 변화관리 리더십이 필요하다. 거스너 회장은 원가를 절감했고, 기업문화를 바꾸었으며, 고객 중심적인 풍토를 정착시켰다. IBM은 당시 매출은 높았지만, 내부의 관료주의 때문에 사업비용은 계속 늘어났다. 거스너 회장은 취임 초의 그러한 상황을 다음과 같이 설명한 바 있다. "당시 우리는 연간 640억 달러의 매출을 달성하고 있었다. 그 매출액의 대부분은 우리에게 재투자되었다. 문제는 그 돈이 연간 690억 달러였다는 것이다."[34]

거스너 회장의 변화관리 리더십은 IBM의 변화에서 중요한 역할을 했다. 첫째, 그는 내부 지향적이고 근시안적인 문화를 가지고 있는 IBM에 자신이 가지고 있던 외부의 관점을 도입했다. IBM의 고객이었던 그는 IBM이 고객에게 더 좋은 파트너가 되는 데 필요한 시장 및 산업과 관련된 식견을 가지고 있었다. 기술보다는 고객에 초점을 맞춤으로써 IBM이 보유하고 있던 다양한 역량을 축적시킬 수 있었다.

둘째, 거스너 회장은 IBM이 이룩한 사업개념과 방식을 과감하게 버릴 수 있는 최고경영진이 필요하다는 점을 깨달았다. 그는 고객을 이해하고 비용을 절감할 수 있는 전문가를 원했다.[35] 그는 전례를 깨고 마케팅과 커뮤니케이션 담당 부사장을 외부에서 기용했으며, 과감한 비용절감을 위해 크라이슬러의 재무책임자(CFO) 제리 요크(Jerry York)를 데려왔다.

셋째, 거스너 회장은 IBM이 시장과 마케팅 프로세스에서 갖는 브랜드 파워를 충분히 이해하고 있었기 때문에 성과가 저조한 회사들을 구조조정하기보다는 유지시키는 방안을 선택했다. 이 조치야말로 주주의 수익에 가장 크게 기여한 의사결정이라고 할 수 있다.

넷째, 전직 맥킨지 컨설턴트로서 전략과 조직구조의 일치화가 갖는 위력을 잘 알고 있었던 거스너 회장은 다양한 사업부들이 갈등하기보다는 조화를 이룰 수 있도록 부단한 노력을 기울였다. 다행히 취임 초기에 달성한 성공들 덕분에 그는 전사적인 지지를 신속하게 얻을 수 있었다.

IBM의 현 대표이사인 사무엘 팔미사노(Samul J. Palmisano)는 "IBM의 유전자는 변하지 않았다. 다만 열성 유전자는 제거해야 한다. 예를 들어 우리를 외부의 변화로부터 고립시키고 자아도취에 빠지게 만든 경직된 행동, 풀 먹인 하얀 셔츠, 밀짚모자, 사가(社歌), 시장경쟁에서 이기는 것보다 내부 경쟁에서의 승리가 더 중요시되던 풍조. 거스너 회장은 이 모든 것을 혁파하는 데 큰 공을 세웠다."[36]

본사의 지원을 등에 업은 대표이사들은 고객 솔루션의 후원자 역할을 수행하였다. 대표이사들은 갈등을 관리해서 협력 프로세스가 원활하게 작동하도록 도와주었다. 또한 이들은 기업 내의 자원배분 관행도 바꿨다. 프로세스의 우선순위는 가장 가치 있는 솔루션 판매기회에 가장 귀중한 자원이 활용되도록 책정되었다. 그림 3-4는 솔루션 판매 지향적인 조직구조를 보여주고 있다.

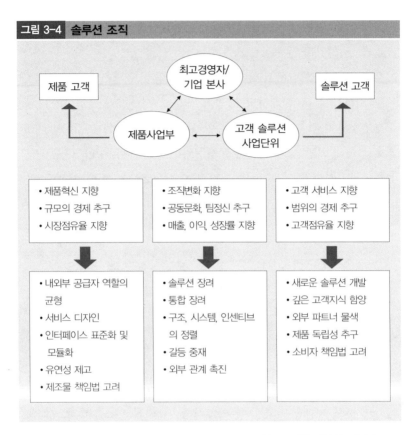

그림 3-4 솔루션 조직

최고경영자/
기업 본사

제품 고객

솔루션 고객

제품사업부

고객 솔루션
사업단위

• 제품혁신 지향
• 규모의 경제 추구
• 시장점유율 지향

• 조직변화 지향
• 공동문화, 팀정신 추구
• 매출, 이익, 성장률 지향

• 고객 서비스 지향
• 범위의 경제 추구
• 고객점유율 지향

• 내외부 공급자 역할의
  균형
• 서비스 디자인
• 인터페이스 표준화 및
  모듈화
• 유연성 제고
• 제조물 책임법 고려

• 솔루션 장려
• 통합 장려
• 구조, 시스템, 인센티브
  의 정렬
• 갈등 중재
• 외부 관계 촉진

• 새로운 솔루션 개발
• 깊은 고객지식 함양
• 외부 파트너 물색
• 제품 독립성 추구
• 소비자 책임법 고려

출처: Nathaniel W. Foote, Jay R. Galbraith, Queentin Hope, and Danny Miller, "Making Solutions the Answer," *Mckinsey Quarterly* 3(2001): 84-93을 토대로 수정 인용함.

솔루션을 제공하는 자가 승리한다

GE(General Electric)의 잭 웰치(Jack Welch)는 "고객의 관점에서 솔루션을 제공하는 자가 승자가 될 것이다. 마케팅의 주 임무는 바로 이것이다"라고 하였다. 그러나 기업이 제품 판매에서 고객 솔루션 판매로 변화하려는 과정에서 분권화된 조직, 기술역량, 강력한 제품 조직 등의 강점들이 장애물로 작용하는 경우가 많다.

고객 솔루션의 개발은 고객의 활동주기 및 비용구조에 대해 완벽한 이해를 필요로 한다. 동일한 솔루션으로부터 각 고객들이 얻는 상이한 경제적 이익을 파악해내는 것은 매우 중요하다. 고객 솔루션을 제공하기 위해서는 다양한 세팅능력, 고객성과에 대한 책임, 유연한 조직구조와 운영체계, 다양한 공급자, 심지어는 경쟁자와의 파트너십 관리능력 등이 필요하다. 또한 솔루션의 대고객 가치를 정확하게 파악하고 유연한 가격전략을 제시할 수 있는 능력도 필요하다.

다음의 체크리스트는 '솔루션을 제공할 때 점검해야 할 사항'을 제시하고 있다. 매 프로젝트마다 얻은 학습결과를 축적하기 위해서는 상당한 수준의 투자가 필요하다. 각 고객 및 실행 프로세스별 학습, 솔루션 기술에 대해 지속적으로 자료가 갱신되는 데이터베이스가 필요하다.

성공적인 솔루션 기업은 네트워크화된 기업이다. 솔루션 기업은 다양한 생산기술을 통합하는 능력을 가지고 있다. 솔루션 기업은 고객의 문제해결에 대한 새로운 기회를 신속하게 파악하고, 이를 유연한 조직구조와 거래비용의 절감을 통해 활용할 수 있어야 한다. 이상적인 솔루션 기업은 사람, 지식, 프로세스 집약적이어야 하되 자산 의존도는 낮아야 한다. 솔루션 기업은 지식, 즉 고객에 대한 학습, 파트너와의 공동학습, 네트워크 파트너의 자원과 역량 활용방안에 대한 학습 등에 역점을 두어야 한다. 솔루션 기업은 자산이나 역량을 확보하는 것보다는 사람을 활용하는 지식함양에 우선순위를 두어야 한다. 이것이야말로 솔루션 기업이 경쟁사를 능가하는 이익을 창출할 수 있는 힘이다.

이를 위해서는 무엇보다도 조직문화의 변화가 필요하다. 조직 최고 경영진의 집중적인 노력이 없다면 솔루션 기업으로의 변신은 대부분의 대기업에 만연하고 있는 관성에 가로막히게 된다. 솔루션 기업으로의 변화에 성공하려면 다른 누구보다도 최고경영자가 그에 상응하는 노력을 기울여주어야 한다.

솔루션 기업이 되기 위해 무엇을 해야 하는가

가치고객과 가치제안

- 우리 솔루션을 구매할 의도가 있는 고객에 대한 판단기준을 가지고 있는가?
- 솔루션 고객에 대한 핵심 가치제안은 무엇인가? 매출증진인가, 총 비용절감인가, 위험감소인가?
- 고객들에게 종량제, 정액제, 원가절감분의 공유와 같은 다양한 지불방식을 제시하고 있는가?
- 제품의 성능 대신 고객이 원하는 서비스를 제공할 수 있는가?
- 특정 제품에 의존하고 있지는 않은가?
- 통합으로부터 진정한 가치가 창출되고 있는가? 즉 솔루션 구성요소의 가격을 모두 합친 것 이상의 가격을 받을 수 있는가?

솔루션 역량

- 자사 및 경쟁사의 다른 제품과 연동하기 쉬운 모듈 방식의 제품 개발에 역점을 두고 있는가?
- 고객 사이트에서 시스템 성과를 보장할 수 있는 역량을 가지고 있는가?
- 고객가치를 측정할 수 있는 효과적인 도구를 개발했는가?
- 판매 담당자들이 컨설팅 기술과 고객에 대해 해박한 지식을 갖고 있는가?
- 고객의 총 비용과 운영비용 구조를 파악할 수 있는가?

- 업계 최고 수준의 고객정보와 지식은행을 보유하고 있는가?
- 탁월한 프로젝트 관리기술을 확보하고 있는가?

솔루션 지향적 조직

- 제품과 국가별 조직이 솔루션 판매를 지원하고 있는가?
- 최고경영자가 솔루션 지향적인가?
- 솔루션 프로젝트에 자원을 분배할 수 있는 효과적인 프로세스를 개발하였는가?
- 고객 솔루션 제공을 지원하는 조직 인센티브 시스템을 보유하고 있는가?
- 고객 솔루션 제공에 필요한 조정 메커니즘(예를 들어 이전가격)을 보유하고 있는가?

성장을 향한
유통망 혁신

라이안 항공의 대표이사 마이클 오리어리는
말했다. "40년 전 우리는 여행사를 통해
60%에 이르는 항공권을 판매했다. 여행사들
은 항공권 가격의 약 9%의 수수료를 받았다.
여행사들이 컴퓨터 예약 시스템을 구축하자
추가로 6%의 수수료를 더 지불해야 했다. 즉
우리는 항공권 판매를 위해 약 15%의 수수료
를 여행사에 지불해왔다. 하지만 오늘날 우리
는 항공권 판매의 96%를 Ryanair.com로
판매하고 있다. 또한 항공권 1매를 판매하는
데 발생하는 비용은 1센트에 불과하다!"

자기시장 잠식현상을 두려워하지 말고 적극적으로 활용하라

Let us keep the cannibals in the family

새로운 유통망으로 인터넷이 등장하면서 뉴스나 음악 같은 디지털 상품과 서비스의 유통은 촉진되었을 뿐만 아니라, 유형의 상품 및 서비스에 대해서도 오프라인 보다 낮은 가격으로 거래할 수 있게 함으로써 기존 유통 시스템을 더욱 복잡하게 만들었다. 전자시장은 기업 간 거래(B2B, 예를 들면 프리마켓), 기업과 소비자 간 거래(B2C, 예를 들면 아마존), 소비자간 거래(C2C, 예를 들면 이베이) 등의 형태로 확산되었다.

   인터넷은 기존 유통 시스템에 영향을 미치는 여러 기술 중 하나에 불과하지만, 이러한 새로운 형태의 유통경로가 등장함으로써 기업의 관리자들이 긴장하는 것은 당연한 일이다. 특히 최고경영자들은 이러한 상황에서 다음과 같은 사항을 고민해야 했다. 더 낮은 가격으로 고객에게 접근하기 위해 새로운 유통망을 활용해야 하는가? 아니면 새로운 유통망이 제자리를 잡을 때까지 기다려야 하는가? 새로운 유통망이 현재의 수익을 잠식하거나, 오랜 기간 유지해온 기존 유통 파트너와의 관계를 위험에 빠뜨리지는 않을까?

   이처럼 기존 업체들이 혼란스러워 하는 사이에 아마존, 찰스 슈왑, 델, 다이렉트 라인(Direct Line), 이지젯, 이케아 등과 같은 기업들이 경쟁우위를 확보하며 각 업계에서 부상하였다. 이들은 엔터테인먼트,

금융 서비스, 커뮤니케이션, 컴퓨팅, 출판, 소프트웨어, 여행 등의 업계에서 파괴적인 유통경로 구조변혁을 통해 기존 업계 선두주자들을 와해시켰다. 찰스 슈왑은 유통부문에 집중하여 전통적으로 수직적 통합구조에 익숙해 있던 금융산업에서 금융 슈퍼마켓을 개설하였다. 시티그룹(Citigroup)은 적극적인 방식으로 고객들이 ATM을 이용하여 은행거래를 하도록 유도했으며, 다이렉트 라인은 텔레마케팅 기법을 도입하여 영국 내 최대의 자동차 보험사가 되었다. 델과 이지젯은 전통적인 중간상이나 여행사를 거치지 않고 고객과 직접 거래를 해서 비용 면으로 효율적인 비즈니스 모델을 개발하였다.

라이안 항공의 대표이사 마이클 오리어리(Michael O' Leary)는 다음과 같이 지적하였다. "40년 전 우리는 여행사를 통해 60%에 이르는 항공권을 판매했다. 여행사들은 항공권 가격의 약 9%의 수수료를 받았다. 여행사들이 컴퓨터 예약 시스템을 구축하자 추가로 6%의 수수료를 더 지불해야 했다. 즉 우리는 항공권 판매를 위해 약 15%의 수수료를 여행사에 지불해왔다. 하지만 오늘날 우리 회사는 항공권 판매의 96%를 Ryanair.com을 통해 판매하고 있다. 또한 항공권 1매를 판매하는 데 발생하는 비용은 1센트에 불과하다."[1]

이러한 새로운 형태의 유통망이 성공을 거두자 비로소 기존 업체들은 유통 시스템의 전략적 역할과 유통전략 수정의 필요성을 깨닫게 되었다. 치열한 경쟁환경에서 높은 성장을 창출해야 한다는 중압감에 시달리던 고위 관리자들은 새로운 세분시장에 접근할 수 있을 뿐 아니라 엄청난 비용절감 효과를 누릴 수 있는 혁신적인 유통 시스템을 모른척할 수 없었을 것이다.

기존 유통경로를 새로운 형태의 유통경로로 변경하기 위해서는 다소 혼란스러운 상황을 극복해야 하며, 최고경영자의 지원이 절대적으로 필요하다. 일선 마케팅 관리자들은 최고경영자의 지원 없이 산적한 내·외부의 영향 요인들을 처리할 수 없다. 유통경로의 구조를 바꾸기 위해서는 다음과 같이 말한 라이안 항공의 오리어리와 같은 최고경영자가 필요하다. "영국항공은 우리가 여행사의 힘을 꺾지 못할 것이라고 이야기했습니다. …… 여행사들을 괴롭혀라! …… 그들이 수년 동안 승객들을 위해 한 일이 과연 무엇인가?"[2]

유통경로의 구조변경 전략

새로운 유통경로가 등장했을 때, 관리자들은 다음과 같은 두 가지 핵심적인 질문에 답을 해야 한다.

1. 새로운 유통경로가 기존 유통경로를 어느 정도까지 보완 또는 대체하는가?
2. 새로운 유통경로가 기존 역량과 가치네트워크를 어느 정도까지 강화 또는 약화시키는가?

이에 대한 해답을 제공할 수 있을 때, 관리자들은 필요한 유통경로 구조변경 전략이 무엇인지 규명할 수 있고, 기업 내부에서의 저항수준을 가늠할 수 있으며, 기존 유통경로에서의 갈등수준을 예상할 수 있고, 유통경로의 구조변경 과정에 대한 통찰력을 제공할 수 있을 것이다(그림 4-1 참조).

그림 4-1　유통경로 구조변경 전략

보완	**침투** (Dell online) • 기존 유통망 유지 • 신규 유통망 추가 • 현재 역량 강화 • 낮은 수준의 내부 저항 • 낮은 수준의 경로갈등	**개발** (Banking online) • 기존 유통망 유지 • 신규 유통망 추가 • 새로운 역량 개발 • 중간 수준의 내부 저항 • 중간 수준의 경로갈등
대체	**전환** (Travel online) • 기존 유통망 제거 • 신규 유통망 추가 • 현재 역량 강화 • 중간 수준의 내부 저항 • 높은 수준의 경로갈등	**재창조** (Music online) • 기존 유통망 제거 • 신규 유통망 추가 • 새로운 역량 개발 • 높은 수준의 내부 저항 • 높은 수준의 경로갈등

외부 영향

기존 역량 강화 ────────▶ 새로운 역량 도입

내부 영향

대체효과와 보완효과

미국에서 구멍가게를 대체한 슈퍼마켓은 신규 유통경로의 대체효과를 보여주는 전형적인 예이다.[3] 훨씬 더 다양한 상품구색, 원스톱 쇼핑, 더 나은 접근 가능성, 더 낮은 가격 등으로 대표되는 슈퍼마켓의 가치제안은 구멍가게의 가치제안을 압도했다. 결과적으로 미국 내에서 구멍가게의 숫자와 상대적인 시장점유율은 감소하게 되었다.

이와는 대조적으로 텔레비전과 가정용 비디오의 등장은 영화산업의 유통망을 확장시켰다. 1950년대 텔레비전이 처음 등장했을 때, 할

리우드 영화제작 시장의 가치는 급격히 감소하였다. 가정용 비디오가 처음 시장에 등장했을 때도 같은 일이 영화사에서 발생하였다. 이 두 가지 사례에서 관리자와 분석가들이 간과한 두 가지 중요한 문제가 있다.

첫째, 새로운 유통경로(텔레비전과 가정용 비디오)는 기존 유통경로(극장)와는 다른 가치를 제공하지만, 극장이 제공하는 가치에 비해 더 우수한 가치를 제공한다고는 볼 수 없다. 예를 들어 가정용 비디오는 소비자들에게 구색의 다양성, 시간적 편리성, 편안한 시청, 낮은 가격 등의 가치를 제공해주지만, 극장은 데이트나 야간 나들이에 적합한 장소로 인정받아왔다. 이 두 가지 유통경로는 고객들의 사용상황에 따라 뚜렷이 다른 가치를 제안하고 있기 때문에 함께 존재할 수 있다.

둘째, 가정용 비디오는 피곤할 때, 우울할 때, 혼자 있고 싶을 때, 아기가 있거나 몸이 아파서 집에 꼼짝없이 붙어 있어야 할 때, 또한 극장의 영업시간이 지났거나 극장에서 해당 영화의 상영을 내렸을 경우에도 소비자들이 영화를 감상할 수 있게 해준다. 또한 텔레비전 이나 비디오는 영화시장을 확장시켰을 뿐만 아니라, 영화산업에 엄청난 규모의 추가 수익원이 되었다. 영화 제작사들은 이제 손익분기를 맞추기 위해 극장에만 의존하지 않는다. 예를 들어 2002년 미국 박스 오피스 수익은 101억 달러에 불과했지만, VHS 테이프 및 DVD 디스크의 판매 및 대여수익은 250억 달러를 훌쩍 뛰어넘는 수치를 기록하였다.[4]

유통경로 구조변경의 특성은 새로운 유통경로가 기존 유통경로를 보완하는가, 아니면 대체하는가에 따라 달라진다. 새로운 유통경로가 기존의 것을 대체하는 경우, 기존 고객들은 새로운 유통경로를 통해

자기시장잠식 자기시장잠식현상은 한 기업의 신상품이 같은 기업에서 출시한 구모델의 시장을 빼앗는 현상을 일컫는다. 다시 말해 신상품이 개발되면 별도의 시장이 조성되어 그만큼 매출이 늘어야 하는데, 그렇지 않고 신상품이 구상품의 시장을 대체하여 소득에는 아무런 변화가 발생하지 않는 것이다. 즉 신상품을 개발하는 데 많은 자원을 투자해놓고도 그 효과를 전혀 볼 수 없게 되는 것이다. 신상품이 단순히 구상품을 대체하는 역할을 하기 때문에 판매에도 전혀 변화가 생기지 않는다. 여기서 신상품의 마진이 구상품보다 적은 경우라면, 이 회사의 수익은 오히려 신상품 개발 이전보다 떨어지게 된다.

상품을 구매하고 기존 유통경로를 무시하게 된다. 반대로 새로운 유통경로가 기존 유통경로를 보완해주는 경우에는 새로운 고객집단을 창출할 수 있으며, 기존 상품에 새로운 가치제안을 할 수 있다. 자기시장잠식(cannibalization), 경로갈등, 변화에 대한 저항 등은 유통경로에 대한 대체상황에서 더 많이 발생한다.

대안적 성격의 유통경로가 등장하면 기존 기업들은 기존 유통경로를 무시하고 새로운 유통경로에 초점을 맞춘다. 인터넷을 통해 항공권을 구매하고, 호텔을 예약하고, 자동차 구매를 예약할 수 있게 되었다는 사실만으로는 휴가나 사업상의 여행횟수를 증가시키지는 못할 것이다. 하지만 온라인을 통해 필요한 정보를 습득할 수 있기 때문에 소비자들은 여행사의 필요성을 더 이상 느끼지 않게 될 것이다. 따라서 매달 300여 개의 여행사 점포가 문을 닫고 있다는 사실과, 미국 내에서 독립적인 여행사를 통해 항공권을 예약하는 비율이 80%에서 50% 이하로 감소했다는 사실은 그리 놀라운 일이 아니다.

한편 새로운 유통경로로 변경될 때 대체효과가 발생하는 경우, 관리자들은 어떤 유통경로와 세분시장이 가장 큰 영향을 받는지 항상 주시해야 한다. 예를 들어 휴가를 위해 비행기를 이용하는 여행객들은 사업 목적으로 항공기를 이용하는 고객에 비해 인터넷 유통경로로 훨씬 더 빠르게 전환한다. 각 세분시장에서 기업의 경쟁적 지위에 따라 기업은 웹을 통해 예약하는 고객들에게 가격할인 혜택을 제공해 주었던 이지젯과 같이 유통경로 구조변경을 촉진하거나, 신규 유통 경로를 수용하지 않음으로써 유통경로 구조변경의 속도를 늦출 수도 있다.

이와는 대조적으로 새로운 유통경로로 변경될 때 보완효과가 발생하는 경우, 기업은 새로운 유통경로로 전환해야 할 거래와 고객들을 결정해야 한다. 기존 가치네트워크에 새로운 유통경로를 추가하는 것이 기존 유통경로 구성원들의 가치를 떨어뜨리지는 않을 것이다. 마케터들은 새로운 유통경로를 두려워할 수도 있는 유통경로 구성원들에게 그들의 가치가 감소하지 않는다는 사실을 정확하게 전달해주어야 한다. 보완효과가 나타난다는 시장조사 결과를 서로 공유하면 유통경로 구성원들의 불안감을 상당히 감소시킬 수 있을 것이다.

핵심 역량이 핵심 경직요인으로 변질되다

새로운 형태의 유통경로가 등장하면 기업들은 동요하게 된다. 특히 새로운 유통경로가 제품의 도달범위를 넓히고, 유통비용을 낮추며, 유통경로에 대한 통제권을 강화시키는 경우에는 더욱 그러하다. 혁신적인 신규 유통경로의 출현은 산업 내에서 기존 유통경로를 이용하는 기업들을 불안하게 한다. 기존 기업들은 새로운, 특히 급격히 새로운 유통경로의 출현을 두려워한다.

기존 기업들이 새로운 유통경로의 등장을 두려워하는 이유는 자신들이 지니고 있는 경쟁력을 무력화시키고, 자신들이 현재 소유하고 있는 유통 네트워크의 가치를 하락시키며, 자신들의 핵심 역량을 약화시키고, 자신들이 구축한 산업 내에서 주도적인 지위가 약화될 수도 있다고 생각하기 때문이다. 이러한 반작용의 예로 PC산업의 유통 경로 변화 사례를 검토해보도록 하자.

1981년 개인용 컴퓨터의 약 80%는 대형 기업고객을 상대하는 직접 판매원과 나머지 시장을 담당하는 PC 중간상(full service dealer)들에 의해 판매되었다. 그러나 현재는 판매원들에 의한 직접판매 및 PC 중 간상들에 의한 판매는 40% 이하로 떨어졌고, 나머지는 다양한 유통경 로를 통해 판매되고 있다.

다양한 유통경로에 해당하는 업체들로는 부가가치 유통업체(value-added resellers, VARs), 델과 같은 대고객 직접 판매업체, 월마트와 같 은 대형 할인점, 베스트바이(Best Buy)와 서킷시티(Circuit City)와 같은 가전제품 양판점, 컴프유에스에이(CompUSA)와 같은 컴퓨터 판매 전 문점, 스테이플스(Staples)와 같은 사무용품 판매점 등을 들 수 있다. 추가적으로 PC 제조업체들이 운영하는 온라인 쇼핑몰과 순수 온라인

서킷시티의 키오스크(Kiosk) 시스템

전자제품 소매업체인 서킷시티는 고객들이 구미에 맞는 컴퓨터를 제조회사에 직접 주문할 수 있는 키오스크 시스템을 점포 안에 설치하고 있다. 현재 520개의 서킷시티 매장에 키오스크가 설치되어 있다. 이는 평당 매출을 늘리고, 고객 서비스를 향상시키며, PC를 선택할 수 있는 범위를 확대시켜 주고, 인터넷을 활용하는 소매 경쟁업체나 제조업체들과 경쟁을 벌이기 위해서이다. 키오스크 시스 템을 이용하여 고객들은 NEC, IBM, 컴팩, HP 등의 모델을 선택하고, 자신이 선호하는 사양을 골라 서 제조회사에 직접 주문을 낼 수 있다.

이 시스템을 이용하면 고객들은 점포에서 완성품 형태의 컴퓨터를 구매하거나 인터넷에서 주문하는 것 이상의 혜택을 누릴 수 있다. 첫째, 고객들은 무수히 많은 선택권을 가질 수 있고, 둘째, 제품과 가 격을 브랜드별로 쉽게 비교할 수 있으며, 마지막으로 자신이 직접 주문한 사양의 컴퓨터를 가정이나 사무실에서 받아볼 수 있다. 서킷시티의 관점에서 볼 때 키오스크는 상품재고를 쌓아놓을 필요 없이 고객들에게 다양한 선택권을 제공해줄 수 있는 시스템이다.

쇼핑몰에서도 컴퓨터를 판매하고 있다. 1990년대를 지나면서 유통경로의 구조변화는 컴팩, 델, IBM 등과 같은 컴퓨터 제조업체의 흥망성쇠를 결정하는 데 중요한 역할을 담당했다.

컴팩과 델의 사례 ' 오늘날 PC시장의 선두주자는 컴팩과 델이다. 그러나 표 4-1에 제시된 바와 같이 두 기업의 비즈니스 모델은 사뭇 다르다. 컴팩은 브랜드 PC라는 전형적인 가치네트워크를 소유하고 있다. 즉 컴팩은 R&D에 상대적으로 많은 투자를 하였으며, 저비용·저사양의 대량 생산 시스템을 구축하였고, 1개월 분량의 완성품 재고를 보유하고 있었으며, 독립적인 유통망을 이용하여 컴퓨터 상품을 판매하였다. 1990년대 초 대규모의 직접판매 유통망을 보유하고 있던 IBM이 직접 유통망과 독립적인 유통망을 동시에 가동하는 유통전략을 사용했을 때 컴팩은 독립적인 유통망에만 전념하였다. 이러한 유통전략이 호의적인 반응을 불러일으켜 결국에는 1992년 PC업계의 선두자리에 올라서는 계기가 되었다.

델 컴퓨터는 합리적인 가격의 주문형 맞춤 PC를 가지고 주로 기업고객을 목표시장으로 선정하였다. 델은 기존 업체와는 상당히 다른 가치네트워크를 고안해냈다. 델 컴퓨터의 가치네트워크의 특성은 R&D에 대한 투자를 최소한으로 한정하여 주문생산 방식의 유연생산 시스템(이는 컴팩과 비교해서 생산비용상의 불이익을 감수하는 것이었다.) 구축, 일주일 분량의 주요 부품을 재고로 보유하는 재고전략, 효율적인 직접유통 시스템 구축 등으로 대표될 수 있다. 1990년대 초 이러한 직접유통 시스템은 무료 전화로 컴퓨터를 주문받은 후 다양한 택배 서비스를 통해 고객에게 제품을 배달하는 것이다.

표 4-1   델과 컴팩의 비즈니스 모델 비교

		델	컴팩
	가치고객	지식수준이 높은 대량 컴퓨터 구매고객	다양한 욕구를 소유한 복수의 고객 세분시장
	가치제안	경쟁력 있는 가격의 맞춤형 PC	고품질 이미지의 브랜드 PC
가치네트워크	R&D	최고 규모의 투자	대량 투자
	생산	유연생산, 비용 불이익	빠른 속도, 낮은 수준의 구색, 저비용 생산 시스템
	공급망	주문생산, 일주일 분량의 주요 부품 재고 보유	생산 후 재고 보유, 한 달 분량의 완성품 재고 보유
	마케팅	중간 수준의 판매반응 광고	높은 수준의 브랜드 광고
	판매 및 유통	직접 판매망	독립적인 유통망

델의 뼈아픈 소매경험 ⎮ 그림 4-2의 가치곡선에 나타난 바와 같이, 델다이렉트(Dell Direct)를 통해 컴퓨터를 판매하는 가치제안은 소매점을 통한 것과는 확연히 구분된다. 1991년 델 컴퓨터는 소매점에서의 컴퓨터 구매를 선호하는 중소기업 고객 및 일반 소비자들을 위해 소매점으로 유통망을 확장하기로 결정하였다. 그들이 확장하기로 한 소매점은 캐나다에서 비즈니스 데포(Business Depot), 미국과 멕시코에서 컴프유에스에이, 샘스클럽(Sam's Club), 스테이플스, 영국에서는 PC월드(PC World) 등이었다.[5]

그러나 다양한 맞춤형 옵션을 제공할 수 있었던 델 다이렉트와는 달리, 소매점에서는 재고를 쌓아두고 판매해야 하는 방식으로 인해 제한적인 사양의 PC만 판매되었다. 이러한 제약에도 불구하고 소매

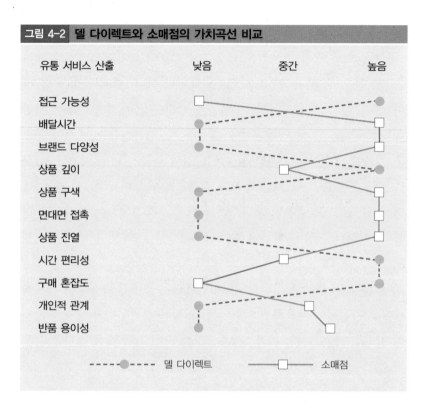

그림 4-2 **델 다이렉트와 소매점의 가치곡선 비교**

| 유통 서비스 산출 | 낮음 | 중간 | 높음 |

접근 가능성
배달시간
브랜드 다양성
상품 깊이
상품 구색
면대면 접촉
상품 진열
시간 편리성
구매 혼잡도
개인적 관계
반품 용이성

------●------ 델 다이렉트   ——□—— 소매점

점으로의 유통망 확장은 즉각 효과적인 판매증가로 이어졌다. 델의 매출액은 1991년 약 9억 달러에서 1993년 28억 달러 이상으로 증가하였다.

하지만 불행하게도, 델의 소매점 유통망을 통한 매출액 증가는 추가적인 이익의 증가로는 이어지지 않았다. 소매점이 일부 유통기능을 담당했기 때문에 델의 내부 판매비용은 직접 유통망을 이용했을 경우 14%에 달했던 것이 간접 유통망을 이용하여 10%로 감소되었다. 그러나 이러한 비용의 감소분은 소매점의 판매노력에 대한 대가로 제공해야 하는 12%대의 소매점 마진을 완전히 상쇄시키지 못했다.

결과적으로 델이 소매점을 이용하여 컴퓨터를 유통시키기 위해서는 8% 정도의 추가적인 비용을 부담해야만 했다. 델 컴퓨터는 델 다이렉트를 통해 약 5%의 영업이익을 남겼지만, 소매점을 이용한 간접 유통망에서는 3%의 영업손실을 보았다. 델 컴퓨터는 소매점 유통망을 이용한 매출이 증가하면 할수록 손실의 규모는 더욱 커져만 갔다. 1993년 처음으로 3,600만 달러의 손실을 기록했다. 1994년 중반 델 컴퓨터는 소매점 유통망을 철수하여 직접 유통망에 전념하기로 결정한다. 이러한 결정에 힘입어 1994년에는 1억 4,900만 달러의 이익을 냈다.

이익의 감소는 차치하더라도, 델 컴퓨터는 소매점 유통망을 이용한 대가로 자신들이 보유하고 있던 핵심 역량과 경쟁우위의 상당 부분을 잃어버리고 말았다. 마이클 델(Michael Dell)은 그에 대한 경험을 다음과 같이 기술하고 있다.

"우리가 취하고 있는 직접판매 모델(델 다이렉트를 통한)은 재고회전율이 12회이지만, 소매점을 통해 판매하는 경쟁업체의 재고회전율은 6회에 불과합니다. 맞춤상품의 출시로 우리는 5% 정도의 비용증가를 부담해야 하지만, 소비자들이 컴퓨터 업그레이드와 부품추가를 원하기 때문에 이로 인해 15% 정도의 가격인상 효과를 얻을 수 있었습니다. 하지만 소매점을 통해 판매했던 표준사양의 컴퓨터에 대해서는 이러한 추가적인 가격인상 효과를 얻을 수 없었습니다. 우리가 아닌 컴팩이 10% 정도의 가격우위 효과를 얻었던 것입니다."[6]

재고회전율 재고회전율 1회란 한 단위상품이 1년간 재고로 보관된다는 의미임. 따라서 재고회전율이 12회라는 것은 한 상품이 1개월간 재고로 보관됨을 의미함.

컴팩을 몰락시킨 인터넷 유통 | 1990년대 중반 컴팩과 델은 인터넷을 어떻게 활용할 것인가에 대해 연구했다. 인터넷이 이용자들의 흥미를 유발시키는 것은 고객과 일대일 대화가 가능하다는 점(상호작용)과 독특한 맞춤형 상품이나 서비스를 제공해줄 수 있다는 점(반응성)이다. 델은 자사의 가치네트워크를 이용해 인터넷의 독특한 특성을 제대로 활용하였고, 인터넷을 통한 판매는 '델 다이렉트 모델'로 자연스럽게 확장되었다. 델은 1996년 7월 델 다이렉트 웹사이트를 개설하였다.

한편 컴팩은 중간상을 경유하지 않고 맞춤형 PC를 제공하라는 고객들의 요구로 인해 인터넷을 활용하는 데 상당한 어려움을 겪었다. 그러나 소품종 대량생산 시스템을 소유한 컴팩으로서는 경쟁력 있는 가격으로 맞춤형 제품을 고객들에게 제공하는 것이 상당히 어려운 일이었다. 어떻게 하면 컴팩이 중간상들의 동요 없이, 또 그들과 오랫동안 맺어온 강력한 유대관계를 해치지 않으면서 인터넷을 통한 직접 판매를 할 수 있을 것인가?

컴팩은 인터넷을 통한 직접 판매망을 구축하는 데 델보다 3년 정도 뒤처졌다. 컴팩은 온라인을 통한 직접 유통망을 구축하기 위해 처음에는 온라인 판매 전용 모델인 프로시그니아(Prosignia)라는 새로운 제품라인을 추가하는 형식으로 기존 유통망과의 직접적인 경쟁을 피하고자 했다. 하지만 기존 유통업체들이 이 모델의 직접판매에 대해 이의를 제기하자, 컴팩은 오프라인 유통망에도 이 모델을 공급하였다.

컴팩이 인터넷 유통경로를 추가하자 저비용 생산 시스템, 판매업자와의 강력한 관계로 대표되던 자사의 핵심 역량과 유통 네트워크 자산이 컴팩의 발전을 가로막는 핵심 경직요인(core rigidities)으로 바뀌어버리고 말았다. 1999년 델은 1일 온라인을 통한 PC 매출 3,000만 달러를 기록하면서 업계 선두였던 컴팩을 추월하였다.

새로운 유통경로가 특정 산업 내에서 기존 유통경로를 보완하든지 아니면 대체하든지에 관계없이, 신규 유통경로는 여러 면에서 기존 유통경로를 이용하던 기업의 핵심 역량과 유통 네트워크 자산에 영향을 미칠 것이다. 그런 점에서 신규 유통경로는 대부분 파괴적인 특징을 지닌다. 새로운 유통경로의 출현은 일부 기업에게는 기존의 핵심 역량과 유통자산을 활용할 수 있도록 하지만, 동일 산업 내 다른 기업에게는 방해가 될 수도 있다. 그러나 기업이 새로운 역량을 개발하기 위해서는 조직 내의 엄청난 저항을 감수해야 한다. 그 이유는 기존 가치네트워크로 운영되는 조직 내에서 권한을 행사하던 집단의 힘이 감소되기 때문이다.

유통망의 재창조

그림 4-1에 제시된 바와 같이, 가장 어려운 유통경로 구조변경 전략은 유통망을 재창조하는 것이다. 재창조는 새로운 유통경로가 대체효과를 나타내고, 새로운 역량의 개발이 필요할 경우에 적합한 유통경로 구조변경 전략의 대안이다. 그런 경우 비즈니스 모델 변경의 중요성은 당연하다.

고객들이 새로운 유통경로를 편하고 매력적이라고 생각하더라도 해당 비즈니스 모델을 통해 수익이 발생하지 않는다면 쓸모가 없을 것이다. 이러한 상황은 현재 영화, 음악, 게임, 책, 소프트웨어 등과 같은 디지털 상품의 온라인 유통에 만연해 있다. 특히 음악의 온라인 유통은 기존 산업의 비즈니스 모델에 상당한 영향력(어떤 사람들은 파괴적인 영향력이라고도 함)을 끼치고 있다.

음악산업의 비용구조 ˈ 음악 CD는 보통 장당 15달러 정도에 소매점에서 판매된다. 그림 4-3은 CD의 비용구조를 상세히 보여주고 있다. 음악산업의 전통적인 가치사슬을 분석할 경우, 다음의 두 가지 사항에 주의를 기울여야 한다. 첫째, 제품가격 중에서 유통 관련 비용이 40~50% 정도로 상대적으로 높은 비중을 차지한다는 점이다. 둘째, 제품이 '히트'를 칠 것인지 예측하는 것이 상당히 어렵다는 사실이다. 이런 이유로 음반회사는 소매점에게 미판매 제품 모두에 대해 반품을 보증해준다. 제품의 15~25% 정도가 반품된다. 이러한 반품을 처리

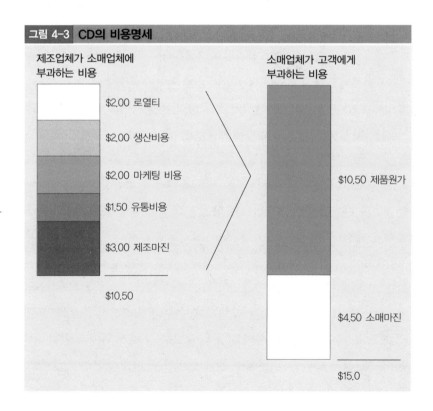

그림 4-3 CD의 비용명세

제조업체가 소매업체에
부과하는 비용

$2.00 로열티

$2.00 생산비용

$2.00 마케팅 비용

$1.50 유통비용

$3.00 제조마진

$10.50

소매업체가 고객에게
부과하는 비용

$10.50 제품원가

$4.50 소매마진

$15.0

하는 데 사용되는 비용이 유통 및 로지스틱스 비용에 포함되기 때문에 유통 관련 비용이 증가하는 것이다.

인도의 그라모폰 | 음악 CD의 비용구조는 앞에서 살펴본 바와 같고 출판산업도 음악산업과 비슷한 상태에서, 두 산업의 제조업체는 온라인 판매를 다소 매력적인 대안이라고 생각한다. 인도 최대의 음반사인 그라모폰(Gramophone Company of India)의 예를 살펴보자.[7]

그라모폰은 이제까지 인도에서 취입된 곡의 약 50%에 해당하는 4만 5,000장 정도의 앨범에 대한 저작권을 소유하고 있다. 그러나 그러한 수치는 옛날 앨범을 재발매했을 경우에만 경제적으로 의미를 지닌다. 왜냐하면 옛날 앨범이 절판되지 않고 지속적으로 발매되기 위해서는 해당 앨범의 수요가 5,000장 이상은 되어야 하기 때문이다. 결과적으로 1995년과 2000년 사이에 보유하고 있던 앨범 목록 중 17%만이 절판 없이 지속적으로 발매되었다. 음반의 15%는 전통적인 오프라인의 소매점을 통해 판매되었는데, 15%의 판매비중은 미판매분에 대한 회수조건이 포함된 수치이다. 유통 측면에서 그라모폰은 다른 음반사들과 마찬가지로 그림 4-4의 유통 매트릭스에서 왼쪽 아랫부분(1번 상자)에 위치한다.

인터넷의 등장은 직접판매를 가능하게 했고, 4번 상자로 이동할 수 있는 기회를 제공해주었다. 인도의 음반 유통산업은 광범위한 지역에 걸쳐 소규모로 산재되어 있는 구멍가게 수준의 판매점이 주로 관장했기 때문에, 유통경로 내에서의 갈등은 중요한 문제가 되지 않았다. 음반 제조업체는 온라인 유통망을 통해 소매점 마진을 제공하지 않아도 되기 때문에 더 많은 이익을 확보할 수 있었고, 고객들과 직접 거래를

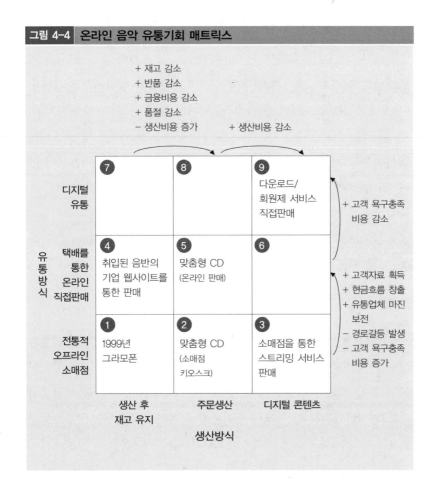

그림 4-4 온라인 음악 유통기회 매트릭스

+ 재고 감소
+ 반품 감소
+ 금융비용 감소
+ 품절 감소
– 생산비용 증가   + 생산비용 감소

유통방식	디지털 유통	⑦	⑧	⑨ 다운로드/ 회원제 서비스 직접판매
	택배를 통한 온라인 직접판매	④ 취입된 음반의 기업 웹사이트를 통한 판매	⑤ 맞춤형 CD (온라인 판매)	⑥
	전통적 오프라인 소매점	① 1999년 그라모폰	② 맞춤형 CD (소매점 키오스크)	③ 소매점을 통한 스트리밍 서비스 판매
		생산 후 재고 유지	주문생산	디지털 콘텐츠

+ 고객 욕구총족 비용 감소

+ 고객자료 획득
+ 현금흐름 창출
+ 유통업체 마진 보전
– 경로갈등 발생
– 고객 욕구충족 비용 증가

생산방식

함으로써 더 많은 고객 관련 정보를 얻을 수 있었으며, 결과적으로 더 많은 현금흐름을 창출할 수 있었다.

CD나 카세트테이프의 택배비용이 상대적으로 높지 않고 소비자들이 추가적인 배송비용을 기꺼이 지불하고자 했기 때문에, 온라인 판매의 이익은 관련 유통비용을 상쇄하고도 남았다. 온라인 직접판매

방식으로의 유통망 확장은 상당히 쉽다.

고객맞춤형 CD를 제공하는 하마라(Hamara) CD와 같은 회사를 검토해보도록 하자. 그러한 영역에서는 제조업체의 웹사이트(5번 상자)나 소매점 키오스크(2번 상자)에 있는 여러 음악 중 개별 소비자의 선호에 따라 곡을 선택할 수 있다. 맞춤형 CD를 제작하는 데 소요되는 생산비용은 기존 음악 CD를 제작하는 데 소요되는 생산비용보다 높다. 하지만 재고를 쌓아둘 필요가 없으며, 반품률이 현저히 줄어들고, 품절상황이 거의 발생하지 않는다는 이점이 있다. 더욱이 고객들이 맞춤형 CD에 대해서는 기존 CD가 제공하는 가치보다 50% 정도 더 높은 가치를 제공한다고 생각하기 때문에, 제조업체에서는 더 높은 가격을 책정할 수 있다.

디지털 유통 모델의 탐색 | 광대역 인터넷의 등장은 완전히 디지털화된 새로운 형태의 음악을 유통시킬 수 있는 시대를 열었다. 소비자들이 직접 특정 서버에 접근해서 자유로이 음악을 내려받거나 스트리밍할 수 있게 됨으로써, 생산 및 유통비용이 현저히 감소하였다(3번, 9번 상자). 유형의 제품으로서 플라스틱 CD의 시대는 저물었고 정보재로서 음악의 시대가 열렸다. 물리적 생산 및 유통 시스템을 관리해야 하는 문제는 더 이상 신경 쓰지 않아도 되는 시대가 도래한 것이다.

그러나 불행하게도 불법복제에 대한 두려움과 새로운 비즈니스 모델을 개발해야 하는 어려움에 직면한 음반사들이 이러한 변화에 빠르게 대응하지 못한다면 디지털 유통을 활용하지 못할 수도 있다. 지금은 음반사들이 새로운 비즈니스 모델을 찾기 위해 모든 노력을 기울여야 할 때이다. 글로벌 음반산업은 6년 연속 규모가 줄어들고 있다.

2000년 7억 8,500만 장에 달했던 CD와 카세트테이프의 판매는 2002
년 6억 8,100만 장으로 감소하였다. 하지만 1999년과 2001년 사이에
공CD의 판매는 두 배 이상으로 증가하였다.[8] 사실 2001년은 음악이
녹음된 CD보다 공CD가 더 많이 판매된 첫 번째 해였다.[9]

　가수 데이비드 보위(David Bowie)는 다음과 같이 말했다. "우리가
이제껏 상상할 수 없었던 변화가 10년 이내에 음악에서 일어날 것입
니다. 그 어떤 것도 그와 같은 변화를 멈추게 할 수는 없을 것입니다.
…… 가수 여러분은 이제 더 많은 콘서트 투어를 준비해야 할 것입니
다. 그것이 우리 가수들에게 남겨질 유일한 수익창출 방법이 될 것이
니까요."[10]

　음반 기획자들과 가수들이 온라인 음악파일 교환에 대해 소송을 제
기했지만, 애플 컴퓨터(Apple Computer)는 2002년 온라인 음악 다운
로드 서비스인 아이튠즈(iTunes) 뮤직스토어를 개설하였다. 아이튠즈
는 소비자들에게 한 곡당 99센트의 가격으로 음악을 다운로드할 수
있는 서비스를 제공하였고, 다운로드받은 음악을 CD로 굽거나 세 대
의 다른 컴퓨터로 저장할 수 있도록 허용하였다. 서비스 개시 두 달여
만에 소비자들은 500만 곡 이상의 음악을 내려받았으며, 단순하고 합
리적인 가격의 온라인 음악 서비스는 고객을 매료시키기에 충분하다
는 사실을 입증하였다.

　광대역 인터넷이 널리 안정적으로 보급되자, 소비자들이 언제 어디
서든지 음악을 스트리밍할 수 있는 회원제 서비스가 유력한 비즈니스
모델로 부상하였다. 해당 기업은 한 달 동안 CD 한 장 정도의 가격으
로 소비자들에게 자사의 중앙 서버를 통해 무제한으로 음악을 제공할
수 있다. 이러한 능력은 음악 비즈니스를 포장재 산업에서 전자유통

산업으로 변모시킬 것이다. 그러나 변화를 성공으로 이끌기 위해서는
기존 산업의 비즈니스 모델의 변화가 필수적이다.

성공적인 유통경로의 구조변경을 위한 4단계 전략

유통경로의 구조변경은 상황이 좋을 때조차도 많은 갈등과 어려움
을 동반한다. 따라서 유통경로 구조변경 전략을 실행하기 전에 스스
로 부딪칠 수 있는 문제점을 검토하며 신중한 자세를 취해야 한다. 유
통경로 구조변경 전략을 성공적으로 수행하기 위해서는 다음의 4단계
프로세스를 밟아야 한다.

1단계: 기존 유통경로의 전략을 평가

신·구 유통망 사이에 이해관계가 미묘하게 얽혀 있기 때문에, 기
업은 신규 유통망을 구축하기에 앞서 기존 유통망에 대해 정확한 성
과를 평가해보아야 한다. 기존 유통 네트워크에서 발생할 수 있는 갈
등을 파악하고 이를 해결하기 위한 전략을 수립하지도 않은 채 새로
운 유통망을 급하게 구축하려는 이유는 무엇인가? 불행하게도 많은
기업들은 새로운 유통망의 구축이 기존 유통 네트워크에서의 문제를
피하거나 극복할 수 있는 방안이라고 생각한다. 예를 들면 소비재 상
품을 생산하는 기업들은 강력한 전통적 소매점을 거치지 않고 인터넷
을 통해 고객들과 직접 거래할 수 있을 것이라고 생각한다.

그림 4-5는 많은 기업에서 효과적으로 활용할 수 있는 유통전략에
대한 평가도구를 제시하고 있다. 이 도구는 정량적·정성적 관점에서

기업의 유통 네트워크를 평가할 수 있다. 이 도구를 완벽하게 활용하기 위해서 기업은 활동기준 원가계산(activity-based costing, ABC)을 필요로 한다. 활동기준 원가계산을 하면 개별 유통망에서 수행한 활동에 대해 정확하게 추정할 수 있다. 브라질의 어떤 일반소비재 기업에서 근무하는 관리자들은 거대 소매업체들이 요구하는 가격인하 압력에 대해 항상 불평을 했다. 하지만 상대적으로 간단한 ABC 분석을 해본 결과 그러한 거대 소매업체를 통한 매출이 제조업체, 즉 자사의 이익에 가장 큰 영향을 미치고 있다는 사실을 발견했다. 구멍가게 수준의 소형 점포들이 가장 높은 가격을 지불하고 있지만, 그런 업체들을 통한 매출은 손실을 보고 있었던 것이다.

그러한 차이는 두 유통망에 대한 제조업체의 비용배분에 원인이 있다. 구멍가게 수준의 소형 점포는 대고객 판매노력 및 고객 서비스를 위해 가장 높은 수준의 지원을 받아야만 한다. 하지만 대형 소매업체는 주요 고객관리자 한 사람이 해당 업체를 관리하며, 대량 구매를 하고, 점포 내에서 제조업체의 지원을 전혀 허용하지 않으며, 소매점 자체에 내부 로지스틱 서비스를 보유하고 있다.

활동기준 원가계산 ABC는 원래 정확한 제품 원가계산을 목적으로 전통적인 원가계산 방식의 단점을 보완하기 위해 대두된 개념이다. 즉 원가를 유발하는 활동을 분석하여, 제품별로 소비한 활동량에 따라 제조간접비를 배부함으로써 보다 정확하게 제품원가를 계산하고자 하는 기법이다.

제품원가를 계산하기 위한 전통적인 원가계산 방식은 직접 노무시간이나 직접 노무비 같은 제조간접비 발생과 무관한 기준에 의해 제조간접비를 각 제품에 배부하였다. 이 방식은 전체 제조원가 중에서 제조간접비가 차지하는 비중이 그다지 중요하지 않았던 과거에는 정보의 경제성 측면에서 나름의 설득력을 가지고 있었다.

그러나 설비의 자동화로 생산구조가 자본집약적으로 바뀌고, 고객 취향의 다양화로 다품종 소량 생산이 보편화됨에 따라 제조간접비의 비율이 빠르게 증가했다.

생산체제의 변화와 원가구조의 변화로 제조간접비의 비중이 커지자, 제조간접비를 임의적으로 배부하지 않고 인과관계를 찾아 각 제품에 추적하는 방법을 모색하게 되었고 그 결과 등장한 것이 바로 ABC이다.

그림 4-5 유통전략 평가도구: 소비내구재 기업, DIY 부문

제조업체				
DIY 점포	유통업체	소형 점포	제조업체 직영 대리점	최종 고객시장 규모: 1,000,000 자사 시장점유율: 30%
$400,000	$50,000	$300,000	$250,000	수익(산업 전체)
40%	5%	30%	25%	시장점유율(산업 전체)
10%	−5%	−10%	2%	수익성장률
25(4%)	−3(0%)	−75(−2%)	32(−3%)	점포수(성장률)
15%(5%)	60%( )	20%( )	60%( )	자사
40%(10%)	10%( )	30%( )	40%( )	경쟁사 A
15%(10%)	10%( )	30%( )	0%( )	경쟁사 B
10%(0%)	10%( )	10%( )	0%( )	경쟁사 C
20%(15%)	10%( )	10%( )	0%( )	자사 브랜드
80	75	100	105	소비자가격
14	9	25	39	유통업체 마진
66	66	75	66	유통업체 제공 가격
4	3	7	39	유통업체 관리비용
8%	5%	4%	−5%	자사 마진

점포 점유율(성장률)

+브랜드 다양성 +낮은 가격 +원스톱 쇼핑	+점포 내 판매 +금융지원 −대량 판매	+편리한 입지 +판매지원 +빠른 거래	+전 상품 라인 +빠른 거래 −브랜드 다양성	고객가치 제안
•성장세 •국제적 팽창 •카테고리 관리	•하락세 •점포개설 노력	•수익성 악화 •영세성, 소규모 •현금흐름 문제	•제한적 커버리지 •갈등 •낮은 동기부여	주요 특성
•관계 관리자 4명	•주요 고객관리자 1명	•대고객 판매원 지원	•제조업체 소유 내부망	제조업체 서비스 및 지원

결론

- 빠르게 성장하고 있는 DIY 부문에서 취약함
- 소형 점포들은 하락세임
- 소유 대리점을 통해서는 손실을 보고 있음

권고

- DIY에 더 많은 자원을 투입해야 함
- 유통업체에는 적은 자원을 투입해야 함
- 직영 대리점의 수익률을 제고시켜야 함

2단계: 유통경로 구조변경을 위한 전략적 논리 도출

유통경로 구조변경과 관련된 의사결정을 내릴 경우, 기존에 이용하던 것 이외의 다른 유통경로나 새롭게 부상하는 유통경로를 개설하기 위한 전략적 논리를 구축하는 것부터 시작해야 한다. 다음 6가지 질문은 신규 유통망이 무엇을 제공할 수 있는지 평가하는 데 유용할 것이다.[11]

1. 신규 유통경로가 자사의 목표 세분시장에 제공해주는 가치제안이 얼마나 매력적인가?
2. 신규 유통경로를 구축하고자 하는 자사의 목표 세분시장의 규모가 충분히 큰가?
3. 신규 유통경로를 통해 고객들에게 소구할 때 자사는 차별화된 가치제안이나 운영상의 우위 요소를 보유하고 있는가?
4. 자사의 비용구조와 가치네트워크가 신규 유통경로를 통해 고객들에게 소구할 수 있도록 최적화되어 있는가?
5. 신규 유통에 대해 경쟁자는 어떻게 대응할 것인가?
6. 신규 유통경로가 소비자들의 경로 선호도와 기존 경로 구성원들의 전략을 어떻게 변화시킬 것인가?

신규 유통망의 매력도를 파악하기 위해서는 고객들로부터 수집한 시장조사 자료를 가지고 개별 유통경로에 대한 가치곡선을 그려보아야 한다. 가치곡선을 그려보면 일반적으로 '최고'의 유통경로가 실제로는 존재하지 않는다는 사실을 알 수 있다. 하지만 가치곡선을 그려보면 각 유통경로가 어떤 장·단점을 보유하고 있으며, 가장 적합한 세분시장이 어디인지 알 수 있다.

예를 들어 그림 4-2에 제시된 바와 같이, 델 다이렉트는 가격적으로 이점만 있다면 상품을 다소 늦게 받더라도 참을 수 있는 구매자들에게는 적합하지만, 소매점은 상품 자체를 즉석에서 검증해보고 싶어하거나 현지 서비스를 받고자 하는 고객들에게 더 적합하다는 사실을 알 수 있다.

위에서 제시한 6가지 질문 중 처음 3가지 질문은 얼핏 보기에는 당연해 보이지만, 새로운 유통망을 열성적으로 빨리 도입하고자 하는 사람들은 이러한 질문을 간과해버리는 경우가 종종 발생한다. 인터넷에 대한 그릇된 낙관론은 관리자들의 그러한 지나친 열정 때문에 발생하는 것이다. 웹사이트를 통해 항공권, 호텔, 렌터카 등을 예약·판매하는 프라이스라인닷컴을 예로 들어보자.[12]

프라이스라인닷컴은 고객들에게 원하는 날짜의 항공권에 대해 자신이 원하는 가격을 제시하도록 한다. 그런 다음 프라이스라인닷컴은 고객의 제안을 수용하거나 거절할 수 있다. 이 경우 고객은 항공사나 출발시간을 자신이 결정할 수 없다. 고객은 시간의 유연성을 잃는 대신 가격에서 혜택을 얻을 수 있고, 항공사의 경우 한계비용 이상의 가격으로 여분의 좌석을 판매함으로써 이익을 얻을 수 있다. 1999년 프라이스라인닷컴은 식료품 분야에도 자신의 비즈니스 모델을 확장하기로 결정하였다.

대부분의 상품이 온라인을 통해 판매될 것이라는 믿음이 광범위하게 퍼져 있음에도 불구하고, 프라이스라인닷컴의 식료품 벤처는 실패했다. 고객들은 일 년에 한두 번 정도 이용하는 항공권 구매를 위해서는, 할인된 가격을 기업에 제안해놓고 그 제안이 받아들여지기를 기다라는 것이 충분히 가치 있는 일이었다. 더욱이 주요 항공사의 좌석과 서비스가 거의 동일한 상황에서는 더욱 그러하다.

그러나 식료품의 경우 소비자들은 특정 브랜드를 정해놓고 지속적으로 구매하며, 다른 브랜드로 쉽게 바꾸지 않는다. 더구나 구매할 때마다 상이한 분량의 상품에 대해 적당한 할인가격을 결정하는 것은 상당히 어려운 일이었다. 높은 한계비용과 대부분의 식료품을 재고로 보유하고 있는 주요 브랜드 제조업체들은 프라이스라인닷컴의 서비스에 거의 매력을 느끼지 못했다. 프라이스라인닷컴이 확장하고자 했던 목표 세분시장과 거기에서 제공하고자 했던 가치제안이 너무 작았던 것이다.

네트워크 효과가 존재하는 상황에서 온라인 유통망 활용 | 인터넷의 거품이 점차 빠지고 있는 현재, 사람들은 온라인 판매가 고객과 마케터들에게 어떤 부분에서 가치를 창출할 수 있는가에 대해 보다 냉정하게 판단하고 있다. 인터넷의 가장 중요한 속성은 고객과 기업이 거래를 하는 데 소요되는 비용, 즉 거래비용을 급격히 줄일 수 있다는 점이다. 인터넷을 통해 수많은 고객들이 연결될 때 가치는 극대화된다. 이를 P2P(개인 대 개인) 또는 네트워크 효과라고 부르기도 한다. 온라인 경매기업인 이베이가 성공적으로 인터넷 비즈니스 아이디어를 실행한 기업이라는 사실은 의심할 여지가 없다. 이베이의 비즈니스 모델은 인터넷이 없었다면 그 효과성이나 효율성을 논할 수도 없었을 것이다. 인터넷의 네트워크 효과(network effect)를 활용하여 수익을 거두고 있는 다른 사업 아이템으로는 다중접속 온라인 게임(massive multiplayer games, MMPG)과 다양한 중매 서비스(matchmaking) 등을

들 수 있다. 소니의 에버퀘스트(EverQuest)가 좋은 예이다. 이 서비스는 43만 2,000명의 가입자를 자랑하고 있다. 이들은 다른 온라인 게임을 비롯해 중세 롤 플레잉 게임을 즐기기 위해 한 달에 12.95달러의 요금을 지불하고 있다.[13] 유사한 예로 한국의 엔씨소프트를 들 수 있다. 이 회사는 400만 고객을 보유하고 있으며, 이 고객들은 수십만 명씩 동시 접속하여 리니지와 같은 게임을 즐기고 있다.

주문이행 비용이 정해져 있는 상황에서, 상품의 가격 대비 배송비용이 상대적으로 높은 물리적 상품에 대해 수익성 있는 온라인 비즈니스 모델을 창출하는 것은 어려운 일이다. 더욱이 소비자들은 상품을 실제로 눈으로 보고 만져보고 느껴본 후 구매하고 싶어하기 때문에 온라인 판매는 제한적일 수밖에 없다. 하지만 멀리 떨어져 살고 있는 가족이나 친구에게 선물을 보내는 상황에서는 네트워크 효과가 발생하여, 이러한 상품에 대한 온라인 판매가 유용해질 수 있다. 결과적으로 보면 2002년 미국 소매업계의 온라인 매출은 단지 2.5%에 불과하지만, 미국 소비자들은 연말 휴가기간 동안의 쇼핑 예산 중 17%에 달하는 비율을 온라인 쇼핑을 통해 소비하는 것으로 나타났다.[14]

비용과 경쟁사의 예상 조치를 고려 ㅣ 비용구조와 가치네트워크에 대한 네 번째 질문의 중요성은 컴팩과 델이 유통경로를 변경했을 때 다른 결과가 나타났던 예에서 이미 제시된 바 있다. 온라인 음악판매 또한 비용 및 가치사슬에 대한 신규 유통망의 효과 검토가 중요하다는 점을 강조한다.

신규 유통경로에 대한 전략을 개발할 때 중요한 고려요인 중 하나는 경쟁의 역할이다. 경쟁사보다 빨리 신규 유통망에 진입할 경우 기존 유통망의 전면적인 반대에 부딪칠 가능성이 높기 때문에, 기업 내 많은 사람들이 경쟁사가 먼저 신규 유통망에 진입하도록 내버려두자고 이야기할 것이다. 예를 들어 델타 항공이 항공권의 온라인 판매를 통해 여행사에 제공하던 수수료를 절감하고자 했을 때, 여러 여행사에서 델타 항공의 항공권에 대해 불매운동을 벌인 바 있다.

독립적인 플레이어들의 상호작용을 모델화한 경제학의 게임 이론이 여기서 유용한 시사점을 제공한다. 예를 들어 특정 제조업체가 온라인을 통해 고객과 직접판매를 고려하고 있다고 가정해보자. 제조업체는 온라인을 통한 매출 및 마진의 잠재력과 기존 유통망의 동요로 인해 발생하는 위험 사이에 균형을 맞추어야 한다. 최적의 접근법은 다음의 두 가지 요소에 따라 좌우된다. 첫째는 주요 경쟁업체가 온라인 판매에 대처할 것이라는 관리자들의 기대수준이고, 둘째는 예상되는 온라인 매출이다.[15] 이 두 가지 요소는 정확한 판단이 필요하다. 그 이유는 초기 단계에서 신규 유통망을 통한 판매수준을 어느 누구도 정확하게 예측할 수 없기 때문이다.

온라인 판매량의 규모가 그리 크지 않다는 사실이 밝혀지면, 기업은 기존 유통망을 고수하면서 경쟁업체가 온라인 매출을 시작하기를 기대해야 한다. 경쟁업체는 기존 유통망의 반발에 부딪칠 것이고, 이러한 반발을 기존 유통망에서 자사의 입지를 공고히 하는 기회로 활용할 수 있을 것이다. 그러나 만일 온라인 판매량의 규모가 크다고 판명되면 경쟁기업은 선발 진출기업으로서 중요한 우위를 획득할 것이다. 물론 변화의 속도를 비롯한 다른 중요한 요소들도 함께 고려해야 한다. 만약 온라인 판매량이 서서히 증가한다면, 두 번째 진입하는 기업은 첫 번째 진입하는 기업이 신규 유통망에서 발생하는 모든 정치적 · 기술적 문제를 해결한 후 판매량의 별다른 손실 없이 신규 유통망에 진입할 수 있을 것이다.

마지막으로, 인터넷과 같은 유통망의 혁신은 소비자의 쇼핑 패턴을 변화시킨다. 소비자들이 유통경로로부터 요구하는 이상적인 서비스 산출물은 시간이 지남에 따라 진화한다. 관리자들은 정기적으로 다음과 같은 질문을 던져보아야 한다.

1. 기존 유통경로가 기존 고객 세분시장의 욕구를 얼마나 잘 충족시키고 있는가?
2. 소비자들은 유통경로의 변화를 얼마나 선호하는가?
3. 모든 경로 구성원과 경쟁업체의 전략이 어떻게 변화할 것인가?
4. 자사의 가치네트워크를 강화하기 위해 유통경로 전략을 어떻게 변화시켜야 하는가?

3단계: 유통경로 구조변경을 위한 실행계획 수립

유통경로의 구조변경을 위한 강력한 전략적 논리는 대부분의 기업에 만연해 있는 내성으로 인해 실패할 수 있다. 1992년 미국에서 굿이

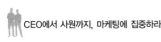

어의 예를 알아보도록 하자.[16] 굿이어는 전속 대리점 망과 독립적인 딜러 망을 통해 교체 타이어 시장에 자사의 타이어를 판매했다. 굿이어는 차량 서비스 센터, 시어스(Sears), 월마트와 같은 대형 소매점 또는 샘스클럽과 같은 도매클럽 등은 유통망으로 활용하지 않았다. 굿이어의 주요 경쟁업체인 미쉘린(Michellin)은 모든 유통망을 동원하여 공격적으로 상품을 유통시켰다.

불행하게도 굿이어의 독립적 딜러들은 도매클럽과 대형 소매점의 구매력 위세에 눌려 점차 경쟁력을 잃게 되었다. 결과적으로 도매클럽이나 대형 소매점들이 유명 브랜드 타이어의 시장점유율을 장악하게 되었다. 굿이어는 도매클럽이나 대형 소매점 유통망을 활용하지 않았기 때문에, 유명 브랜드 타이어 시장에서 유통 커버리지상의 한계를 노출하고 말았다.

굿이어는 시어스, 샘스클럽, 월마트 등을 통해 타이어를 판매해야 할 것인지 논의할 때 내외부의 엄청난 저항에 부딪쳤다. 신규 유통망이 기존 유통경로의 판매량과 기업 내에서 기존 유통망을 관리하는 관리자들을 위협했기 때문이다. 유통 관리자들에 대한 보상은 기존 유통망에서의 판매량과 밀접한 관계를 맺고 있다. 그러나 보상문제 외에 더 심각한 문제로 드러난 것은 유통관리자와 유통경로 상대방이 그 동안 구축해온 끈끈한 관계가 손상된다는 점이었다. 이러한 친분 관계나 개인적 충성도가 신규 유통망의 도입을 방해한 것이다.

신규 유통망을 성공적으로 구축하기 위해서는 정교한 실행계획이 필요하다. 그러한 실행계획을 세울 때 다음과 같은 5가지 질문을 던져 보아야 한다.[17]

1. 문제점과 기회에 대해 이해를 공유하고 있는가?
2. 최고경영자가 변화를 요구하는가?
3. 조직 하위계층이 관심을 보이는가?
4. 명확한 시간계획이 있는가?
5. 그 동안 변화에 대한 인간적인 문제점들을 고려해왔는가?

유통전략에 대한 평가 결과를 공유하고 유통경로 구조변경의 전략적 논리에 관해 서로 지속적으로 논의하다 보면 신규 유통망을 구축하는 데 도움이 될 것이다. 관리자들은 유통경로의 구조변경에 이해관계가 얽혀 있는 사람들을 유통전략을 평가하는 자리에 참여하도록 하여 공통된 이해를 이끌어낼 수 있을 것이다.

유통경로의 변화가 기존 유통경로의 취급량을 위협한다면, 신규 유통망의 선두주자는 기존 유통경로 관리자들의 완강한 저항에 직면하게 될 것이다. 하지만 최고경영자가 유통경로의 변화에 대한 강력한 의지를 표명하면, 신규 유통망 반대론자들도 유통경로의 변경에 협조할 것이다. 최고경영자는 기존 유통경로를 신성불가침의 영역으로 선언해서는 안 된다. 예를 들어 1996년 캐터필러의 회장 겸 최고경영자인 도널드 피츠(Donald V. Fites)는 다음과 같이 공표하였다. "우리가 딜러를 거치지 않고 고객에게 직접판매를 하는 것보다 우리의 오른팔을 자르는 것이 더 빠를 것입니다."[18] 만약 고객의 구매행동, 경쟁환경, 상품의 특성에 중요한 변화가 발생할 경우에도 고객이 구매하고자 하는 유통경로보다는 자사에 익숙한 기존 유통경로를 고수한다면 기업의 운신의 폭은 점차 줄어들 것이다.

기업이 특정 유통경로를 빠져나오거나 새로운 유통경로에 진입하려는 의사결정을 내렸다면 관리자들은 세부 실행계획을 세워 기업 하부계층에서 공감대를 이끌어내야 한다. 유통경로의 구조변경은 기존 유통망을 관리했던 관리자들의 직무 및 경력에 영향을 미치기 때문이다. 그들이 새로운 변화에 잘 대처할 수 있도록 돕기 위해 최고경영자는 보상체계를 조정하고, 가능한 한 교육훈련의 기회를 제공하며, 새로운 직무를 할당해야 한다.

마지막으로, 유통경로의 구조변경은 수년이 소요되는 일이다. 관리자들은 정확한 일정표와 목표를 정해서 시간이 경과함에 따라 다양한 유통경로에 물량을 어떻게 분배할지 결정하고, 추진과정에서 발생하는 문제점을 그때그때 수정해야 할 것이다.

4단계: 유통경로 갈등 관리

인터넷이든, 새롭게 부상하는 저비용 간접 유통망이든, 새로운 제조업체 판매원이든 간에 신규 유통망의 추가는 잠재적인 판매량의 증가를 유발시킬 수는 있지만, 상당한 유통경로의 갈등을 불러일으킬 수도 있다. 유통경로의 갈등이 발생하는 이유는 기존 유통업체들이 동일한 고객, 동일한 브랜드를 놓고 신규 유통업체와 경쟁을 한다고 생각하기 때문이다.

컴팩의 예처럼 유통경로 갈등에 대한 두려움이 기업을 위험한 상황에 빠뜨릴 수도 있다. 하지만 적정 수준의 유통경로 갈등은 순기능을 발휘할 수도 있다.[19] 유통 네트워크에서 갈등이 전혀 없다는 것은 시장 커버리지에 문제가 있다는 징후일 수도 있다. 사실상 유통경로 구성원들이 갈등이라고 칭하는 것이 실은 건전한 경쟁인 경우가 허다하다. 따라서 갈등 관리자는 유통경로 갈등을 완전히 제거하는 것이 아니라, 갈등이 파괴적인 수준으로 발전하는 것을 방지하는 데 목표를 두어야 한다.

제조업체의 관점에서 볼 때 유통경로 갈등이 파괴적인 수준으로 진행되는 경우는 기존 유통업체가 신규 유통망의 등장에 따라 제조업체의 상품을 위한 지원이나 진열공간을 줄일 때이다. 예를 들어 에스티 로더(Estee Lauder)가 자사의 클리니크(Clinique)와 바비 브라운(Bobbi Brown)의 판매를 위해 웹사이트를 개설하자, 데이튼 허드슨(Dayton Hudson) 백화점은 에스티 로더 상품을 위한 진열공간을 축소했다. 극단적인 경우 기존 유통업체는 해당 브랜드를 완전히 퇴출시킬 수도 있다. 이러한 일이 발생한 예로는 리바이스(Levi's)가 유통망을 확장한 후, 갭(Gap)이 리바이스를 퇴출시키고 자사의 브랜드에 집중한 경우를 들 수 있다.

유통경로의 갈등이 특히 파괴적인 상황은 어떤 당사자가 상대방에게 손해를 입히기 위해 스스로 손해를 감수하는 경우이다. 2002년 독일 최대의 슈퍼 체인인 알버트 헤이진(Albert Heijin)은 제조업체에 대한 보복으로 유니레버의 일부 상품에 대해 취급불가 선언을 했다. 이러한 상황은 조기에 해결되었지만, 알버트 헤이진은 베르톨리(Bertoli) 마요네즈와 시프(Cif) 세제에 대한 매출을 상실할 뻔했다. 이 두 브랜드는 독일 소비자들이 매우 높은 충성도를 보이는 상품이다.

만병통치약은 아니지만, 유통경로를 구조변경하는 동안이나 이후에 파괴적인 유통경로 갈등을 피할 수 있는 몇 가지 관리전략이 있다. 이러한 전략은 복수 유통경로 마케터들이 제공한다.

세분시장별로 유통경로를 배치하라 | 각기 다른 유통경로는 나름대로의

독특한 가치곡선을 소유하기 때문에, 그들은 독특한 세분시장에 도달할 수 있는 수단이 되기도 한다. 따라서 복수의 유통경로를 보유할 때는 최종 소비자 시장의 명확한 세분화 근거가 있어야 한다. 예를 들어 미국에서 50여만 명에 이르는 방문판매원을 이용하여 화장품을 판매하던 일본 화장품 회사 에이본(Avon)이 쇼핑몰에 소매 키오스크를 개설했을 때, 이 키오스크를 통해 화장품을 구매한 고객의 90%가 이전에는 에이본의 화장품을 구매한 경험이 없었다는 사실을 발견했다.[20] 키오스크가 새로운 세분시장으로 접근할 수 있는 도구가 된 것이다.

편의점 업체가 월마트의 판매가격에 대해 제조업체에 불만을 제기한다면, 제조업체는 가격추구 고객을 대상으로 편의점이 월마트와 경쟁할 수 없다는 사실을 설명해주어야 한다. 대신 편의점은 다소 높은 가격을 지불하더라도 점포까지의 이동거리, 구매, 거래과정에서 시간을 절약하고자 하는 고객들을 대상으로 경쟁을 벌여야 한다. 할인점과 편의점은 두 개의 전혀 다른 세분시장에서 경쟁하는 것이므로, 각 세분시장에서 특화된 서비스를 제공해야 한다. 물론 브랜드를 소유하고 있는 제조업체는 자사가 도달하고자 하는 세분시장의 규모에 따라 각 유통망의 유통점 수를 조정해야 한다.

특정 유통경로 전용상품 또는 브랜드를 제공하라 ㅣ 유통경로 갈등을 관리할 때 가장 널리 활용되는 방법은 상이한 유통경로별로 전용상품 라인을 제공하는 것이다. 디자이너들은 백화점과 같은 기존 소매점과의 갈등을 피하기 위해, 아웃렛 매장 전용상품을 개발하였다. 비슷한 예로 카뮤 코냑(Camus Cognac), 길리언(Guylian) 초콜릿과 같은 명품 브랜드 기업은 전통적인 소매점과의 갈등을 최소화하면서 공항 면세점에서 여행자 고객들을 유인하기 위해 특별 포장된 상품을 제공한다.

또한 인터넷상에서 제조업체는 소매점이 취급할 수 없는 물량을 제공할 수 있다. 극단적으로 몇몇 제조업체는 유통경로별로 각기 다른 전용 브랜드를 제공하기도 한다. 이러한 브랜드는 종종 유통 브랜드라고도 불린다. 예를 들어 스웨덴 패키지 전문 여행사인 마이트래블(MyTravel)은 빙(Ving)이라는 브랜드의 여행상품을 공식적으로 판매하면서, 일반 여행사를 위해 올웨이즈(Always)라는 브랜드를 개발하여 판매하고 있다. 마찬가지로 메릴린치(Merrill Lynch)는 독립적인 유통업체를 통해서는 머큐리(Mercury)라는 펀드만 판매하도록 하면서, 메릴(Merrill) 펀드는 사내 판매로 제한하였다.

한편 유통경로별로 전용상품 및 브랜드를 제공하는 것이 유통경로 갈등에 대한 해결책으로 간주되기는 하지만, 그것이 지속적으로 효력을 발휘하는 것은 아니다. 만약 특정 유통경로를 통해서 이러한 전용상품 및 브랜드를 구매하는 고객이 증가하거나, 이 상품과 브랜드가 대중적인 인기를 누리면, 다른 유통망들이 이 시장에 접근하려 할 것이다.

마이트래블은 수년 동안 일반 여행사들의 간청을 들은 후에야 비로소 여행사에서도 빙 브랜드를 유통시키도록 하였다. 일반 여행사로의 빙 브랜드 확장은 즉각적인 판매량 증가 효과를 나타냈다. 조사 결과에 의하면 일반 여행사를 통해 빙을 구매한 고객 중 80%가 이전에는 올웨이즈나 빙을 구매한 경험이 전혀 없다는 사실이 밝혀졌다. 이와 유사하게 2003년 메릴린치는 머큐리의 발행을 중단하기로 결정하고 메릴 브랜드로 펀드상품을 통합하였다.

판매가 증가할 때 유통경로도 확장하라 | 새로운 '히트' 상품을 보유하면 유통경로의 구조변경을 촉진하는 데 도움이 될 것이다. 굿이어가 별다른 유통경로 갈등을 겪지 않으면서 대형 소매점으로 유통망을 확장할 수 있었던 것은 아쿠아트레드(Aquatred)라는 신규 브랜드의 유통을 독립적인 딜러들에게만 부여했기 때문이다. 독립적인 딜러들에게 고마진·고가치를 지닌 아쿠아트레드 타이어의 독점 판매권을 주어 그들의 수익과 판매량을 보존하도록 한 조치였다. 수익이 증가할 때 유통경로를 확장하는 것은 기존 딜러들이 자신의 매출 및 수익에 별다른 영향을 받지 않을 것이라고 생각하기 때문에 훨씬 쉽게 이루어질 수 있다.

이원적 보상체계를 구축하라 | 유통경로 갈등을 완화시키기 위해 제조업체는 신규 유통망을 통한 매출에 비례해 기존 유통업체에 보상하는 방안을 강구할 수 있다. 이는 신규 유통경로의 도입을 위해 기존 유통경로 구성원들을 돈으로 매수하는 인상을 줄 수도 있지만, 기존 유통경로 구성원에게 신규 유통경로를 지원하는 역할을 부여한다면 유용한 수단으로 작용할 수 있다.

예를 들어 올스테이트(Allstate)는 웹사이트를 통해 보험상품을 싼 가격으로 판매하기 시작했을 때, 고객이 직접 접촉하여 면대면 서비스를 받은 경험이 있다고 언급한 보험판매인에게 약 2%의 수수료를 지급하였다. 그러나 보험판매인들은 오프라인에서 판매를 통해 얻을 수 있는 10%의 수수료보다 적었기 때문에 이를 별로 달가워하지 않았다. 그래도 이러한 방법은 보험판매인들의 부정적인 반발을 누그러뜨리는 데 일조하였다.

제조업체들은 고객들이 원하는 한 인터넷을 통한 직접판매 방식을 피해갈 수 없을 것이다. 그러나 그들은 고객을 완전히 만족시킬 수 있는 로지스틱스 능력을 보유하지 못할 수도 있다. 그럴 때 기존 유통경로 파트너를 활용하면 이러한 로지스틱스 능력을 보완하는 유용한 방법이 될 수 있다.

예를 들어 메이텍(Maytag)은 온라인 판매를 위해 자사의 소매 파트너들과 협력하였다. 온라인을 통해 고객이 가전제품을 구매하기로 결정하면, 해당 고객은 배달 및 설치 서비스를 제공해주는 현지 딜러로부터 해당 제품의 구입 가능성 및 가격과 관련된 정보를 받게 된다. 비슷한 예로 리바이스는 온라인을 통해 반품을 처리하는 것은 너무 많은 비용이 들기 때문에 소비자들이 적당한 오프라인 상점을 통해 반품하는 것을 선호한다는 사실을 알게 되었다. 결과적으로 리바이스는 리바이스와 도커스(Dockers) 두 브랜드의 자사 웹사이트를 통한 판매를 중단하고, 제이시 페니(J. C. Penny)와 메이시스(Macy's)의 웹사이트를 통해 두 브랜드를 판매하도록 하였다.

과잉 유통을 피하라 | 제조업체는 판매의 증가를 위해서 유통점포의 수를 늘려야 한다는 유혹을 받는다. 그러나 일반적으로 특정 브랜드를 유통시키는 점포 수가 증가하면 할수록 유통점포에 대한 지원은 줄어들게 된다. 따라서 제조업체, 특히 명품의 반열에 올라 있는 상품의 제조업체는 유통점포 수가 지나치게 많아지지 않도록 주의를 기울여야 한다. 구매고객이 한정된 상황에서 지나치게 많은 수의 점포를 개설한다는 것은 판매에 심각한 영향을 미칠 수 있기 때문이다.

독특한 바우하우스(Bauhaus)풍 디자인으로 차별화를 달성하고 있는 덴마크 고급 오디오 전문회사인 뱅앤올룹슨(Bang & Olufsen, B&O)은 1990년 초 거의 파산위기에 직면했다. 경쟁 브랜드와 더불어 B&O 상품을 판매하는 소매점의 수가 지나치게 많았기 때문에 결국 가격경쟁을 벌이는 상황이 종종 발생하였다. 소매점들이 적당한 수준의 마진을 확보할 수 없게 되자 B&O 상품에 대한 다양한 지원 서비스를 줄였고, 결국 고급 라이프스타일 상품으로서의 브랜드 지위가 낮아지는 결과를 초래하였다.

1994년과 1997년 사이에 B&O는 유럽에서 자사의 딜러를 3분의 1 수준으로 줄였고, 미국에서는 딜러를 200에서 30으로 격감시켰다. 그런 다음 B&O는 자사의 상품만 판매하는 전속 프랜차이즈 전문점을 개설하여 남아 있는 딜러들을 개선하는 데 투자하였다. 점포에 대한 통제력이 증가하고 B&O 상품만 전속으로 판매하는 점포가 늘어나자 고급 오디오 제조업체로서 B&O의 브랜드 위상을 다시 확보할 수 있었고, 딜러가 감소했음에도 불구하고 매출액이 다시 회복되었다.

유통망을 공정하게 대하라 | 위에서 제시한 모든 노력에도 불구하고, 전형적으로 여러 유통경로를 대상으로 다른 가격수준으로 판매하는 복수의 유통경로를 활용하면 경로갈등이 발생한다. 소매점들은 제조업체에 지불하는 가격수준이 다른 소매점이나 직접 판매원에게 부과하는 가격수준보다 높을 때 동요를 일으킬 것이다. 그런 소매점들은 제조업체가 자사가 아닌 다른 소매점을 더 선호한다고 생각할 것이다. 제조업체가 이러한 우려를 완전히 불식시킬 수는 없겠지만, 각 유통망을 투명하고 공정하게 대우하는 것이 최상의 방책이다.

만약 제조업체가 제공하는 가격수준이 유통경로에 따라 다르다면,

이는 각 유통경로 구성원들이 수행하는 역할이 차이가 난다는 사실에 기반을 두어야 한다. 테스코나 월마트는 제조업체로부터 낮은 가격에 상품을 구매한다. 제조업체의 입장에서 볼 때 그러한 소매점들은 유통업체에 투입되는 별도의 비용이 들지 않기 때문이다. 테스코나 월마트 등은 제조업체의 유통비용을 줄이기 위해 대량 구매를 하고, 전자거래를 실시하며, 점포 내 지원이나 촉진을 제조업체에 요구하지 않는다.

고객들이 사고 싶어하는 곳에서 팔아라

새로운 유통경로의 등장은 해당 기업, 경쟁업체, 기존 유통경로, 고객 등과 관련하여 몇 가지 질문을 제시한다(다음 페이지의 체크리스트 참조). 유통경로 구조변경을 성공적으로 이루기 위해서는 그런 질문에 적절한 답을 할 수 있어야 한다.

유통경로의 혁신은 전형적으로 몇 가지 기회를 창출할 수 있다. 그러한 기회는 미처 파악하지 못했던 고객 세분시장을 발견하거나, 새로운 가치제안을 제공해주거나, 비용 면에서 좀더 효율적인 비즈니스 모델을 제시하는 일 등을 말한다. 예를 들어 오피스 데포(Office Depot)와 같은 사무용품 전문점은 다른 사무용품 딜러들이 소규모 기업고객들에게 제공하는 열악한 서비스를 보고 새로운 시장을 발견하였다. 프라이스라인닷컴은 특정 브랜드나 출발시간에 얽매이지 않는 고객들을 위해 낮은 가격의 항공료라는 새로운 가치제안을 하였다.

기존 유통자산과 가치네트워크를 고수하는 데 초점을 두고 있는 기존 기업은 새롭고 혁신적인 유통망이 등장하면 제대로 대응할 수 없을 것이다.[21] 산업 내 유통구조가 변화할 때 전통적인 산업의 선두주자들은 빠르게 성장하는 세분시장을 무시한다. 새로운 유통기회는 시장에 접근하는 방식, 시장을 정의하는 방식, 가치네트워크를 구성하는 방식 등 기존의 방식과 일치하지 않는다. 따라서 유통을 혁신하는 기업은 오랫 동안 독점적인 지위를 구축할 수 있다.

기존 기업의 관리자들이 직면하는 문제는 새로운 유통경로를 도입함으로써 얻을 수 있을지 없을지 모르는 수익을 위해 기존에 발생하는 이익을 희생시켜야 한다는 점이다. 하지만 그들이 새로운 유통경로를 도입하지 않으면, 경쟁업체는 새로운 유통경로를 도입하여 더 많은 수익을 얻을 수도 있다. 따라서 기업은 자기시장잠식 효과를 두려워해서는 안 된다. 유통경로의 구조변경을 얼마나 빨리 수행해야 하는지 결정하기 위해서는 유통망의 변화속도를 반드시 고려해야 한다. 유통전략에서 변화를 나타내는 내부의 변화속도와 고객의 유통경로 선호도를 나타내는 외부 요소의 변화속도는 항상 보조를 맞추어야 한다. 기존 기업 내에서 유통경로의 구조변경은 최고경영자의 의지에서 비롯된다. 유통경로의 구조변화는 고객들의 쇼핑패턴의 변화와 유통경로 선호도의 변화에 따라 더욱 가속화될 것이다. 최고경영자는 이러한 변화가 자연스럽게 유발될 수 있도록 도움을 주어야 한다. 자사의 유통경로 구조를 변화시키는 과정에서 한 최고경영자는 다음과 같이 이야기했다. "우리는 우리가 판매하고 싶은 곳에서의 판매를 중단하고, 고객들이 구매하고 싶어하는 곳에서 판매를 시작했습니다." 대부분의 기업들이 너무 오랜 기간 동안 쇠락하는 유통경로에 집착해 왔음을 역사는 잘 보여주고 있다.

새로운 유통경로에 진입해도 되는가

고객

- 새로운 유통경로가 제공할 서비스는 무엇인가?
- 새로운 유통경로의 목표 세분시장은?
- 새로운 유통경로의 예상 비중은?

유통경로

- 기존 유통경로의 상대적 비중과 영향력은 어느 정도 변화할 것인가?
- 기존 유통망의 전략적 대응은 어떠할 것인가?
- 유통경로 갈등의 수위는 어느 정도로 예상되는가?

경쟁자

- 새로운 유통경로에서 예상되는 경쟁자는?
- 경쟁자가 기존 유통경로에 대한 보상정책을 변경할 것인가?
- 시장점유율의 변화가 예상되는가?
- 새로운 유통망으로의 진입속도가 전략적으로 의미하는 바는 무엇인가?

기업

- 새로운 유통경로에서 담당할 상품과 서비스는 무엇인가?
- 새로운 유통경로를 도입하는 비용은 어느 정도인가?

- 새로운 유통경로를 도입해 활용하는 데 필요한 새로운 역량은 무엇인가?
- 유통경로 갈등을 어떻게 관리할 것인가?

공룡 유통업체와의
파트너십

지난 20여 년에 걸쳐 유통경로에서의
주도권은 공급기업에서 유통업체나
소매업체로 이동하였다. 유통업체들이 점차
공급업체보다 더 강력한 힘을 소유하게
된 것은 구매협력을 위한 수평적 제휴의
증가, 카테고리 킬러나 슈퍼스토어와 같은
막강한 구매력을 지닌 신업태의 등장, 인수
및 합병을 통해 구매력 증가에서 기인한다.

어떤 기업도 혼자서는 비즈니스를 할 수 없다

No company is an island

오랫 동안 유통채널에서의 주도권은 필립모리스(Philip Morris), 사라 리 등과 같은 브랜드 마케팅 기업, 포드 자동차나 캐터필러와 같은 제조업체, 맥도날드(McDonald)나 펩시(Pepsi Co.)와 같은 다국적 프랜차이즈 기업들이 차지했다. 이렇게 막강한 다국적 공급기업들과는 달리 대부분의 소매업체, 딜러, 프랜차이즈 가맹점 등의 유통채널을 구성하는 기업들은 규모 면에서 영세했고, 대부분 특정 지역에 산재해 있었기 때문에 큰 힘을 발휘하지 못했다. 각 나라마다 유통부문은 흔히 부부가 운영하는 '구멍가게(mom and pop)' 수준의 자영업 형태로 이어져왔다.

이런 이유 때문에 소매업, 더 일반적인 의미로 유통업은 단순하고 누구나 운영할 수 있는 사업이라는 이미지가 지배적이었다. 따라서 이러한 사업을 운영하기 위해서 양질의 교육을 받아야 한다는 인식이 부족했고, 결과적으로 유명 대학에서 해당 학위나 MBA를 취득하는 것도 그다지 필요하지 않다고 생각되었다.

이러한 환경에서 공급기업들은 규모가 작고 다루기 쉬우며 지역에 기반을 둔 유통 파트너들과 거래하는 데 적합하게 진화했다. 구조적인 측면에서 제조업체나 프랜차이즈 기업들은 전형적으로 제품별 그리고 국가별로 조직구조를 구축하였다. 또한 기업의 정책이나 관행의 측면에서도 공급기업들은 유통업자보다 우위에 있는 자신들의 강제력을 마음껏 활용하였다.

하지만 지난 20여 년에 걸쳐 유통경로에서의 주도권은 공급기업에서 유통업체나 소매업체로 이동하였다. 유통업체들이 점차 공급업체들보다 더 강력한 힘을 소유하게 된 것은 구매협력을 위한 수평적 제휴의 증가, 카테고리 킬러나 슈퍼스토어와 같은 막강한 구매력을 지닌 신업태의 등장, 인수 및 합병을 통한 구매력 증가 등에서 기인한다. 일부 인수·합병은 국제적인 규모로 이루어지기도 했다. 아홀트(Ahold), 까르푸, 월마트와 같은 거대 소매업체들의 글로벌 매출은 유명 브랜드 제조업체의 매출규모와 대등하거나 능가하는 수준이다.

유통업체의 합병은 제조업체 입장에서는 유통업체 수의 감소와 개별 유통업체의 구매비중 증가를 의미한다. 2000년 37개 소비재 제조업체를 대상으로 한 연구 결과에 의하면, 평균적으로 상위 5개 글로벌 구매업체가 전체 매출의 32%를 차지하는 것으로 나타났다. 이 수치는 5년 전의 21%보다 증가한 것이며, 앞으로 5년 뒤에는 45%까지 증가할 것으로 예상되고 있다.[1] 이렇게 5대 글로벌 소매업체들이 공급업체 매출의 거의 절반을 차지하게 되면, 그들은 자연스럽게 공급업체에 대해 엄청난 협상력을 발휘하게 될 것이다.

동일 상품에 대한 제조업체의 가격이 국가별로 60% 이상 차이를 보이고 있기 때문에 글로벌 소매업체들은 점차 전 세계적으로 동일한 가격책정을 요구하고 있으며, 이러한 요구는 공급업체를 난감하게 하고 있다. 월마트의 국제 담당 사장 겸 최고경영자인 존 멘처(John Mentzer)는 다음과 같이 이야기한 바 있다. "우리는 글로벌 소싱(global sourcing)을 통해 세계 최고 품질의 상품을 획득하고, 세계

최고 수준의 재고를 확보하며, 우리의 공급
망을 100% 활용하고, 우리가 판매하는 상품
의 가격에 대한 투명성을 확보하고자 합니
다. 우리가 말하는 투명성을 확보한 가격이

글로벌 소싱 세계 곳곳에서 가장 유
리한 조건으로 부품이나 상품을 확보
하여 가격경쟁력, 현지 대응력을 제고
하려는 경영활동.

란 운송료, 관세, 지역적 차이 등에 따라 조정된 가격을 의미합니다."[2]

소매업체의 글로벌 가격전략 추구는 제조업체에게 엄청난 영향을
미친다. 예를 들어 전 세계 33개 나라에서 영업을 하고 있는 세계 2위
소매업체인 까르푸는 유수의 소비재 기업들에게 각 국가별 가격 중
최저가를 글로벌 가격으로 책정해 달라고 요구하였다. 소비재 기업들
은 만약 까르푸가 모든 상품에 대해 최저가 구매를 단행한다면, 까르
푸와 1억 유로 규모의 거래를 할 때 연간 700만 유로 이하의 수익을
얻게 될 것으로 추정하고 있다. 또한 이러한 거래로 인해 대부분의 소
비재 기업들이 7% 정도의 세후 이익을 달성하는 것도 어려워질 것으
로 예측하고 있다.

막강한 힘을 소유하고 있는 글로벌 유통업체나 소매업체를 통해 최
종 소비자에게 상품을 제공하고자 한다면, 해당 기업은 국가나 상품
별로 조직을 구성하기보다는 고객과의 관계 유형별로 조직을 구성해
야 할 것이다. 이 장의 전반에 걸쳐 제시하겠지만, 글로벌 소매업체들
을 효과적으로 활용하기 위해서는 전략, 조직구조, 인적자원관리 등
의 분야에서 변화가 필요하다. 특히 그들을 효과적으로 활용하기 위
해서는 무엇보다도 마인드셋(mind-set)이 바뀌어야 한다.

관리자들이 이러한 변화를 시도하고자 할 경우 내외부의 거센 저항
에 부딪칠 것이라는 사실은 쉽게 예상할 수 있다. 주요 제조기업과 프
랜차이즈 기업의 최고경영자들은 유통경로 파트너들의 불신이 어느

정도인지 모르는 경우가 많다. 더욱이 변화를 위해 필요한 조직구조의 변경은 기업 내 구성원들, 그리고 부서간의 힘의 균형을 무너뜨릴 수도 있다. 소비재 생산업체의 한 최고경영자는 이러한 변화의 어려움을 다음과 같이 설명하고 있다. "우리 회사 안에 여러 부서, 여러 기능, 여러 상품, 여러 공장이 있다는 사실은 고객들에게 전혀 중요한 문제가 아닙니다."

기업을 성공적으로 변화시키기 위해서는 많은 자원과 강한 의지를 가진 리더가 필요하다. 기업의 변화를 책임질 리더는 최고경영자이거나 최고경영자가 공개적으로 지원해주는 사람이어야 한다. 오늘날 최고경영자가 가장 힘써 해결해야 할 과제 중 하나는 가격인하 압력으로 거세게 도전해오고 있는 글로벌 소매업체들에 관한 문제이다.

강력한 글로벌 소매업체의 등장

글로벌 소매점들은 그 동안 놀라울 정도의 성장을 거듭해왔다. 예를 들어 아홀트, 까르푸, 메트로 등은 세계 25개국 이상에서 점포를 개설하고 있다. 또한 알디(Aldi), 오샹(Auchan), 뢰베(Rewe), 테스코, 월마트 등은 세계 10여 개 나라에 점포를 두고 있다. 앞에서 제시한 예의 대부분은 공급업체에 치명적인 변화가 발생하고 있는 소비재 산업의 특성을 잘 나타내주고 있다. 하지만 이러한 변화 트렌드(예를 들면 유통업체간 합병, 글로벌화, 소매점 파워의 증가, 유통업체로의 가치이동 등)는 의류, 화학, 엔터테인먼트, 금융 서비스, 페인트, PC 등 여러 산업분야에서 두루 발생할 수 있다. 다음에 제시한 여러 나라의 기업 사례를 심도 있게 생각해보자.

- 자사의 이름을 브랜드로 내세워 전 세계에서 영업을 하고 있는 글로벌 소매업체들로는 아마존, 토이저러스(Toys 'R' Us, 27개 나라에서 1,600개 이상의 점포 운영), 의류 소매업체인 H&M(17개 나라에서 840여 개 점포 운영), 가구에서 이케아(30여 개 나라에서 150개 이상의 점포 운영) 등이 있다.[3] 블록버스터(Blockbuster) 비디오는 미국 이외의 27개 나라에서 2,600개 이상의 점포를 소유하고 있으며, 스타벅스(Starbucks)는 22개 나라에서 900여 점포를 개설해 운영하고 있다.[4]

- 인수·합병을 통해 성장하고 있는 신흥 글로벌 소매업체인 영국의 킹피셔(Kingfisher)는 다양한 이름으로 운영되고 있다. 집수리 부문에서 킹피셔는 15개 나라에서 약 600개 점포를 운영하고 있다. 이러한 소매점들은 영국에서는 B&Q, 프랑스에서는 카스토라마(Castorama)와 브리코 데포(Brico Depot), 캐나다에서는 레노-데포(Reno-Depot), 폴란드에서는 노미(NOMI), 터키에서는 콕타스(Koctas) 등의 이름으로 운영하고 있다. 킹피셔는 또한 7개 나라에 650개 정도의 전자제품 소매점을 소유하고 있다. 이들은 프랑스에서 다티(Darty)와 버트(But), 영국에서 코메트(Comet), 벨기에에서 뉴 반든 보레(New Vanden Borre), 네덜란드에서 BCC, 독일에서는 프로마르크(ProMarkt), 체코와 슬로바키아 공화국에서는 다타르트(Datart) 등의 이름으로 운영되고 있다.[5]

- 독일의 컴퓨터 2000 AG를 1998년 인수한 테크데이터(Tech Data Corporation)는 《포춘(Fortune)》 100대 기업의 반열에 이름을 올렸

다. 회계연도의 끝인 2003년 1월 31일 연간 157억 달러의 매출액을 기록한 이 회사는 컴퓨터 관련 하드웨어와 소프트웨어를 IBM과 시스코와 같은 벤더들로부터 전 세계 10만 개 이상의 기술 재판매업자들에게 유통시켰다.[6]

제조업체 대한 소매업체의 도전

전 세계를 무대로 비즈니스를 할 수 있는 업체들이 등장함으로써 소매업계는 현재 나사(NASA) 수준에 버금가는 복잡하고 기술집약적이고 시스템적인 비즈니스로 바뀌어가고 있다. 또한 단순한 장사꾼 수준을 벗어나기 위해 소매업체들은 양질의 유통업자 브랜드(PB)를 개발하고 있다.[7]

강력한 글로벌 소매업체들은 규모, 시너지, 속도의 향상 등 점점 더 많은 것을 다국적 공급업체들에게 요구하고 있다. 이는 소매업체들이 독특한 오퍼와 마케팅을 통한 차별화를 요구하고 있다는 뜻으로 해석될 수 있다. 소매업체들은 표준화된 백오피스 기능을 통해 효율성 향상을 추구하고 있으며, 신흥시장에서 신사업 개발에 국제적인 전문성을 가지고 있는 네슬레나 유니레버와 같은 유명 브랜드 공급업체로부터는 전문적인 지식을 얻고 있다.

전 세계의 모든 유통업체 고객들은 광범위한 유통 커버리지, 빠른 거래, 일관된 고품질 서비스뿐만 아니라 제조업체의 특별 배려를 기대한다. 이러한 기대 때문에 제조업체는 단일 접점 서비스, 균일한 거래조건, 전 세계적으로 표준화된 상품 및 서비스 등을 제공해야 한다.

대형 소매업체들은 글로벌 조달 전략을 통해 제조업체에 가격인하 압력을 가하고 있으며, 거래할인, 입점비, 실패비 등 여러 가지 비용을 제조업체에 강요하고 있다. 예를 들어 까르푸에 침구류를 납품하고 있는 중국의 한 공급업체는 다음과 같은 불평을 늘어놓았다. "우리는 까르푸와의 계약을 계속 유지하기 위해 매년 매출액의 4%를 지불해야 합니다. 그 금액 중 가장 큰 비중을 차지하는 것은 소위 주말비용이라고 일컬어지는 금액으로 매년 5회씩 2,000위안 정도를 지불해야 하며, 점포운영비 명목으로 1만 위안을 지불하고 있습니다."[8]

글로벌 유통업체들은 최저 가격으로 상품을 판매하기를 원한다. 그들은 더욱 한결 같고 더욱 투명한 글로벌 가격을 요구한다. 그러나 기업이 위치하고 있는 각 지역별 비용구조와 경쟁상황이 다르기 때문에 제조업체들은 동일하거나 비슷한 상품의 가격을 나라마다 다르게 책정할 수 밖에 없다.

예를 들어 2000년 300억 달러 규모를 자랑하는 소매점인 테스코는 폴란드에서 '히트(Hit)'라고 불리는 슈퍼마켓 체인점 13개를 흡수해 버렸다. 그 이유는 이 업체가 테스코보다 더 낮은 가격으로 상품을 납품받는다는 것 때문이었다. 히트가 테스코에 흡수되자 공급업체들은 전 세계적인 가격정책의 근거를 테스코 경영진에게 일일이 설명해야 하는 고초를 겪기도 했다.

소매업체가 풀어야 할 시급한 과제

역사적으로 소매업체, 특히 식품 소매업체들은 소매업이란 본래 지역적인 사업이라는 인식으로부터 자유롭지 못했다. 까르푸 회장인 다니엘 베르나르(Daniel Bernard)는 다음과 같이 이야기한 바 있다. "소매는 특정 나라의 사람들이 어떤 모습으로 살아가고 있는가를 보여주는 나라의 이미지와 같은 기능을 합니다. 따라서 여러분은 현지 문화의 특성에 맞는 식품이나 상품을 제공해야 합니다."[9]

이렇듯 유통업은 지역 중심적일 것이라는 인식으로 인해 글로벌 식료품 소매업체들은 어떻게 하면 효율적으로 글로벌 영업을 할 수 있는가에 대해 아직도 연구 중이다. 예를 들면 그들은 개별 브랜드나 카테고리 관리를 상대적으로 더 중요한 의사결정으로 생각하고 있는 반면, 글로벌 통합의 수준은 상당히 낮은 편이다. 대부분의 글로벌 식료품 소매업체들은 구매기능을 아직 전 세계적으로 통합시키지는 못하고 있다.

다른 여러 글로벌 소매업체들과 마찬가지로, 까르푸는 글로벌 경영을 위해 조직의 통합을 시도하고 있다. 그러나 까르푸는 현재 33개국 모두에 대한 비교자료를 가지고 있지 못하다. 최근 들어 23개국에 대한 비교자료만 확보한 것으로 알려져 있다. 구매 측면에서 보면 까르푸는 비식료품 부문에서는 이미 글로벌 통합을 달성했지만, 식료품 부문에서는 여전히 현지구매에 치중하고 있다.

제조업체에는 유감스러운 일이지만, 소매업체들은 글로벌 통합이 가장 시급하게 해결해야 할 과제라는 데 인식을 같이하고 있다. 아홀트의 최고경영자는 다음과 같은 사실을 피력했다. "향후 3년 이내에 다양한 슈퍼마켓 체인점들이 더욱 강력한 시너지를 찾아내야 할 것입니다. 왜냐하면 납품업체들이 완전히 집중화될 가능성이 있기 때문입니다. 그들은 단지 하나의 센터를 통해 상하기 쉬운 상품을 조달하고, 이러한 센터를 각 식료품 서비스 업체에 연계시킬 가능성이 있다는 것입니다." 글로벌 소매업체에 널리 퍼져 있는 이러한 견해로 인해 앞으로 브랜드 제조업체는 더욱 어려운 시기를 보내야 할 것 같다.

브랜드 불도저에서 전략적 파트너로

공급업체와 글로벌 소매업체는 글로벌 고객관리를 위해 서로 힘을 합해 상호이익을 추구해야 한다. 하지만 불행하게도 인간은 상대방에게 힘의 우위를 과시하고자 하는 본성을 지니고 있다. 그림 5-1에 제시된 바와 같이 공급업체의 힘이 강하고 유통업체의 힘이 약할 경우, 공급업체는 유통업체를 힘으로 밀어붙이려는 성향을 보인다.

과거에는 제조업체가 자사의 브랜드를 시장에 출시하고, 나름의 프로모션 계획을 수립하여 소매업체에게 이를 그대로 실행하도록 강요하곤 하였다. 하지만 유통업체의 힘이 강력해지자 상황이 역전되었다. 이제는 소매업체가 약화된 제조업체를 진열공간 입찰자의 지위로까지 격하시키고 있다.

이와 같은 현실을 반영할 때 유통업체와 제조업체의 관계는 반드시 변화되어야 한다. 그림 5-1의 프레임워크를 활용해보면, 강력한 제조업체는 '브랜드 불도저' 자리에서 유통업체와의 '줄다리기' 관계영역으로 이동하였다. 남아 있는 과제는 제조업체와 유통업체 간의 관계가 '전략적 파트너십'의 위치까지 궁극적으로 변화해야 한다는 것이다. P&G와 월마트의 관계는 제조업체와 유통업체의 관계가 이 세 단계를 통해 어떻게 변화하는지 보여주는 전형적인 예라 할 수 있다.[10]

P&G와 월마트의 전설적인 카누 담판

P&G와 월마트는 호적수라 불릴 만큼 거래협상에 난항을 겪었던 대표적인 기업이다. 전통적으로 P&G는 자사 브랜드의 진열대를 더 많이 확보하기 위해 소비자의 브랜드 선호와 같은 시장조사 결과를 제

그림 5-1 제조업체와 유통업체의 관계 매트릭스

	약함	강함/적대적	강함/우호적
강함	브랜드 불도저	줄다리기	전략적 파트너십
약함	기회주의적 짝짓기	진열공간 입찰자	상품구색 제공자

제조업체

유통업체

출처: Peter M. Freedman, Michael Reyner, and Thomas Tochtermann, "European Category Management: Look Before You Leap," *MicKinsey Quarterly* 1(1997): 156-164.

시하며 거래관계를 지배하는 칼을 휘둘러왔다. 소매업체들은 복잡한 판매 데이터를 수집할 수 있는 시스템을 구축하고 있지 못했기 때문에 P&G의 조사 결과에 이론을 제기할 수 없었다. 덕분에 몇 년간 P&G는 자칭 '거래의 달인'이라는 명성을 드높일 수 있었다.[11]

한편 그 당시 월마트는 자사의 공급업체들에게 최저 가격, 추가 서비스, 우선판매 방식 등을 요청하였다. 1992년 월마트는 제조업체와 직접 거래를 하겠다는 정책을 수립하였다. 이런 정책의 내용은 월마트와 거래를 하기 위해서 제조업체는 전용 전자문서 교환(EDI) 시스템을 구축하고 상품에 바코드를 부착해야 한다는 것이었다. 제조업체들은 월마트에 납품하는 물량에 따라 자사의 성장이 결정되었기 때문에 그러한 정책을 그대로 따를 수밖에 없었다.

모두의 예상대로 둘 사이의 관계 초기에 P&G는 월마트에 자사의 상품을 잘 판매할 수 있는 가격 및 판매조건 등을 지시하였다. 이에 대해 월마트는 그럴 경우 P&G의 상품을 취급하지 않거나 형편없는 매대에서 판매하겠다고 위협하였다. 두 기업 사이에는 정보의 공유, 공동 판매계획, 시스템 조정 등과 같은 협력관계가 전혀 없었다. 월마트의 설립자 샘 월튼(Sam Walton)은 "우리는 월마트의 구매 담당자들이 P&G의 영업사원들과 끝까지 싸우도록 내버려둘 작정입니다"라고 이야기하였다.[12]

1980년대 중반 이러한 적대적인 관계에 변화의 바람이 불기 시작했다. 당시 샘 월튼과 P&G의 판매 부사장 루이스 프리챗(Louis Pritchett)은 지금은 전설처럼 전해져 내려오는 카누 여행에서 두 기업의 관계를 재검토하기로 합의했다. 두 회사에서 각각 고위직 관리 10명씩 함께 모아놓고 미래를 위한 공동의 비전을 개발하도록 하였다. 석 달이 지나지 않아 두 회사는 미래 비전을 세우고, 이를 실행할 수 있는 계획안을 수립하기 위해 양사의 각기 다른 부서에서 12명을 뽑아 팀을 구성하였다. 이 팀에서는 어떻게 하면 두 회사가 정보기술을 이용하여 판매를 증가시키고 비용을 줄일 수 있는가에 대해 연구했다.

연구 결과는 효율적 소비자 대응(efficient consumer response, ECR)을 위해 서로 협력관계를 구축해야 한다는 것이었다. 이러한 협력관계의 주요 내용 중 하나는 P&G가 자사 상품인 팸퍼스(Pampers) 기저귀와 같은 특정 상품에

> **효율적 소비자 대응(ECR)** 소비자에게 보다 나은 가치를 제공하기 위해 식품산업의 공급업체와 유통업체들이 밀접하게 협력하는 전략을 말한다. 1980년대 미국의 의류업계와 유통업계가 협력하여 소비자에게 대응하던 QR(신속대응, quick response)에서 유래된 것이다.

대해 월마트의 재고를 관리하는 것이었다. P&G는 월마트의 개별 점포에서 각기 다른 크기의 팸퍼스의 판매량, 재고수준, 가격 등에 대한 정보를 위성을 통해 지속적으로 전달받는다. 이러한 정보를 토대로 P&G는 월마트에서 팸퍼스 판매에 필요한 매대 및 공급량을 결정할 수 있었고, 주문 및 배송의 자동화를 이룰 수 있었다. 전자송장의 발송 및 전자송금이 거래의 마지막 단계를 장식했다. 주문 및 배달 사이클이 단축되자 월마트는 소비자들이 팸퍼스를 구매한 직후 팸퍼스 판매에 대한 대금을 P&G에 지불할 수 있게 되었다.

이러한 파트너십을 구축함으로써 두 회사는 소비자들에게 저가격, P&G의 선호 브랜드에 대한 이용 가능성 증가 등의 더 큰 가치를 창출할 수 있었다. 협력적 관계를 구축함으로써 두 회사는 주문과정, 청구서 작성, 대금지불 등과 관련된 불필요한 활동을 없앨 수 있었고, 판매를 위한 전화통화 횟수를 줄였으며, 문서작업 및 그에 따른 오류를 급격히 줄일 수 있었다. 주문이 없는 주문 시스템(orderless ordering system) 역시 P&G에게 재고를 확보하기 위한 생산이 아닌 판매를 위한 생산을 할 수 있도록 했다. 이와 동시에 월마트는 팸퍼스에 대한 불필요한 재고와 품절 가능성을 감소시켰으며, 이로 인해 두 회사는 팸퍼스 판매에 따르는 손실을 피할 수 있었다.

윈-루즈(win-lose) 게임을 벌여왔던 P&G와 월마트는 협력을 통해 두 회사 모두에게 비용을 줄이고 수익을 증가시켜주는 윈-윈(win-win) 게임으로 전환하였다. 오늘날 P&G는 월마트의 가장 큰 고객사가 되었으며, P&G의 전 세계 매출의 17%에 해당하는 70억 달러의 매출을 월마트를 통해 올릴 수 있게 되었다.

지난 15년간 두 회사는 상호 의존성이라는 기반 위에서 파트너십을 개발해왔다. 월마트는 P&G의 브랜드가 필요했고, P&G는 월마트의 고객 접근성이 필요했던 것이다. 두 회사는 제조업체와 유통업체 간에 협력관계를 구축할 때 표본이 될 정도로 신뢰를 쌓아갔다. 월마트는 판매량과 가격에 관한 정보를 함께 공유하고, 주문처리와 재고관리를 위임할 정도로 P&G를 신뢰했다.

한편 P&G는 월마트 전담 팀을 구성하여 파견했고, 특별 할인행사를 없애고 월마트의 EDLP(everyday low prices) 정책을 따라주었으며, 월마트와의 전용 정보 시스템을 구축하는 데 많은 비용을 투자하였다. P&G의 판매팀은 단순히 월마트에 어떻게 하면 더 많은 상품을 판매할 수 있는가를 고민하는 것이 아니라, 두 회사의 이익을 극대화시키면서 월마트를 통해 P&G 상품을 어떻게 하면 더 많이 판매할 수 있는가를 고민하게 된 것이다.

신뢰는 높이고 두려움은 없애라

P&G와 월마트의 파트너십 구축 사례는 유통경로에서 힘의 행사는 장기적인 처방이 아닌 극히 단기적인 효과만 일으킬 뿐이라는 점을 여실히 보여주고 있다. 그 이유는 다음 3가지로 요약할 수 있다.[13]

첫째, 거래관계에서 힘을 이용하여 불공정하게 양보를 받아낸 경우, 시간이 지나 힘의 지위가 바뀌면 해당 기업은 반대로 그에 대한 큰 부담을 짊어지게 될 것이다.

예를 들어 스위스의 슈퍼마켓 체인인 미그로스(Migros)는 설립 당시 유명 브랜드를 소유한 제조업체들로부터 납품을 거절당했다. 그 이유는 당시 전통적인 유통망이었던 구멍가게들의 동요를 막기 위해서였다. 미그로스는 유명 브랜드 없이 자체 상표를 개발하여 사업을 시작하였다. 오늘날 미그로스는 스위스 최대의 소매점으로 발돋움하였으며, 전체 매출의 90% 정도를 자체 브랜드를 통해 달성하고 있다. 코카콜라나 네스카페와 같은 유명 브랜드는 미그로스 매장에서 찾아볼 수도 없을 정도이다.

둘째, 특정 기업이 자사의 우월한 위치를 교묘하게 활용할 경우, 피해를 본 상대 기업은 그러한 힘을 상쇄시킬 수 있는 무언가를 개발함으로써 저항을 한다.

예를 들어 유럽과 미국에서는 자동차 딜러와 프랜차이즈 가맹점들이 서로 연합하여 국회의원들에게 로비를 벌인 끝에 포드나 맥도날드와 같은 프랜차이즈 본사가 자신들에게 제재를 가하거나 계약을 해지할 수 있도록 한 법적 규제에서 벗어날 수 있었다. 조르지오 아르마니(Giorgio Armani), 휴고 보스(Hugo Boss), 리즈 클레이본(Liz Claiborne), 도나 카란(Dona Karan) 등과 같은 유명 패션 디자이너들은 백화점의 횡포에 맞서 자신들의 매장을 개설하였다. 백화점이 보여온 횡포의 예로는 상품을 일방적으로 반품하거나, 제조업자에게 가격할인 부담을 떠넘기거나, 제때에 대금을 지불하지 않는 행위 등을 들 수 있다.

셋째, 제조업체와 유통업체가 상호 신뢰를 구축하고 밀접하게 협력을 했을 때만이 최종 소비자에게 더 큰 가치를 제공해줄 수 있다. 관리자들은 유통경로에서 신뢰라는 말을 자주 사용하지만, 실제로 그들은 신뢰에 대한 정의를 제대로 이해하지 못하는 경우가 많다. 신뢰는 의존 가능성(dependability)과 신실함(faith)이라는 개념을 모두 포함하고 있다.[14]

의존할 수 있는 유통경로 파트너는 정직함과 신용을 가지고 있다.

예를 들어 특정 제조업체는 국가별 프로모션을 전개했을 때보다 더 많은 비용이 소요됨에도 불구하고 소매업체의 뜻에 따라 소매업체가 글로벌 프로모션을 수행하도록 서명할 수 있다.[15] 하지만 소매업체는 전 세계 모든 점포를 대상으로 효과적인 프로모션을 수행하는 데 실패할 수도 있다.

따라서 신뢰라는 개념은 의존 가능성이라는 개념만으로는 부족하다. 누군가가 상대방을 처벌하겠다고 약속한 후 실제로 그렇게 했다면, 그 사람은 정직하고 신용이 있는 사람이라고 이야기할 수 있다. 하지만 그를 신뢰할 수 있는 사람이라고는 이야기할 수 없을 것이다. 서로 신뢰하는 가운데 두 당사자는 서로의 이익을 보호하며, 상대방에 대한 행동이 어떤 결과로 나타날 것인가에 대해 심사숙고할 것이라고 생각된다.

제조업체를 신뢰하는 딜러나 소매업체들은 대안적인 공급원을 찾기 위한 노력을 덜할 것이고, 판매량을 증가시키기 위한 노력은 더 많이 기울이며, 제조업체와의 관계에서 더 많은 부분에 관용을 베푼다.[16] 예를 들어 내구성 소비재 산업에서는 제조업체를 신뢰하는 딜러들이 제조업체 판매량의 78% 이상을 판매하고 있다.[17]

신뢰는 유통관계에서 많은 이점을 제공해주기 때문에, 유명 브랜드를 가지고 유통업체를 밀어붙이기만 했던 공급업체, 즉 브랜드 불도저처럼 행동해왔던 업체들 또한 유통업체와의 신뢰관계를 구축하기 위해 노력해야 할 것이다. 힘이 아닌 신뢰를 기반으로 유통관계를 관리하기 위해서는 기업의 전반적인 지향성과 문화에서 획기적인 변화가 필요하다(표 5-1 참조).

표 5-1 파워게임과 신뢰게임의 비교

	파워게임	신뢰게임
처리방식	• 두려움 증가	• 신뢰 증가
기본원칙	• 자기 이익 추구 • 윈-루즈	• 공정함 추구 • 윈-윈
협상전략	• 서로가 복수의 파트너를 운용함으로써 의존성 회피 • 유연성은 유지하지만 전환비용을 증가시킴으로써 파트너를 묶어두고자 함	• 파트너 수를 제한함으로써 상호 의존성 창출 • 두 당사자는 서로를 묶을 수 있는 특유 투자를 통해 관계몰입을 표시
커뮤니케이션	• 주로 일방적	• 양 방향
영향력 행사	• 강압적 영향력 행사	• 전문성을 통해 행사
계약	• 폐쇄적 계약, 즉 공식적이고 상세한 단기 계약 • 경쟁입찰 사용	• 개방적 계약, 즉 비공식적 장기 계약 • 경우에 따라 시장가격 체크
갈등관리	• 세부적인 계약조항을 통해 갈등의 잠재력 감소 • 법적 시스템을 통한 갈등 해결	• 비슷한 가치를 지닌 파트너를 선택하거나 상호 이해를 증가시킴으로써 갈등 잠재력 감소 • 중재 또는 조정절차를 통해 갈등 해결

출처: Nirmalya Kumar, "The Power of Trust in Manufacturer-Retailer Relationships," *Harvard Business Review* (November-December 1996): 92-105에서 인용.

거래를 할 때는 공정성의 원칙을 지켜라

거래관계에서 신뢰를 쌓기 위해서는 상대적으로 힘을 더 소유한 쪽에서 약한 상대방을 공정하게 대우해야 한다. 공정성이란 다음 두 가지 개념을 포함한다. 분배적 공정성, 즉 서로 받는 성과물에서의 공정함과 절차적 공정성, 즉 정책 및 관행에서의 공정함이다.[18]

분배적 공정성 | 분배적 공정성(distributive justice)은 거래 상대방이 제공하는 이익 및 혜택의 공정성에 대한 거래 당사자의 인식이라고 정의할 수 있다. 이는 '파이의 공유(pie sharing)'라고도 할 수 있으며, 두 거래 당사자가 공정하게 혜택과 부담을 나누는 것을 의미하기도 한다. 거래 상대방에게 공정한 이익을 제공함으로써 적당히 유통경로 파트너에게 보상하는 것은 즉각적으로 성과가 나타나지는 않지만 장기적인 이익이 발생할 수 있다.

예를 들어 몇 년 전 뷰익(Buick)은 같은 GM 공장에서 만든 올스모빌(Oldsmobile)보다 자동차 시장에서 더 높은 소비자 만족 평가를 받았다. 그 이유는 뷰익이 보증수리 작업에 대해 올스모빌보다 딜러들에게 시간당 15달러를 더 지불해주었기 때문이다. 고객들이 자동차의 사소한 문제로 올스모빌 딜러를 방문하면 "모든 차가 그렇습니다"라는 대답뿐이었다. 하지만 뷰익의 딜러들은 그 문제를 깨끗이 해결해주었다. 딜러들이 고객을 대하는 태도에 따라 만족에 대한 평가가 달라졌던 것이다.

절차적 공정성 | 절차적 공정성(procedural justice)은 '적당한 프로세스', 즉 상대적으로 약한 파트너에 대한 절차나 정책에서의 공정성이라고 정의할 수 있다. 유통경로에서 절차적으로 공정한 시스템은 다음의 6가지 원칙에 근거를 둘 수 있다.

1. 양방향 커뮤니케이션(bilateral communication). 유통 파트너들이 양방향 커뮤니케이션을 수행하려는 의지라고 할 수 있다. 유통경로 내에서 상대적으로 힘이 강한 기업은 유통 시스템 내 다른 구

성원의 이야기에 귀를 기울이지 않을 가능성이 있다. 신뢰를 구축하고자 하는 기업은 유통 파트너들에게서 조언을 구하는 것을 관행으로 여긴다. 예를 들면 안호이저-부시(Anheuser-Busch)의 회장은 적어도 일 년에 4번 정도 15명으로 구성된 도매상위원회 구성원들을 만나서 그들의 제안이나 불평사항 등을 경청한다.

2. 일관성(impartiality). 모든 유통 파트너에게 동일한 유통정책을 적용하는 것을 의미한다. 모든 유통파트너가 동일한 대우를 받을 수는 없겠지만, 그들에게 공정하게 기회를 줄 수는 있다.

3. 반박 가능성(refutability). 소수이거나 상대적으로 힘이 약한 유통 파트너가 상대적으로 힘이 강한 유통 파트너의 정책이나 의사결정에 이의를 제기할 수 있는 능력을 말한다. 캐터필러, 듀퐁(DuPont), 3M 등과 같은 제조업체는 딜러들이 불만을 토로할 수 있는 딜러 자문위원회를 설치하였다.

4. 설명(explanation). 유통 파트너에게 유통 의사결정과 정책의 명백한 근거를 제공하는 것을 의미한다. 이는 보다 높은 수준의 투명성을 요구한다.

5. 친숙성(familiarity). 유통 파트너가 영업을 하고 있는 현지 사정에 대해 얼마나 이해하고 있는지를 의미한다. 막스앤스펜서(Marks & Spencer)는 새로운 제조업체와 관계를 맺기 전에 해당 제조업체 공장을 수차례 방문하여 바이어, 머천다이어, 디자이너 등과 함께 회의를 한다.

6. 공손함(courtesy). 존중하는 마음으로 상대방을 대우하는 것을 의미한다. 결국 기업간의 관계는 사람들의 관계라고 할 수 있다. 이러한 사실을 인정하는 관리자는 다양한 주요 고객들을 접대하

기 위해 인력을 배치하는 방법을 변화시킨다. 페인트 제조업체인 셔윈-윌리엄스(Sherwin-Williams)는 시어스(Sears)와 로벅앤컴퍼니(Roebuck and Company)의 관리자들에게 자사의 인력 중 그들을 담당할 인력을 선택하도록 하였다.

분배적 공정성과 잠재적으로 규모가 큰 보상은 특정 관계로 기업을 유인하는 데 효력을 발휘하지만, 절차적 공정성은 관계를 지속적으로 유지하는 데 효력을 발휘한다. 경쟁사보다 높은 마진을 보장함으로써 파트너와의 관계를 지속하는 것은 비용이 많이 소요될 뿐만 아니라 경쟁사에 의해 쉽게 모방될 가능성이 있다. 절차에 있어서 공정한 시스템을 개발하기 위해서는 더 많은 노력, 에너지, 투자, 인내심 등이 필요하며, 어떤 경우에는 조직문화의 변화도 요구된다. 하지만 절차적으로 공정한 시스템이 구축되면 경쟁업체가 쉽게 모방할 수 없는 지속적인 경쟁우위를 구축할 수 있다.

효율적 소비자 대응을 우선적으로 수행하라

ECR은 우선적으로 수행해야 하는 전략요소이다. ECR은 소매업자와 제조업체가 협력을 통해 초과비용을 줄일 수 있을 뿐 아니라 고객들에게 더 품질이 좋은 제품을 더 싸고 빠르게 제공할 수 있도록 해준다. 1992년 미국과 독일의 슈퍼마켓과 공급업체는 공급체인을 최적화할 수 있는 도구로 ECR을 채용하여, 월마트나 알디와 같은 대형 할인점과 효과적으로 경쟁을 벌일 수 있었다.[19] ECR은 신속대응(quick response) 시스템, 연속적 제품보충(continuous replenishment) 시스템, 크로스도킹(cross-docking) 시스템, 전자문서 교환(electronic data

연속적 제품보충 시스템

공급업체(제조업체 또는 도매업체)와 유통업체가 재고량, 유통채널 잔존 주문량, 예측 판매량, 재고수준 등에 대한 정보를 공유하여 상품의 공급(주문, 배송 등)을 통제·관리하는 ECR 응용기술 중 하나를 말한다. 유통업체와 공급업체는 사전에 상품공급 정책에 합의한 후, 교환된 정보(현재의 수요, 재고, 상품이동 등에 대한 정보)에 기초하여 연속적으로 상품의 공급과 수령을 진행시킨다. 1차적 목표는 최소한의 재고만 보관, 취급하는 동시에 정확한 상품의 흐름을 달성하는 것이며, 궁극적으로는 이를 통해 고객 서비스 만족수준을 높이는 것이다.

크로스도킹 시스템

일명 통과형 물류센터라고도 한다. 창고나 물류센터에서 수령한 상품을 창고에서 재고로 보관하지 않고 원하는 곳으로 즉시 배송하는 물류 시스템이다. 다시 말해 크로스도킹은 배달된 상품을 수령하는 즉시 중간 저장단계를 거치지 않고 목적지로 배송하는 것을 말한다. 물류센터에서의 크로스도킹은 중간단계가 매우 짧기 때문에 배송의 동시화가 매우 중요하다. 판매되는 시점의 장소와 포장형태를 고려하여 공급업체는 유통업체에 상품을 보낸다. 물류센터 도착 즉시 점포별로 구분되어 적하된 팔레트는 부착된 EAN/UCC 표준 바코드 라벨에 담긴 정보에 따라 분류되고 다시 적재된다. 이 과정은 제품을 직접 체크할 필요가 없으며 소요시간도 몇 분에 불과하다.

전자문서 교환 시스템

컴퓨터와 컴퓨터 사이에 구조화된 데이터를 사전에 약속된 표준서식에 따라 전자적 수단에 의해 교환하는 것을 의미한다. 옆의 그림에서와 같이 기업 A가 내부 전산 시스템에 데이터를 입력하면 전환·번역장비가 표준 전자문서로 바꾸어 기업 B로 전송한다. B의 전환·번역장비는 표준 전자문서를 B의 내부 전산 시스템에 맞게 변환한다.

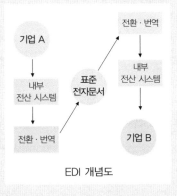

EDI 개념도

interchange, EDI) 시스템, 벤더 재고관리(vendor managed inventory) 시스템 등을 포괄하는 개념이다.

소매 컨설팅 업체 커트 새먼(Kurt Salmon)은 비용절감에 대한 프로 젝트를 의뢰받았다. 컨설팅 결과 ECR을 채용하면 슈퍼마켓 유통망에 서 11% 정도를 절감할 수 있다는 사실을 발견하였다. 그 비용절감의 비율을 금액으로 환산하면 미국에서는 300억 달러, 유럽에서는 500억 달러에 해당된다. ECR은 공급망에서 수행되는 여러 기능을 교차시킨 프로그램으로서 다음과 같은 원천을 통해 비용을 절감할 수 있다. 생 산부문에서 생산능력의 향상, 마케팅 부문에서 촉진비용 감소 및 신 제품 실패율 감소, 로지스틱 시스템에서 창고 및 트럭 활용능력의 향 상, 관리부문에서 회계 및 사무직원의 감소, 점포 수준에서 면적당 매 출액의 증가. ECR의 실행을 통해 제조업체는 이익의 54%를 얻을 수 있고, 소매업체는 비용절감 액수의 46%를 가져갈 수 있을 것으로 예 상된다. 제조업체나 소매업체들이 앞다투어 ECR을 공유하고자 하는 현상은 이제 당연한 일이 되었다.

ECR의 광범위한 확산에도 불구하고 공급업체 최고경영자들은 이를 별로 달가워하지 않았다. 거대 소비재 제조업체의 한 최고경영자는 다음과 같이 언급하였다. "만약 ECR의 실행을 통해 돈을 벌었다면, 나는 그런 돈을 한 번도 본 적이 없습니다."[20]

영국 최대의 소매업체 중 하나인 세인즈베리(Sainsbury)에 납품하 는 공급업체들을 조사한 결과, 세인즈베리와의 관계에서 ECR 실행수 준이 높은 공급업체는 이익, 거래량, 성장 등에서 증가를 달성했다고 나타났다.[21] 하지만 그들은 해당 관계에서 불공정한 대우를 받았다는 느낌을 보고하기도 하였다.

이러한 발견은 공급업체가 ECR의 실행을 통해 그다지 큰 혜택을 얻지 못했다는 공급업체 최고경영자들의 생각을 잘 보여주고 있다. 객관적으로 공급업체는 ECR을 도입함으로써 이익을 볼 수 있다. 하지만 그들은 자신이 받은 이익의 규모가 소매업체들이 얻는 이익에 비해 상대적으로 작다고 생각한다. 결과적으로 공급업체는 ECR의 실행을 통해 이익을 보지 못한다고 생각한다는 것이다. 그러나 공급업체는 자신이 얻는 이익의 규모가 소매업체에 비해 작다고 생각되더라도 ECR을 도입해야만 한다.

글로벌 주요고객관리를 위한 고객중심조직으로의 변화

일부 기업들은 글로벌 주요 고객관리를 위해 발빠르게 움직이고 있지만, 대부분 능동적이기보다는 수동적이다. 글로벌 주요 고객관리를 위해 조직을 재편하는 것을 가로막는 가장 큰 요소는 엄청난 내부의 저항이었다. 유니레버나 네슬레처럼 권력이 분산되어 있는 기업은 국가별 관리자들이 권한을 행사하였다. P&G와 같이 권력의 집중화를 추구하는 기업은 사업단위 관리자들이 주로 권력을 쥐고 있었다(통상 이러한 기업의 조직구조는 상품별로 조직되었음).

고객중심적 글로벌 주요 고객관리 체제를 효율적으로 실행하기 위해서는 개별 글로벌 고객에 응대하기 위한 단일 접촉창구가 필요하다. 해당 부서는 사업단위나 국가별 조직의 지원을 받고 보고체계를 형성한다. 통합된 솔루션을 제공하기 위해서는 전 세계 개별 소매업체들에 대한 더 많은 이해가 필요하며, 전 세계에 걸친 공급업체의 판매량과 공급망 운영의 효율적인 조정이 필요하다.

마케팅 계획이나 공급망은 기존의 국가 중심적 관점에서 고객중심적으로 바뀌어야 한다. 이를 실행에 옮기기 위해서는 책임소재의 변화와 권한의 이동이 있어야 한다. 또한 글로벌 주요고객관리를 실행에 옮기기 위해서는 글로벌 주요 고객을 위한 최선책과 공급업체 현지 조직을 위한 최선책 간의 갈등을 반드시 해결해야 한다.[22] 누가 고객을 소유하고, 성과에 대해 어떻게 평가하고, 적당한 인센티브 시스템을 어떻게 결정하는지 등에 대한 권력다툼은 소모적인 일처럼 보이지만 그것이 바로 현실이다. 기업은 빠른 조치를 취해 글로벌 주요 고객관리 센터에 통제권을 부여하고, 내부 문제를 해결해야 한다. 효율성과 가격인하에 대한 글로벌 소매업체들의 요구에 부응하기 위해 제조업체는 복잡한 조직구조, 직무 프로세스, 정보 등을 통해 발생하는 잠재적인 손실을 줄일 수 있도록 조직을 재구성해야 한다.

글로벌 고객의 출현으로 인해 식료품 업계가 직면했던 변화를 위한 도전과제들을 다른 산업의 업체들도 똑같이 접하게 되는 현상이 벌어지고 있다. 글로벌 주요 고객관리의 문제들이 광고, 항공, 회계감사 서비스, 자동차 부품, 호텔, 보험, 정유, 소프트웨어 서비스, 이동통신 등 여러 업계에 만연해 있다. 구체적인 예로는 다음과 같은 것들이 있다.

- IBM은 전 세계적으로 거래해왔던 40여 개 광고대행사와의 계약을 해지하고, 4억 내지 5억 달러에 달하는 그룹 전체의 광고물량을 오길비앤매더(Ogilvy & Mather)로 통합하였다.[23]
- 벨트업계의 선두주자인 게이트(Gates)는 해당 자동차 부품을 전

세계적으로 분포되어 있는 GM 공장에 납품하고 있다.
- 딜로이트투시앤토마츠(Deloitte, Touche, and Tohmatsu)는 여러 다국적 기업의 회계감사 서비스를 제공한다.

글로벌 고객을 대할 때 특히 문제가 발생하는 상황은 글로벌 공급업체의 현지 업체(예를 들면 회계감사, 광고, 컨설팅 업체 등)가 독립적인 법인일 경우이다. 다국적 기업에서 여러 나라의 고객응대가 가능한 조직형태나 프로세스를 마련하는 것은 결코 쉬운 일이 아니다.

대부분의 기업들은 글로벌 주요 고객관리를 위해 국가별·제품별 조직의 일원으로서 별 성의 없이 팀을 구성하지만, 이럴 경우 효과적인 통합에는 실패할 것이다. 특히 소매업체들이 공급업체의 글로벌 주요 고객관리팀을 단순 모방하여 글로벌 공급업체 관리팀을 구성한다면 상황은 더욱 악화될 것이다. 제조업체가 글로벌 소매업체의 도전에 대응하기 위해서는 전략, 조직구조, 정보 시스템, 인적자원관리 등 여러 부문에서의 변화가 동시에 수반되어야 한다.

전략에서의 변화

글로벌 주요 고객관리를 위해서는 명확한 전략을 개발하는 것이 가장 유용한 방법이다. 전략이 제대로 수립되면 주요고객관리자나 고객개발팀 리더들이 글로벌 소매업체 관계자들의 요구사항에 대해서도 지혜롭게 해결할 수 있다. 명확한 전략이 수립되어 있으면 글로벌 주요 고객에게 "아닙니다. 우리는 그렇게 할 수 없습니다"라고 확신을 가지고 이야기할 수 있다. 이렇게 자신감을 가지고 이야기할 수 있는 것은 최고경영자가 지원을 해주고 있으며, 기업이 이를 위임했다는

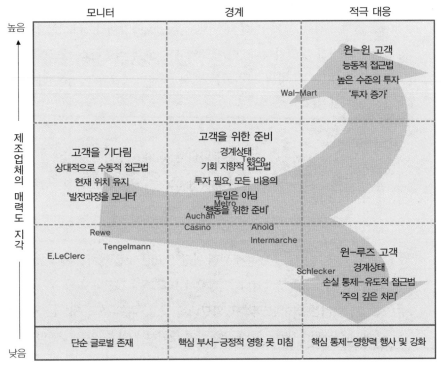

그림 5-2 제조업체의 글로벌 유통업체 포트폴리오

모니터　　　　경계　　　　적극 대응

제조업체의 매력도 지각

높음

원-윈 고객
능동적 접근법
높은 수준의 투자
'투자 증가'

Wal-Mart

고객을 위한 준비
경계상태
기회 지향적 접근법
투자 필요, 모든 비용의
투입은 아님
'행동을 위한 준비'

Tesco

Metro

Auchan

고객을 기다림
상대적으로 수동적 접근법
현재 위치 유지
'발전과정을 모니터'

Casino　　　　Ahold
Intermarche

Rewe

Tengelmann

E.LeClerc

Schlecker

원-루즈 고객
경계상태
손실 통제-유도적 접근법
'주의 깊은 처리'

낮음

단순 글로벌 존재　　　핵심 부서-긍정적 영향 못 미침　　　핵심 통제-영향력 행사 및 강화

소매업체의 국제화 정도

사실을 잘 알고 있기 때문이다.

　기업의 총 매출 중 20~30%를 차지하는 글로벌 주요 고객(10개 고객사 정도)을 위한 전략적 비전 개발은 최고경영자의 책임 아래 이루어져야 한다. 해당 거래의 규모나 중요성이 크기 때문에 최고경영자가 반드시 이 과정에 능동적으로 관여해야 한다는 것이다. 그림 5-2는 한 제조업체가 글로벌 소매업체 주요 고객을 이해하기 위한 시도를

예로 제시해 보여주고 있다. 글로벌 소매업체 주요 고객들을 이해하기 위한 두 가지 차원은 제조업체에게 소매업체가 얼마나 매력적인가 (예를 들면 성장성, 제조업체에 대한 태도 등), 소매업체가 글로벌 영업에 얼마나 협력할 것인가이다. 한 제조업체의 고객 비즈니스 개발팀에서 근무하고 있는 두 명의 관리자는 명확한 전략개발의 이점을 다음과 같이 지적하였다.

먼저 올바른 전략을 수립해야 합니다. 올바른 전략을 수립하기 위해 열심히 노력하는 사람들이 그렇지 않은 사람들에 비해 성공할 가능성이 더 높습니다.

팀을 효과적으로 운용하기 위해 가장 중요한 것은 명확한 방향설정을 하는 것이라고 생각합니다. 방향이 명확하게 설정되지 않은 상태에서는 여러분이 어떤 역할을 담당해야 하고, 어떤 조직구조를 갖추어야 하며, 어떤 관계를 구축해야 할지 명확하게 알 수 없을 것이라고 생각합니다.[24]

공동정책 | 글로벌 주요고객에 어떻게 대응할 것인지 공동의 정책을 마련하는 것이 필요하다.[25] 기업이 글로벌 주요 고객들의 요구에 적극적으로 대응하는가, 아니면 소극적으로 대응하는가? 글로벌 소매업체 주요 고객에 대한 대응자세는 제조업체의 지위에 따라 달라진다.[26]

강력한 브랜드와 확고한 지역기반을 보유한 제조업체는 글로벌 소매업체들과 파트너십을 맺어 해당 상품 카테고리 내에서 높은 자리를 차지하고자 할 것이다. 한편 강력한 브랜드를 소유하고 있지만 지역

기반이 약한 제조업체는 현재 성과가 미약한 시장으로 확장하기 위해 글로벌 소매업체를 활용하고자 할 것이다. 또한 강력한 브랜드를 소유하지 못하지만 지역적 기반을 소유한 기업은 소매업체의 상표를 부착하는 상품을 공급하고자 할 것이다. 반면 강력한 브랜드와 지역기반 모두 소유하지 못한 기업은 상품 및 세분시장에서 철수하는 것 이외에는 다른 대안을 선택하지 못할 것이다.

브랜드 포트폴리오 합리화 | 글로벌 통합에는 몇 가지 전략적인 당위성이 있다. 글로벌 소매업체들은 글로벌 브랜드를 밀어내고 상대적으로 취약한 지역 브랜드를 대체하기 위해 유통업체 브랜드를 사용한다. 결국 제조업체는 브랜드 합리화를 위해서 어렵고도 긴 과정을 밟아야 한다. 취약하거나 지역적으로 제한된 브랜드를 지속적으로 지원하는 일은 더욱 고수하기 어려워졌다. 그럴 경우 공급업체와 소매업체의 관계를 그림 5-1의 '진열공간 입찰자'나 '상품구색 제공자'의 처지로 전락시킬 것이기 때문이다. 결과적으로 P&G는 알레브(Aleve)라는 진통제, 레스토일(Lestoil)이라는 가정용 세제, 라바(Lava)라는 비누 등 성과가 형편없는 브랜드를 철수하였다.

최소 재고단위 단품의 합리화 | 글로벌 소매업체들은 복잡한 카테고리 관리 시스템을 구축하여 최소 재고단위인 단품의 세부적인 성과를 파악하고자 한다. 공급업체는 취약한 단품을 소매업체에 무조건적으로 공급할 수 없고, 표준 이하의 단품은 제거해야 한다. 거의 대부분의 유명 브랜드 제조업체는 지난 5년간 최소 재고단위 단품 합리화 프로그램을 실행했다. 예를 들어 P&G는 최소 재고단위 단품의 수를

25% 정도 감소시켰다. 심지어 헤드앤숄더(Head & Shoulders) 샴푸와 같은 선도 브랜드의 생산라인을 31개에서 15개의 단품 생산라인으로 줄였다.

투명한 가격전략 | 현재 대부분의 소매업체들은 전 세계적으로 동일한 상품이 거의 존재하지 않기 때문에(질레트 면도기, 말보로 담배 등은 예외), 획일적인 글로벌 가격결정에 대한 요구는 협상을 위한 전략에 불과하다고 인식하고 있다. 더욱이 국가별로 상품의 가격을 비교하는 것은 어려운 일이다. 전통적으로 가격은 다음과 같은 요소에 의해 나라마다 다르게 결정된다.

- 수량할인: 구입량 기준.
- 로지스틱스 할인: 소매업체가 트럭 선적, 팔레트, 케이스 등을 주문에 포함하는지 여부가 기준.
- 다양한 행동할인: 예를 들면 소매업체의 EDI 활용, 현금지급, 지속적 재고보충 등.
- 마케팅 공제: 승인된 촉진활동 및 합작 또는 '협력' 마케팅 활동에 대해.
- 성과기반 인센티브: 예를 들면 소매업체가 특정 상품 카테고리 내에서 제조업자가 설정한 시장점유율 목표를 달성한 경우.

글로벌 소매업체들은 제조업체의 글로벌 가격의 투명성과 계약조건의 표준화에 정당한 관심을 갖는다. 최종 가격은 나라마다 다르지만, 제조업체는 가격구조를 나라마다 일치시킬 수는 있다. 알디와 월마트와 같은 대형 할인점의 성과가 높은 것은 그들이 가격할인이 아닌 단순히 최저가격을 선호하기 때문이다. 소매업체들이 명확한 가격을 선호함에 따라 제조업체는 시스템을 단순화시켜서 단일 IT 플랫폼을 사용하고 표준화된 송장을 사용함으로써, 최종 소비자에게 전달되는 가치를 훼손시키지 않고도 상당한 비용절감 효과를 낼 수 있게 되었다.

P&G는 더욱 직관적이고 논리적이며 상대적으로 투명한 가격정책을 채용해왔다. P&G는 스스로 최종 소비자가격을 결정하거나 공개하지 않고, 가격구조의 논리를 소매업체들과 공유하였다. 그럼으로써 다른 소매점이나 다른 나라에서 가격이 다르게 책정되어 발생하는 문제를 극복할 수 있었다.

경쟁력 있는 글로벌 공급망 구축 | 마지막으로 글로벌 소매업체들이 글로벌 가격정책을 고수함에 따라, 제조업체는 경쟁력 있는 글로벌 공급망을 운영할 수 있도록 조직을 재편해야 한다. 굳이 '자국 내'에 공장이나 창고를 보유해야 할 필요도 없을 것이다.

특히 유럽의 경우에는 더욱 그러하다.[27] 이러한 어려운 의사결정은 여러 이해관계자들에게 영향을 미칠 것이고, 최고경영자는 반드시 이 과정을 극복해야 한다.

조직구조의 변환

기업은 글로벌 주요 고객들에 대응하기 위해 3가지 조직구조 중 하나를 선택할 수 있을 것이다.[28] 첫째, 일부 기업은 국가별 조직구조에 우선권을 둔다. 예를 들면 코카콜라는 유럽의 주요고객관리를 시작하

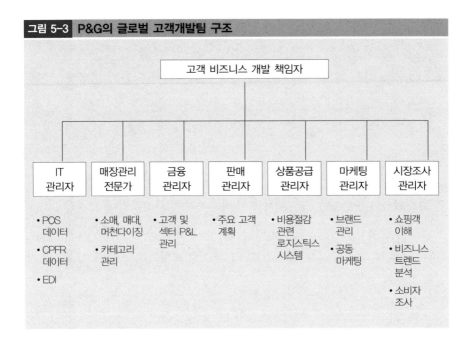

그림 5-3 | P&G의 글로벌 고객개발팀 구조

고객 비즈니스 개발 책임자

IT 관리자	매장관리 전문가	금융 관리자	판매 관리자	상품공급 관리자	마케팅 관리자	시장조사 관리자
• POS 데이터 • CPFR 데이터 • EDI	• 소매, 매대, 머천다이징 • 카테고리 관리	• 고객 및 센터 P&L 관리	• 주요 고객 계획	• 비용절감 관련 로지스틱스 시스템	• 브랜드 관리 • 공동 마케팅	• 쇼핑객 이해 • 비즈니스 트렌드 분석 • 소비자 조사

자마자 중단했다. 그 이유는 개별 나라의 독립적인 보틀러들이 자동적으로 가동되었기 때문이다. 둘째, 아마 가장 널리 활용되는 방법으로, 현지 주요고객관리자(local account manager)가 현지 국가관리자(local country manager)와 주요 글로벌 고객관리자(global account manager)에 보고하는 균형적 접근법이다. 셋째, 가장 최근의 구조로 기업이 여러 강력한 글로벌 고객을 보유하고 있는 경우에 현지 판매가 아닌 주요 글로벌 고객관리자에게 힘을 부여하는 형태이다.

대부분의 기업들은 글로벌 고객들에게 단일한 접촉창구를 제공해주기 위해 글로벌 고객개발팀을 설립하고 있다. 그림 5-3은 P&G의 글로벌 고객개발팀 구조를 예로 보여주고 있다. 이러한 글로벌 고객

개발팀은 글로벌 사업단위(global business unit, GBU), 국가별 조직 등과 나란히 운영되면서, 결과적으로 복잡한 매트릭스 조직 형태를 띠게 된다.[29]

글로벌 사업단위 | P&G의 조직구조는 식음료, 직물 및 가정용품, 건강 및 미용용품, 가족용품 등의 상품별 조직과 더불어 글로벌 사업단위로 나누어진다. 개별 글로벌 사업단위는 전략을 수립하여 신제품 개발 및 글로벌 브랜드 지원 등의 활동을 통해 브랜드 및 상품 포트폴리오를 개발해나가야 한다. 글로벌 사업단위 관리자들은 사업단위 계획을 수립하고, 상위 상품 카테고리 수준에서 판매 및 이익목적을 달성하는 데 범세계적인 책임을 진다.

국가별 조직구조 | 전통적인 지역 및 국가별 조직구조는 해당 국가에서 발생하는 수익에 대해 책임을 진다. 그러한 조직구조에서는 해당 지역의 현지 고객들을 이해하고, 현지 이해관계자들을 관리해야 하며, 현지 소매업체들을 활용해야 한다. 국가별 조직은 글로벌 사업단위와 글로벌 고객계획을 소매업체와 소비자를 만족시키고, 매출액을 증가시키며, 비용을 감소시킬 수 있는 현지 프로그램으로 해석할 수 있다. 또한 그들은 글로벌 사업단위 전략 및 계획을 수립하기 위해 현지 상황에 관한 정보를 제공해야 한다.

최근 P&G는 효율성을 개선하기 위해 국가별 조직구조를 시장개발 조직으로 통합하기 시작하였다. 결국 오스트리아, 스위스, 독일이 하나의 그룹으로 묶였고, 베네룩스 시장조직은 벨기에, 네덜란드, 룩셈부르크를 포괄하는 조직이 되었다.

그림 5-4 글로벌 주요 고객관리를 위한 조직구조

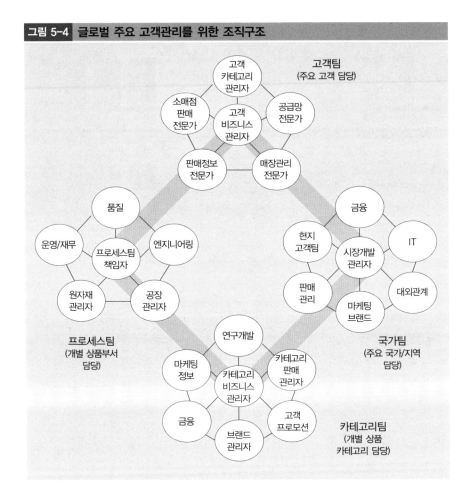

출처: Michael George, Anthony Freeling, and David Court, "Reinventing the Marketing Organization," *McKinsey Quarterly* 4 (1994): 43-62에서 인용함.

고객 비즈니스 개발팀 │ 마지막으로 글로벌 고객 비즈니스 개발 전담 팀이 개별적인 글로벌 소매업체들과의 관계를 관리하기 위해 구성된 다. 개별 부서, 사업단위, 국가를 대표하는 인력으로 구성된 이 팀은

글로벌 소매업체들의 전략 파악, 전사 공동의 고객 사업계획의 수립 및 실행 책임을 수행한다. 그림 5-4에 제시한 바와 같이, 전반적인 팀 기반조직은 복잡하지만 빠르게 조직될 수 있다.

공동계획의 프로세스 | 다국적 기업의 전략개발 프로세스는 전통적으로 군대조직의 접근법을 따랐다. 기업의 대표가 브랜드 및 상품에 대한 전략을 개발하고 프로모션 계획을 수립한다. 그렇게 수립된 계획을 소매업체에 제시하여 소매업체가 그 전략을 따르든지 거부하든지 결정을 내리도록 한다. 하지만 소매업체의 성장과 더불어 이러한 상명하복식 전략수립 프로세스는 실패하게 된다. 대신 제조업체는 전략계획 프로세스나 전략회의에 유통고객들을 참여시켜서 각각의 전략적 목표를 이해하고, 상호 합의에 따른 공동전략을 개발해야 한다.

글로벌 주요 고객들과의 계획수립 프로세스는 그림 5-5와 같이 실행할 수 있다. 글로벌 고객팀은 특정 소매업체 비즈니스의 지침이 될 수 있는 서너 가지 중요한 활동 또는 전략적 우선순위를 규명하고, 이러한 전략적 우선순위를 국가별 조직에 설명한다.

제조업체는 고객개발팀, 사업단위, 국가별 조직들 간의 인터페이스를 관리하기 위해 주요 고객인 벤더들의 모든 활동을 규명하고 그에 대한 책임소재를 할당해준다. 그런 다음 모든 활동이 전 세계적으로 완전하게 조정되었는지, 부분적으로만 조정되었는지, 일부 글로벌 조정이 이루어진 상태에서 지협적으로 수행되었는지, 아니면 현지 조직에만 배타적으로 남아 있는지 명확하게 규명해야 한다.[30]

제조업체가 효과적으로 글로벌 소매업체들을 관리하기 위해서는 그들과 공동 전략회의를 하기 전에 많은 과제를 수행해야 한다. 한 소

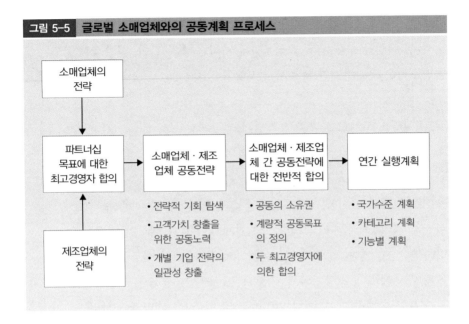

그림 5-5 글로벌 소매업체와의 공동계획 프로세스

```
┌──────────┐
│ 소매업체의 │
│   전략    │
└────┬─────┘
     │
     ▼
┌──────────┐    ┌──────────┐    ┌──────────┐    ┌──────────┐
│ 파트너십  │    │소매업체·제조│    │소매업체·제조업│    │         │
│목표에 대한 │───▶│업체 공동전략│───▶│체 간 공동전략에│───▶│연간 실행계획│
│최고경영자 합의│    │          │    │대한 전반적 합의│    │         │
└──────────┘    └──────────┘    └──────────┘    └──────────┘
     ▲
┌──────────┐
│ 제조업체의 │
│   전략    │
└──────────┘
```

• 전략적 기회 탐색   • 공동의 소유권   • 국가수준 계획
• 고객가치 창출을   • 계량적 공동목표   • 카테고리 계획
  위한 공동노력   의 정의   • 기능별 계획
• 개별 기업 전략의   • 두 최고경영자에
  일관성 창출   의한 합의

비재 회사는 이런 준비를 위해 이틀간 내부고객 평가 워크숍을 개최하였다. 워크숍에서는 주요 고객사인 까르푸를 위해 33개 국가에 대한 프리젠테이션을 실시했다. 프리젠테이션의 내용은 기업이 지난 1년간 소매업체와의 관계에서 달성한 성과, 잠재적 기회, 닥칠 수 있는 문제점 등이 포함되었다. 그리고 참석자들은 까르푸에 대한 SWOT 분석을 실시한 후, 향후 3년간 까르푸에 대한 전반적 전략이 어떤 내용으로 구성되어야 할 것인가에 대해 논의를 진행하였다. 이 회의를 통해 글로벌·국가·브랜드 수준에서 까르푸에 대한 예상 손익계산서를 작성하였다. 따라서 글로벌 고객관리자는 내부적으로 합의된 국

SWOT 분석 strength, weakness, opportunity, threat의 약자.
기업이 내외부 환경을 분석하여 전략을 수립하기 위해 사용하는 분석틀로, 자사의 강약점(SW)과 외부 환경요인의 기회와 위협(OT)을 분석해서 전략수립에 활용함.

가별·브랜드별 목표를 가지고 까르푸 담당자와 만날 수 있다.

가장 효과적인 윈-윈 파트너십은 두 당사자가 서로 합의하에 성과목표를 결정했을 때 발생한다. 두 당사자가 어떤 지표를 사용해서 성과를 평가할 것인가에 대한 합의가 있어야 한다는 것이다. 예를 들면 제조업체는 시장침투율, 구매빈도, 매출증가, 마진증가 등에 더 관심을 쏟는 반면, 소매업체는 재고수준, 재고회전율, 마진, 완결된 주문수, 매출, 매장관리 등에 더 주의를 기울일 수 있다.

두 당사자는 정량적·정성적 목표를 설정할 수 있다. 정량적 목표는 개별 카테고리 내에서 모든 제조업체 브랜드에 대한 판매량의 증가에 전형적으로 초점을 맞춘다. 정성적인 목표는 모든 국가의 소수 브랜드에 대한 점포 내 진열과 같은 국제적 프로모션을 포함한다. 그에 대한 보답으로 제조업체는 특정 마진과 지원을 약속할 수 있다. 사업의 규모에 따라 다르지만, 통상적으로 제조업체와 소매업체는 한 달에 한 번 혹은 분기에 한 번 만나서 자료를 서로 공유하며 성과지표들을 모니터한다.

정보 시스템의 변환

글로벌 소매업을 연구하기 위해 여러 사람을 만나던 중 알게 된 한 다국적 제조업체의 최고경영자는 거의 미칠 지경에 이르렀다며 심경을 토로했다. 그 이유는 단일 글로벌 가격을 책정하도록 요구하는 글로벌 소매업체들의 매출액 중 그들이 얼마만큼 이익을 창출해냈는지 이야기해주는 직원이 아무도 없었기 때문이다.

한 연구 결과에 의하면, 다소 복잡하고 값비싼 정보 시스템을 구축하고 있음에도 불구하고 제조업체 중 단지 11%만이 글로벌 소매업체들에 대한 실제 비용을 평가할 수 있었다고 한다.[31] 글로벌 고객사에 대한 수익성을 측정하는 대부분의 기업은 활동기준 원가(ABC) 체제가 아닌 표준비용분배(standard cost allocation, SCA) 체제를 따른다. 따라서 그들은 글로벌 고객사에 대한 정확한 손익계산을 할 수 없었다.

그때 이후 저자는 까르푸에 납품하는 주요 글로벌 공급업체들과 친분관계를 유지해왔다. 글로벌 고객관리자는 까르푸와 거래하기 위해 협상을 벌여야 했지만, 까르푸에 대한 범세계적인 매출규모는 결정할 수 없었다. 제조업체의 시스템은 국가별·상품라인별로는 수치를 산출해내지만, 상품라인과 국가를 포괄하는 고객별 자료는 제공해주지 못했다. 물론 글로벌 고객관리자가 수익과 관련된 수치를 직접 계산하여 집계할 수도 있다. 하지만 아프리카의 두 나라에서 제조업체는 글로벌 고객관리자에게 고객별 판매자료를 제공하지 않는 에이전트를 통해 까르푸에 납품하였다. 그래서 글로벌 고객관리자는 소매업체에 대한 자사의 세계적인 매출액 자료를 얻기 위해 까르푸에 의존할 수밖에 없었다. 신뢰할 만한 정보도 하나 없이 어떻게 협상을 할 수 있단 말인가? 그것은 고도계 없이 비행기를 운행하는 것과 같은 상황이다.

P&G처럼 세련된 기업조차도 정보 시스템이 한 고객의 전체 구매량에 대한 자료를 제공할 수는 있지만, 고객별로 전 세계 매출액을 계산하기 위해서는 수작업을 해야만 한다. 한 고객의 전 세계 순매출액 자료를 얻기 위해서는 다소 수고스럽지만 수작업을 통해 집계해야 하는 것이다. 그러나 HP와 같은 일부 기업은 개별 글로벌 고객사에 대한

손익계산서를 만들어낼 수 있는 시스템에 투자하고 있다.[32]

최고경영자들은 마케팅 전략상의 우선순위를 결정할 때, 마케터들이 재무적인 정보를 제공하지 못하고 있다는 현실에 많은 실망을 한다. 한 조사 결과에 의하면, 기업들 중 단지 22%만이 이벤트 수준에서의 중간상 판촉의 효과를 모니터했다고 한다.[33]

소매업체와의 공동계획 수립이 증가함에 따라, 이벤트의 수익성에 대한 정보는 개별 고객사의 목표를 설정하는 중요한 역할을 담당한다. 글로벌 고객관리를 지원하는 정보 시스템은 소매업체에 대한 전 세계 매출규모를 파악할 수 있어야 하며, 고객사별 글로벌 수익성을 계산할 수 있어야 하고, 글로벌 고객관리자들이 배움을 공유할 수 있도록 내부 포럼의 기회를 제공해주어야 하며, 특정 보상 및 평가 시스템을 모니터하고 실행하는 데 도움이 되어야 한다.

인적 자원의 변환

고객 비즈니스 개발팀이 어떻게 글로벌 고객을 전담하는가와 관련된 4가지 이슈가 있다. 협력(coordination), 공동근무(co-location), 인력구성(composition), 보상(compensation)이 그것이다.

협력 | 공급업체의 글로벌 고객관리팀에게 협력을 요구하는 것은 상당히 어려운 일이다. 기업은 공동의 목표, 정보, 보상체계 등을 통해 다양한 부서, 사업단위, 국가별 조직에서 협력을 이끌어내야 한다. 그 중에서도 가장 중요한 협력을 이끌어내야 하는 곳은 현지 고객들에게 단일 목소리를 내야 하는 마케팅, 판매, 서비스 조직 등을 들 수 있다. 관리자들은 국가, 상품라인, 프로모션 유형별로 자원을 재분배해야

할 뿐만 아니라, 내부적으로 어떻게 하면 협력을 달성할 수 있는지 항상 탐색해야 한다.

공동근무 | 글로벌 고객개발팀이 어디에서 근무해야 하는가에 대한 문제가 기업 내에서 종종 논란의 대상이 된다. 월마트를 전담하고 있는 150명으로 구성된 P&G의 글로벌 고객개발팀은 월마트의 본사가 있는 아칸소(Arkansas) 주 벤톤빌(Bentonville)에 자리 잡고 있다. 고객사의 본사와 가까이 있으면 공급업체와 고객사 간에 강력한 유대관계를 형성하는 데 도움이 되는 실무 담당자와 개인적인 친분관계를 맺을 수 있다.

한 고객 비즈니스 개발팀 관리자는 다음과 같이 이야기했다. "우리 팀원 중 일부는 공동근무를 하고 있고 나머지는 아닙니다. 하지만 공동근무를 하고 있는 사람들이 고객사의 담당자들과 자유로운 의사소통을 할 수 있기 때문에 다소 부정적인 상황이 생길 때도 쉽게 극복하곤 합니다. 여러분이 만지는 모든 것을 금으로 바꿀 수 있는 능력이 있다면, 여러분은 어디에 있어도 문제가 되지 않습니다. …… 하지만 여러분이 건드리는 것이 조그만 돌로 변한다면 공동근무는 중요한 문제로 대두됩니다."[34]

공동근무를 하는 공급업체 팀은 가까이에서 주요 고객에게 집중할 수 있다. 공동근무를 하는 팀 내에서의 공식적·비공식적 커뮤니케이션은 고객에 관한 내용이 압도적으로 많다. 공동근무를 하면 팀워크를 향상시킬 수 있고, 자체의 문화를 개발할 수 있다. 그러나 가끔은 고객사 근처에서 근무하는 고객개발팀이 공급업체의 손상에 대해 고객사 편에서 생각하는 경우도 발생한다.

인력구성 | 글로벌 고객관리팀의 인력구성은 중요한 문제이지만 관리자들은 종종 이를 간과하곤 한다. 누구에게 팀을 이끌도록 할 것인가? 어떤 사람들이 참여해야 하는가? 어떤 기법이 중요한가? 대부분의 기업은 투자기회를 놓치지 않고 자원을 할당할 수 있는 탁월한 모델을 소유하고 있지만, 특정 팀에 인력을 어떻게 배치해야 하는가에 대해서는 여전히 많은 것을 배워야 한다.

기업들은 소매업체의 본사가 있는 나라 출신의 팀장을 선택하려는 경향을 보인다. 예를 들어 까르푸를 담당할 팀장은 프랑스인으로서 소매업체에 상당한 경력이 있는 사람에게 맡겨야 한다는 것이다. 그러나 기업들은 이러한 문제를 서서히 개선해나가고 있다. 한 소비재 제조업체에서 아홀트 담당 팀장이 네덜란드인에서 미국인으로 교체되었다. 그 이유는 아홀트 매출의 대부분이 현재 미국에서 발생하고 있기 때문이다.

그러나 기업들은 고객 비즈니스 개발팀을 단순히 '판매팀'으로 치부하는 잘못을 범하여, 로지스틱스, 마케팅, 재무 및 다른 부서들로부터 협력을 이끌어내는 데 실패할 뿐만 아니라 다른 나라, 다른 사업단위 출신의 대표자들을 고객 비즈니스 개발팀으로 합류시키는 데도 실패하고 만다.[35] 가끔 기업들은 글로벌 고객사에 대한 전 세계 매출이 여러 나라의 자회사에서 발생한 매출을 능가할 수도 있다는 사실을 깨닫지 못하고 글로벌 고객관리팀에 제대로 지원해주지 않는 일도 발생한다.[36]

예를 들면 P&G는 140개 국가를 대상으로 300개 브랜드를 출시하고 있다. 그러나 상위 6개 고객사인 월마트와 코스트코(Costco, 미국), 까르푸(프랑스), 아홀트(네덜란드), 테스코(영국), 메트로(독일) 등의 소매업체가 P&G 전체 매출의 30% 이상을 담당한다. 상위 15개 소매업체가 전체 매출의 55%를 차지하고 있으며, P&G는 향후 5년 내지 10년 이내에 상위 10개 고객사가 매출의 50%를 책임질 것이라고 예상하고 있다.

보상┃ 대부분의 기업들은 고객팀에 대한 보상을 수익과 판매량에 따라 결정한다. 그 이유는 그들이 이익을 계산할 수 없고, 고객으로부터 얻을 수 있는 이익에 대해서는 관심을 기울이지 않기 때문이다.[37]

글로벌 소매업체들은 점차 소매마진과 공급업체 상품의 이익에 대해 공급업체들에게 책임질 것을 요구하고 있다. 한 고객 비즈니스 개발 관리자는 다음과 같이 이야기한 바 있다. "고객사의 성과지표에 대한 우리의 책임을 인정하는 것이 중요합니다. 수년 동안 우리는 '마진이란 것은 당신네 문제이지 우리의 문제가 아닙니다'라고 이야기해왔습니다. …… 그러나 지금 우리는 '그 문제에 대해 책임을 지겠습니다'라고 이야기합니다."[38]

책임을 지는 가장 좋은 방법은 팀에 보상을 할 때 공급업체 상품에 대한 소매업체의 수익성을 일부 반영시키는 것이다. 또한 고객사에 대한 서비스 실적 및 고객사 수익성을 글로벌 고객관리팀의 보상에 반영하는 것이다.

고객 비즈니스 개발팀이 다소 위계적인 국가별 조직 및 사업단위 조직에 소속되어 있기 때문에, 팀 구성원들에게는 특별한 경력개발, 명확한 보고체계, 급여수준에 대한 동의가 요구된다.[39] 예를 들어 P&G 직원이며 독일에서 월마트를 관리하는 지역관리자는 현지 P&G 국가관리자뿐만 아니라 월마트에서 근무하는 P&G의 주요 글로벌 고객관리자에게도 보고한다. 만일 그가 글로벌 고객관리자에게 보고하지 않는다면, 그 기업은 고객 비즈니스 개발팀이 없는 것과 마찬가지일 것이다.

한편 글로벌 팀으로 현지 조직을 통합하지 못하면 전체적인 기업의 실패로 이어질 가능성이 있다. 그렇다면 P&G의 매출은 독일 월마트의 매출로 계산해야 하는가, 아니면 월마트의 글로벌 고객관리자의 매출로 잡아야 하는가? 대부분의 기업들은 두 관리자 모두의 매출로 인정하는 이중 계산을 통해 이런 문제를 해결한다.

광고나 회계감사 서비스와 같은 비소매 영역에서 글로벌 고객들을 위해 일하는 독립적인 현지 업체에 대한 보상과 관련해서도 갈등이 발생한다. 나라마다 임금수준이 상당히 차이가 나는 상황에서 어떻게 하면 공정한 보상을 할 수 있을까? 같은 고객에 대한 동일한 작업에 대해 다른 비율로 대금을 지불하는 것을 정당화시키는 것은 정치적 · 문화적 문제로 비화될 수 있다. 기업마다 그런 문제를 해결하려는 상이한 접근방법을 지니고 있다. 그레이 애드버타이징(Grey Advertising)은 매년 업체간 청구율을 설정하고, 브리티시 텔레콤(British Telecom)은 사인하기 전에 모든 현지 보상에 대해 협상을 거친다. 다른 기업들은 업체간 청구율을 제거하고 각 업체의 작업을 기준으로 수익을 배분하는 방식을 따른다.

이런 문제를 해결하지 못하는 기업은 가장 가치 있는 장기 고객을 잃는 위험에 빠질 수도 있다. 한 예로 몇 년 전 시티은행(Citibank)은 자사의 국가관리자들이 다국적 기업에 대한 서비스를 거부했다는 사실을 알아냈다.[40] 시티은행의 국가별 조직에서 다국적 기업에 대한 업무는 이익이 많지 않았으며, 국가관리자들은 해당 국가에서의 수익률에 따라 자신의 성과를 평가받았다. 그러나 다국적 기업은 시티은행으로부터 고마진 글로벌 서비스를 구매하기 때문에 시티은행의 성장에 가장 중요한 역할을 담당하는 주요 고객이었다. 이러한 문제를 해결하기 위해 존 리드(John Reed) 대표이사는 국가관리자를 평가할 때해당 국가의 수익률을 근거로 하지 않고, 다국적 기업에 제공한 서비스 수준을 새로운 보상기준으로 정하였다.

최고고객관리자가 곧 최고경영자다

유통망이 전 세계적으로 통합되고 있는 상황에서 공급업체 유통경로의 고위 관리자들에 대한 압력이 증가하고 있다. 그들의 생존은 앞으로 유통경로 내에서 강력한 글로벌 구성원들과 어떻게 협력하며 업무를 수행할 수 있는 능력을 키우는가에 따라 결정될 것이다. 최선책은 유통업체들이 재고를 확보하려 하고 지원을 아끼지 않을 만한 인기 있는 브랜드를 개발하는 것이다. 그러나 그런 인기 있는 브랜드를 소유하고 있는 공급업체조차도 지속적으로 혁신해야 하며, 유통망을 관리하는 데 힘써야 한다. 공급업체가 유통업체와 신뢰를 기반으로 한 관계를 구축하면 불필요한 프로세스를 감소시킬 수 있어 최종 고객을 위한 가치창출이 가능하다.

모든 유통망에 적용할 수 있는 단 하나의 접근방법은 없다. 일부 소매업체는 파트너십을 맺고 함께 일하고 싶어 할 수도 있겠지만, 다른 업체들은 그렇지 않을 수도 있다. 공급업체는 여러 소매업체와 파워게임과 신뢰게임을 동시에 진행해야 한다. 또한 공급업체는 글로벌 고객과 전통적인 고객 모두를 포용해야 하지만, 글로벌 고객관리에서 실질적인 경쟁력을 개발한 공급업체만이 판매비용 절감, 수익증가, 취약부문 상품의 교차판매 증가, 판매원 효율성 증가, 신상품 출시의 용이성 증가, 개별 고객의 특정 요구에 대한 대응력 증가 등의 효과를 볼 수 있을 것이다.

'글로벌 고객관리, 어떻게 할 것인가'에 제시된 질문들 중 어느 하나라도 '아니오'라는 답을 적는 관리자는 변화를 성공적으로 이끌어내기 위해 최고경영자의 지원을 받아내야 한다. 수년 동안 인수·합병을 통해 방대한 브랜드 포트폴리오를 관리해왔던 일렉트로룩스를 예로 들어보자. 성과가 의심되는 사업단위 관리자는 호텔체인이나 쉘오일(Shell Oil)과 같은 글로벌 고객들을 응대하기 위한 여러 사업단위에 걸친 협력 노력을 방해하고 있다.[41] ABB 서비스 역시 고란 린달(Goran Lindahl)이 최고경영자가 되어 글로벌 고객관리의 중요성을 강조하기 전까지는 글로벌 고객사에 대한 대응에 어려움을 겪었다.

시간이 지남에 따라 글로벌 고객개발팀을 소유하고 있는 공급업체 매출의 대부분을 글로벌 고객들이 차지하게 될 것이다. 기업의 조직구조가 고객사의 특성에 따라 재편되면서 해당 기업들은 판매와 마케팅부서를 통합하고, 지역·국가 담당 부서를 축소시킬 것이며, 본사의 마케팅부서를 없애거나 역할을 축소시킬 것이다. 이러한 글로벌 고객개발팀이 점차 더 많은 마케팅 활동을 수행할 것이고, 이 부서의 장은 최고경영자 또는 그의 최측근인 최고고객관리자에게 보고할 수 있는 지위를 갖게 될 것이다. 기존의 마케팅이나 판매 담당 중역들이 남아 있을 경우에도 이들은 최고고객관리자에게 보고하게 될 것이다.

궁극적으로 최고고객관리자가 곧 최고경영자가 될 것이고, 그는 거대 글로벌 고객의 특사로서의 역할을 할 것이며, 팀장이 해결할 수 없는 문제들을 처리하는 업무를 담당할 것이다.

글로벌 고객관리, 어떻게 할 것인가

- 고객: 우리는 글로벌 기준으로 가장 가치 있는 고객이 누구인가를 규명해왔는가?
- 전략: 우리에게는 글로벌 고객에게 적용할 수 있는 명확한 전략이 있는가?
- 조직구조: 우리의 조직구조는 국경과 기능을 초월하여 글로벌 고객들과 협력할 수 있도록 구성되어 있는가?
- 관계: 글로벌 고객을 위한 단일 접촉창구가 있는가?
- 문화: 우리는 글로벌 고객관리자가 글로벌 고객의 옹호자라는 사실을 인정할 수 있나?
- 인센티브 시스템: 우리의 보상 시스템은 글로벌 고객을 제대로 응대할 수 있도록 마련되어 있는가?
- 재능: 우리는 글로벌 고객팀에서 근무할 수 있는 충분한 인력을 보유하고 있는가?
- 프로세스: 우리의 프로세스는 글로벌 고객 프로세스와 일치하는가?
- 핵심 역량: 여러 국가에 퍼져 있는 우리의 모든 조직은 글로벌 서비스를 제공하고 있는가?
- 공급망: 우리는 글로벌 효율성을 달성하기 위해 공급망을 최적화해왔는가?
- 마케팅: 우리는 성공적으로 브랜드 및 최소 재고단위 단품의 합리화를 성공적으로 실행해왔는가?

- 가격: 우리는 가격과 가격구조를 일치시켜왔는가?
- 회계 시스템: 우리는 표준비용 할당 방법에 의해 비용을 산출하지 않고 개별 고객 수준에서 전 세계적인 손익계산서를 작성하고 있는가?
- IT 시스템: 우리의 IT 시스템은 글로벌 고객에 대한 필수자료를 창출하는가?
- 지식관리: 우리는 신제품을 개발하고 기존 제품의 입지를 강화하기 위해 글로벌 고객자료를 효과적으로 활용하고 있는가?

출처: Christopher Senn, "Are You Ready for Global Account Management," *Velocity*, no.2(2001): 26~28에서 인용.

장기적 이익을 위한
브랜드 구조조정

브랜드 관리는 기업의 상품과 서비스를
경쟁사와 구별 짓는 차별화 매커니즘이
되어야 한다. 강력한 브랜드는 더 많은
매출과 가격 프리미엄을 줄 수 있다.
브랜드 자산은 더 많은 고객, 딜러, 종업원,
투자자를 더욱 쉽게 끌어들이는 기업에 대한
'호의'의 총체이다. 마케터들은 브랜드
가치의 수호자로서 자신이 관리하는
브랜드를 가장 신성한 존재로 여겨야 한다.

브랜드는 관리하는 것이지 광고하는 것이 아니다

Don't advertise the brand, live it

지식의 시대가 도래하자 최고경영자는 기업가치에서 공장, 재고 등의 유형 자산이 차지하는 비중은 점차 감소하고 그 자리를 핵심 역량, 고객, 유통 네트워크, 종업원, 브랜드와 같은 무형 자산이 대신하고 있음을 깨닫게 되었다. 기업이 보유하고 있는 모든 무형 자산 중에서 브랜드야말로 가장 귀중한 자산일지 모른다. 이러한 인식은 최고경영자의 기업관, 경쟁우위 원천관, 전략적 자산관에 극적인 변화를 유발하였다.

　2000년에 유니레버의 공동대표인 피츠제럴드는 다음과 같이 선언하였다. "우리는 더 이상 제조업체가 아니다. 우리는 일부 제품을 제조하게 된 브랜드 마케팅 그룹이다."[1] 1970년대 중반까지만 해도 이윤의 반 이상을 아프리카에서의 유통, 선박운송, 무역, 마가린이나 세제용 식물성 오일 생산을 위한 플랜테이션에 의존하던 기업에서 이러한 선언이 나올 줄 상상이나 했겠는가?

　브랜드 관리는 기업의 상품과 서비스를 경쟁사와 구별 짓는 차별화 메커니즘이 되어야 한다. 브랜드 관리는 가격과 제품의 물리적 특성이 주된 차별화 수단이 되는 일상용품의 한계를 극복할 수 있게 해준다. 강력한 브랜드는 더 많은 매출과 가격 프리미엄을 줄 수 있다. 브랜드 자산은 더 많은 고객, 딜러, 종업원, 투자자를 더욱 쉽게 끌어들이는 기업에 대한 '호의(goodwill)'의 총체이다. 마케터들은 브랜드 가치의 수호자로서 자신이 관리하는 브랜드를 가장 신성한 존재로 여겨야 한다.

브랜드와 그 브랜드가 가진 시장점유율을 인수하는 것은 종종 그것을 구축하는 것보다 비용과 시간 면에서 유리하다. 아크조 노벨, 시스코, 로레알(L' Oreal), 네슬레와 같은 기업은 작은 기업들(그 회사의 브랜드들)을 인수·합병함으로써 오늘날의 지위를 확보하였다. 또한 업계에서는 동종 업계 대형 기업들간의 인수·합병도 활발하게 전개되고 있다. 대표적인 예로 시티그룹-트래블러(Citigroup-Travelers), 다임러크라이슬러(DaimlerChrysler), 액손-모빌(Exxon-Mobil), HP와 컴팩 등의 통합 사례가 있다. 이러한 브랜드 인수·합병의 결과 대규모 브랜드 포트폴리오를 보유하게 되었다. 아크조 노벨은 1998년 유럽에서만 아스트랄(Astral), 베르거(Berger), 카스코(Casco), 크라운(Crown), 마셜(Marshall), 사돌린(Sadolin), 시켄스(Sikkens) 등 37종이 넘는 브랜드의 페인트를 판매하고 있었다.[2]

브랜드 포트폴리오에 대한 평가에서 최고경영진은 상당수의 브랜드가 소수의 고객들로 구성된 작은 세분시장만 공략하고 있어서 적정 매출이나 이윤을 창출하지 못하고 있다는 점을 알게 되었다. 다음과 같은 사항을 생각해보자.

- P&G의 경우 250개의 브랜드 중에서 팸퍼스, 타이드(Tide), 바운티(Bounty) 같은 상위 10개 브랜드가 지난 10년간 매출의 50%, 이윤의 50% 이상, 성장률의 거의 3분의 2를 차지한 것으로 분석했다.[3]

- 유니레버가 보유한 1,600개의 브랜드 포트폴리오 중에서 하위 1,200개 브랜드의 비중은 1999년 회사의 총 매출 기준으로 겨우 8%에 지나지 않았다.[4]
- 네슬레의 이윤의 대부분은 전 세계 8,000개 브랜드 중 극히 일부에서 발생하고 있다.

이와 같이 거대한 브랜드 포트폴리오가 보편화되자 기업들은 지난 20여 년간의 브랜드 인수 및 확장 열풍에서 벗어나 요즘에는 오히려 유명 브랜드를 퇴출시키고 있다. 많은 유명 브랜드가 퇴출되었거나 퇴출과정을 밟고 있다.

GTE와 벨 애틀랜틱(Bell Atlantic)은 이제 버라이즌(Verizon)이 되었다. GM은 올즈모빌(Oldsmobile)을 정리했다. 메릴린치는 머큐리를 정리했다. 시티(Citi)로 개명한 시티뱅크는 슈로더스(Schroders)와 솔로몬(Solomon) 브랜드를 정리했다. 소비재 산업에서도 프랑스의 라 로쉬오페(La Rouche-aux-Fees) 요구르트, 영국의 트리츠(Treets) 캔디, 미국의 화이트 클라우드(White Cloud) 화장지 등의 유명 브랜드들이 끝내 퇴출되었다.

아크조 노벨, 디아지오(Diageo), 일렉트로룩스, P&G, 유니레버와 같은 기업은 브랜드 포트폴리오 합리화를 단행했거나 현재 진행 중이며, 많은 기업들이 그 뒤를 따르고 있다. 예를 들어 시세이도(Shiseido)는 2005년까지 자사의 140개 브랜드를 35개로 줄이겠다는 계획을 최근 발표한 바 있다. 이러한 상황에서 기업은 정리되는 브랜드가 기존에 보유하고 있던 고객과 매출의 손실 없이 브랜드 포트폴리오 합리화를 단행해야 하는 난제에 직면하게 되었다.

브랜드 수가 늘어날수록 비용도 늘어난다

시장세분화가 정교해질수록 브랜드 수의 증가는 어느 정도 불가피한 면이 있다. 그러나 막연한 시장 및 성장기회를 노린 채 단행되는 무절제한 브랜드 인수·합병이나 신설이야말로 비효율적인 브랜드 포트폴리오 형성의 주범이다. 브랜드 포트폴리오 내에서 그 존재를 정당화하기 위해 모든 브랜드는 고유한 세분시장과 포지셔닝을 갖게 된다. 그 결과 더욱 정교한 시장세분화를 통해 그 브랜드가 벌어들이는 수익보다는 브랜드 유지비용이 더 많아지게 된다. 다음 페이지의 10가지 체크리스트로 기업이 지나치게 많은 브랜드를 보유하고 있지 않은지 확인할 수 있다.

다양한 브랜드로 구성된 포트폴리오 관리(특히 같은 제품군 내에서일 때)는 다음과 같은 문제를 야기한다.

의미를 잃은 차별화

특정 제품군 내의 브랜드 수가 많아질수록 기업이 각 브랜드의 포지션을 명확히 하기가 어려워진다. 제품의 속성과 혜택이 차별적인 조합을 구성할 때에만 충분한 수의 고객을 유인할 수 있는 것이다. 뷰익, 캐딜락(Cadillac), 시보레(Chevrolet), 폰티악(Pontiac), 올즈모빌, 오펠(Opel), 사브, 새턴(Saturn) 등의 브랜드를 보유하고 있는 GM이 자사의 제품라인과 브랜드 이미지를 얼마나 잘 차별화하고 있는지 생각해보자.

기업이 보유한 브랜드의 수가 많아질수록 각 브랜드간에 목표고객, 포지셔닝, 가격대, 유통채널, 제품라인의 중복이 심해지는 것은 당연

너무 많은 브랜드를 보유하고 있지는 않은가

★ 각 항목별로 해당될 경우 1점으로 계산

1. 50% 이상의 브랜드가 시장점유율 기준 상위 3대 브랜드에 포함되지 못하고 있는가?

2. 회사의 규모 열세로 경쟁사의 마케팅 및 광고비 지출에 적절하게 대응할 수 없는 브랜드가 있는가?

3. 군소 브랜드에서 적자를 보고 있지는 않은가?

4. 본질적으로 같은 상품에 대해 국가별로 서로 다른 브랜드를 유지하고 있지는 않은가?

5. 포트폴리오 내의 브랜드들이 목표시장, 제품라인, 가격대, 유통채널 등에서 심하게 중복되지는 않은가?

6. 이미지 조사 결과, 경쟁사 분석 결과, 소비자의 브랜드 전환 매트릭스 분석 결과 등이 우리 회사의 브랜드간에 경쟁 양상을 보여주지는 않은가?

7. 유통업자들이 우리 회사 브랜드 포트폴리오의 일부만 취급하려고 하지는 않는가?

8. 한 브랜드에 대한 마케팅 및 광고비 지원이 포트폴리오 내의 다른 브랜드에 대한 성과를 저해하지는 않는가?

9. 브랜드간 자원배분에 대한 논의에 너무 많은 시간을 할애하고 있지는 않은가?

10. 각 브랜드 담당자들이 다른 브랜드들을 경쟁자로 여기지는 않
    는가?

한 현상이다. 이러한 중복은 매출을 상호 잠식하고 판매노력 역시 중
복된다. 게다가 제대로 관리하지 못하면 대다수 브랜드가 경쟁사의
브랜드가 아닌 자사 브랜드와 경쟁하는 결과가 나타나게 된다.

브랜드 투자수익률 감소

브랜드 포트폴리오의 규모가 커질수록 전체 시장을 많은 브랜드들
이 나누어 갖게 되므로 브랜드당 매출은 줄어들게 된다. 제품개발, 공
급망, 마케팅에서 규모가 유지되지 않는다면 기업은 각 브랜드의 경
쟁력을 잃게 된다.

예를 들어 자동차 산업에서 신차개발에는 수십억 달러의 개발 및
생산 비용이 소요된다. 브랜드별로 제품라인을 새롭게 하는 데 필요
한 자원이 부족해지자 GM과 폭스바겐과 같은 기업은 여러 브랜드가
같은 플랫폼을 공유하고 있다. 이런 관행은 효율성을 향상시킬 수는

있지만, 제품의 다양성에 대한 인식을 희생시켰다. 비판론자들에 따르면 폭스바겐의 브랜드간 플랫폼 공유(예를 들어 폭스바겐 비틀과 아우디 TT는 섀시를 공유하고 있다)로 인해 상위 브랜드의 품격이 훼손되었으며 차별화 인식도 저하되었다고 한다.

이와 유사하게 고객의 주의를 환기시키기 위해 각 브랜드별로 매년 정해진 최소 수준의 마케팅과 광고예산을 투자해야 한다. 그런데 이 비용은 매년 급속하게 증가하고 있다. 예를 들어 1995년에는 세 번의 텔레비전 광고로 미국 여성의 80%에 도달할 수 있었다. 그런데 오늘날 동일한 도달률을 확보하려면 97회의 광고가 필요하다.[5]

따라서 군소 브랜드들이 경쟁력을 유지하는 것은 더욱 어려워졌다. 유니레버의 피츠제럴드 회장은 이런 상황을 다음과 같이 표현하였다. "오늘날 기업은 고객을 향한 수많은 의사소통의 홍수를 뚫고 가야 한다. 그런데 예산을 모든 브랜드에 분배하는 방식으로는 그렇게 할 수 없다. 충분한 성과를 얻기 위해서는 소수의 브랜드에 자원을 집중시켜야 한다."[6] 다수의 브랜드를 가진 관리자들은 기업의 예산을 최적화시키지 못하는 경우가 종종 있다. 그 결과 기업의 브랜드 투자수익률은 감소하게 된다.

시장지배력의 약화

B&Q, 반즈앤노블(Barnes & Noble), 베스트바이, 까르푸, 홈 데포, 월마트와 같은 강력한 유통업체의 등장은 다른 어떤 요인보다 더 강하게 브랜드 통합을 촉발시켰다. 유통업자의 강력한 교섭력은 특히 약한 브랜드에 대해 더 강하게 작용하였고, 이에 따라 제조업체들은 브랜드 포트폴리오를 근본적으로 재평가하게 되었다.

대형 유통업체들은 강력한 유통업자 브랜드를 개발했고, 이 브랜드들은 미국에서는 전체 매출의 5분의 1을, 유럽에서는 5분의 2를 차지하고 있다. 유통업체들은 강력한 유통업자 브랜드를 이용해서 제조업체간 상호 경쟁을 유도하면서 이들을 압박하고 있다. 많은 유통업자들이 제품군별로 상위 2~3가지의 제조업자 브랜드만 입점시키고 나머지는 자신들의 자체 브랜드로 채우고 있다. 입지가 약한 제조업자 브랜드는 유통업자 브랜드에 자리를 양보하거나 더 많은 입점료를 지불해야 한다.

일렉트로룩스의 최고경영자인 한스 스트라버그(Hans Straberg)는 이렇게 말한다. "우리의 목표는 고객과 유통업자의 신뢰할 만한 파트너가 되는 것이다. 이를 위해서는 소수의 강력한 브랜드가 필요하다. 많은 브랜드를 지원하는 것은 불가능하다."[7]

관리부담의 증가

끝으로 브랜드 수의 무분별한 증가로 인해 복잡하고 거대한 제품, 포장, 디자인, 연구개발 프로젝트, 마케팅 계획, 유통업자 관계 등으로 구성된 포트폴리오의 조정을 위한 관리부담도 증가한다. 한계 브랜드는 성과에 비해 많은 시간과 비용을 소비하고, 브랜드 관리자와 지역 관리자 간의 갈등을 심화시킨다. 또한 연례 마케팅 전략 및 예산 회의도 경쟁이나 고객만족이 아닌 자사 브랜드간의 자원배분에 집중되고 있다.

최고경영자들은 확장되는 브랜드 포트폴리오가 기업의 가장 귀중한 자산이 아니라, 사실은 기업의 수익성을 악화시키고 성장을 저해하고 있다는 충격적인 사실을 발견하게 된다. 게다가 글로벌 미디어,

표 6-1	브랜드 통합 촉진요인	
	과거	미래
기업	• 인수 · 합병 • 화려한 외형 성장 추구 • 국제화를 통한 확장 • 브랜드 관리구조 • 지역 · 국가 담당자의 권한 존중	• 시너지 추구 • 수익성 중심의 외형 성장 추구 • 글로벌 전략 • 제품범주 관리구조 • 기업 본사의 저항
경쟁	• 모방전략 • 전 세계적인 규제완화 및 미디어의 증가	• 차별화 요구 • 글로벌 미디어 업체 대두
채널/ 소비자	• 새로운 유통채널 • 독점적인 제품 및 진열공간 생 산성 요구 • 채널갈등 회피 • 복수의 소비자 세분시장 • 현지 지역시장	• 유통채널 통합 • 제품범주 관리에 대한 요구 • 유통업체 브랜드의 성장 • 글로벌 세분시장 • 글로벌 소비자의 대두

성장하는 브랜드 포트폴리오

축소되는 브랜드 포트폴리오

글로벌 세분시장, 국제화된 유통업자들이 등장함으로써 각 국가별로 고유한 브랜드의 논리를 무력화시키고 있다(표 6-1 참조). 최고경영자들은 더욱 적은 수의 강력한 글로벌 브랜드의 장점을 점차 깨닫고, 브랜드 합리화야말로 고성장과 고수익으로 가는 지름길임을 인식하고 있다.

브랜드 합리화, 간단하지도 쉽지도 않은 문제

브랜드를 퇴출시키는 일은 어렵지 않지만, 퇴출대상 브랜드의 고객과 매출을 유지하는 것은 쉽지 않다. 바로 이것이 브랜드 합리화의 맹점이다. 어떻게 하면 퇴출 브랜드의 고객과 매출의 손실 없이 브랜드 포트폴리오를 정리할 수 있을까?

브랜드 합리화를 단행한 기업들은 그 과정에서 시장점유율, 매출액 규모, 고객기반 측면에서 손실을 감수하는 것이 보통이다. 이러한 손실을 방지하기 위해서 관리자들은 하나를 퇴출시키기보다는 두 브랜드를 통합하는 쪽을 선택하곤 한다. 그러나 연구 결과에 따르면 이러한 시도를 통해 원래의 시장점유율을 지킬 수 있는 경우는 8분의 1에 지나지 않는다고 한다. 다음과 같은 실패사례를 고려해보자.

- 미국의 3대 고양이 사료 브랜드에 속하는 칼칸(Kal Kan)과 크레이브(Crave)는 1988년에 위스카스(Whiskas)라는 새로운 브랜드로 통합되었다.[8] 통합하고 5년이 지난 후에도 위스카스는 칼칸과 크레이브의 시장점유율에 도달하지 못했다. 매출손실을 만회하기 위해 칼칸은 위스카스 포장에 칼칸이라는 이름을 다시 넣어보았으나 만족할 만한 성과를 얻지는 못했다.
- 1987년 마르스(Mars)는 자사의 M&Ms와는 사뭇 다른 유럽의 사탕 브랜드인 트리츠를 사전공지 없이 M&Ms에 통합시켰다.[9] M&Ms 브랜드는 갑자기 상당히 다른 제품을 두 가지 포장에 담아서 내는 꼴이 되었는데, 이 제품은 영국과 독일 어느 쪽의 입맛도 사로잡지 못했다. 통합 첫해에 매출은 20% 급감했다. 결국 1991

년 마르스는 'M&M's Treets Selection'이라는 브랜드로 독일에서 트리츠를 재도입하였다.

- 1996년 라이트 에이드(Rite Aid) 제약은 미 서부지역의 체인인 스리프티/페이레스(Thrifty/PayLess) 드러그스토어 점포 1,000개를 인수해서 '라이트 에이드(Rite Aids)'로 점포명을 변경했다. 새로운 지역에서 자사 브랜드 인지도를 높이기 위해 라이트 에이드는 점포명 변경 광고에 수백만 달러를 쏟아부었다. 그러나 라이트 에이드의 중역들은 리프티/페이레스의 수상경력이 있는 아이스크림, 비치볼, 화장품, 잡지 등의 제품으로 구성된 사업의 위력을 간과했다. 라이트 에이드는 리프티/페이레스의 예전 고객을 다시 끌어들이려고 노력했지만 이 고객들은 약품과 비약품은 다르다고 생각했다. 브랜드 변경 직후 인수한 점포의 매출은 매월 10%씩 감소했다. 2000년 라이트 에이드는 2명의 전직 리프티/페이레스 임원을 고용해서 서부지역 관리를 맡길 수밖에 없었다.

- 1999년 힐튼 인터내셔널(Hilton International)은 영국의 4성 호텔 체인인 스타키스(Stakis, 54개의 호텔과 22개의 카지노를 보유함)를 15억 파운드에 인수한 후 '스타키스'라는 브랜드는 버렸다. 이처럼 급격한 브랜드 명 변경은 일부 새로 인수된 호텔이 힐튼의 명성에 미치지 못하자 힐튼 인터내셔널 고객들에게 혼란과 실망을 안겨주었다. 호텔을 힐튼 수준으로 높이기 위해 1억 파운드를 쏟아부었다는 힐튼측의 주장에도 불구하고 2000년 매출은 6.6% 감소했다. 그래서 2001년 힐튼이 스칸디나비아 지역에서 스캔딕(Scandic)의 호텔 154개를 인수했을 때는 '스캔딕(Scandic)'이라는 브랜드를 유지했고, 20개만 힐튼으로 브랜드 명을 변경했다.

브랜드 합리화는 희생을 동반한다. 보잘것없고 적자를 기록하는 브랜드조차도 나름의 채널 구성원, 현재 및 잠재고객을 가지고 있다. 또한 브랜드의 퇴출에 저항할 브랜드 관리자와 국가관리자도 있다. 브랜드 퇴출은 관련 유통망 구성원과 종업원의 생계를 위협할 수도 있다. 만일 GM이 대체 브랜드를 공급하지 않는다면 퇴출된 올즈모빌 대리점을 운영하는 가족들은 어떻게 되겠는가?

브랜드 합리화는 간단하지도 않고 쉽게 이해할 수도 없다. 어느 누구도 어느 브랜드를 유지, 통합, 매각, 퇴출시켜야 할지 쉽게 결정할 수 없고, 어떤 마케팅 교과서도 이러한 의사결정 과정을 다루고 있지 않다. 명쾌한 방법론과 이 문제에 적극적으로 관여하는 최고경영자가 없을 경우 이런 문제에 대한 논의는 정치적으로 흐르거나 이전투구가 될 가능성이 높다.

유니레버의 공동대표인 버그먼즈(A. Burgmans)는 최고경영자 모임에서 다음과 같이 말한 바 있다. "브랜드 포트폴리오 간소화는 요즘 우리 회사의 최대 현안이다. 이것은 다른 사람들에게 위임할 수 있는 문제가 아니다. 그렇게 하기에는 너무 중요하기 때문이다. 이 일은 우리가 스스로, 그것도 신속하게 처리해야만 하는 일이다."[10]

치밀한 브랜드 합리화 기술

몇 가지 성공사례를 토대로 치밀한 브랜드 합리화 과정은 다음의 4단계로 구성된다는 점을 발견할 수 있었다.

1. 브랜드 포트폴리오 감사.
2. 최적 브랜드 포트폴리오 결정.
3. 적절한 브랜드 정리전략 선택.
4. 생존 브랜드 성장전략 개발

1단계(조직 차원의 준비작업)나 4단계(성장전략의 수립)를 고려하지 않은 채 브랜드 합리화(2, 3단계)에 곧바로 착수하는 경영자는 실패하기 쉽다.

브랜드 포트폴리오 감사

브랜드 합리화 프로그램이 성공하기 위해서는 먼저 일선 관리자들의 지지를 얻어야 한다. 관리자들, 특히 정리대상 브랜드의 관리자들은 브랜드 합리화가 자신의 독립성을 저해하고 인수기업의 지배를 받게 될 것이라는 점을 우려하는 경향이 있다. 이러한 우려로 인해 관리자들은 브랜드 정리의 부정적인 측면을 지나치게 강조하는 편이다. 편향되지 않은 의사결정을 위해서는 가장 먼저 브랜드 포트폴리오 감사를 해야만 한다.

브랜드 포트폴리오 감사는 각 관리자들에게 포트폴리오를 전사적 관점에서 바라볼 수 있게 해준다. 브랜드 포트폴리오 감사는 포지셔닝의 중복, 시너지, 벤치마킹 등의 이슈를 제기해서 브랜드 및 국가 관리자들로 하여금 큰 그림을 볼 수 있게 해준다. 이러한 감사가 없을 경우 이 관리자들은 모든 브랜드의 존재를 정당화할 수 있는 나름의 논리를 개발할 수 있다. 그러나 포트폴리오 내 개별 브랜드의 최적화가 아니라 포트폴리오의 최적화가 관리의 목표가 되어야 한다.

표 6-2	브랜드 포트폴리오 감사						
브랜드	글로벌 시장점유율	지역별 현황					
		북미	남미	아태	일본	서유럽	…
A	15%	S 즐거움					
B	7%	W 가치					
C	3%						
D	1%						
E	*						
F	*						
.							
.							
.							

* 는 1% 미만
• 상자의 윗부분(시장지위): D = 압도적(dominant, 해당 지역 1위), S = 강력(strong, 해당 지역 2~3위), W = 취약(weak, 해당 지역 4위 이하), NP = 해당 지역 미진출(not present)
• 상자의 아랫부분(브랜드의 포지셔닝): 품질, 가치, 고급, 즐거움, 모험, 프리미엄, 안전, 신뢰, 적극성, 저렴함 등

　　표 6-2는 브랜드 포트폴리오 감사용 양식을 보여주고 있다. 먼저 관리자들이 모여서 감사의견을 각자 정리하고 그 결과를 취합한다. 이 감사에서 브랜드별로 글로벌 시장점유율을 정리한다. 가로축에 지역이나 세분시장을 정리한다. 각 시장에서 브랜드별로 관리자들은 다음 두 가지 정보를 입력한다.

　1. 시장지위: '지배적', '강력', '취약', '미미'의 단계로 특정 시장에서 브랜드의 시장지배력 정도를 구분한다.
　2. 브랜드의 가치제안을 표현해주는 브랜드 포지셔닝 설명용 핵심 단어 정리.

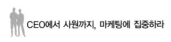

표에서 제시한 양식에는 자주 사용되는 단어들이 예시되어 있다. 그러나 이 단어들은 참고용이다. 실제로 정리할 때는 창의적일 필요가 있다.

관리자들은 관련 자료가 있을 경우에는 각각의 브랜드가 창출하는 기업이익 내 비중의 추이와 그 브랜드가 현금창출에 기여하는 브랜드인지 오히려 저해하는 브랜드인지를 보여주는 난을 추가할 수 있다. 그러나 실제 수치자료가 없는 경우 이러한 난의 추가는 브랜드 합리화 과정의 초점을 흐리는 기나긴 내부 논쟁의 단초가 될 수 있다. 먼저 최선의 주관적인 판단을 활용한 후 객관적 자료를 이용해 검증하는 것이 바람직하다. 브랜드 정리는 과학이라기보다는 기술에 가깝다는 것을 명심할 필요가 있다.

브랜드 수준에서 상세한 수익성 관련 정보를 추출하기 위해서는 복잡한 고정비와 변동비 배분과정을 밟아야 한다. 그런데 이러한 과정을 통해 산출된 자료의 타당성이 확실치 않은 경우가 종종 있다. 브랜드의 현재 시점에서의 수익성은 정리대상 브랜드를 선택하는 데 결정적인 지표가 될 수는 없다. 브랜드 합리화 의사결정은 전략적이어야 한다. 관리자들은 지금 전개되고 있는 상황보다는 앞으로 발생할 수 있는 상황을 고려해야 한다. 또한 한계 브랜드의 정리와 생존 브랜드를 위한 마케팅 믹스를 조정한 후에 기업과 생존 브랜드의 손익에 어떤 변화가 생길지 고려해야 한다.

자료를 취합한 결과를 보고 깜짝 놀라는 경우가 자주 발생한다. 거의 모든 제품군에서 1% 이상의 시장점유율을 보유하고 있는 브랜드는 극소수에 불과하기 때문이다. 전체 회의를 해보면 처음에는 자기가 아끼는 브랜드를 살려야 하는 이유를 이야기하다가, 나중에는 대부분의 브랜드가 가지고 있는 다음과 같은 공통적인 문제점에 대한 논의가 전개된다.

- 시장점유율이 작다.
- 수익성이 좋지 않거나 심지어는 적자를 보고 있다.
- 현금흐름에 기여하기보다는 오히려 현금을 지출한다.
- 주요 채널 구성원의 지원을 받지 못한다.
- 관리자원을 과다하게 소모한다.
- 기업의 전략적 가치에 거의 기여하지 못한다.

브랜드 포트폴리오 감사는 브랜드 포트폴리오 합리화의 필요성을 좀더 명확하게 전달해주며, 개인적인 이해관계에서 벗어나 폭넓은 관점을 갖게 해준다. 또한 브랜드 포트폴리오 감사는 최고경영진이 브랜드 포트폴리오 합리화 프로그램의 남은 3단계에 대한 밑그림을 그릴 수 있도록 도와준다.

최적의 브랜드 포트폴리오 결정

기업들은 전사 차원의 포트폴리오 접근과 고객욕구 기반의 시장세분화 접근이라는 두 가지 보완적인 과정을 활용해 최적 포트폴리오를 결정할 수 있다.

브랜드 포트폴리오 분석 결과는 전사 차원의 포트폴리오 접근에 대한 기초자료로 활용될 수 있다. 전사 차원의 포트폴리오 접근은 합리화 프로그램의 전체적인 목표와 방향을 설정하는 하향식 접근방법이다. 이 접근법은 최소 매출액, 시장점유율 기준 지위, 성장률, 지리적 도달범위 등의 몇 가지 간단한 기준을 사용해서 기업의 브랜드 포트폴리오를 폭넓게 진단한다. 이 과정을 통해서 다음과 같은 중요한 문제들을 살펴보게 된다.

1. 유지해야 할 브랜드와 정리해야 할 브랜드 수를 확정했는가? 예를 들어 어떤 기업의 최고경영자가 시장점유율 1위 혹은 2위가 아닌 브랜드를 모두 정리하기로 결심할 수 있다. 유니레버는 1,600개의 브랜드 중 하위 1,200개에 대한 정리를 단행한 바 있는데, 이들은 5년간 기업 매출액의 8%밖에 차지하지 못했다.
2. 기업 브랜드의 역할을 확립했는가? 예를 들어 일렉트로룩스는 기업 브랜드를 그룹 매출의 70%를 차지할 마스터 브랜드로 육성하기로 결정했다.
3. 어느 브랜드를 기업의 핵심으로 삼을 것인가? 예를 들어 P&G의 '핵심' 브랜드는 연간 10억 달러 이상의 매출액을 달성하고 있는 12개 브랜드이다.
4. 우리의 포트폴리오에 잠재적인 글로벌 브랜드가 포함되어 있는가? 유니레버의 경우 40개 브랜드를 핵심 글로벌 브랜드로 지정한 바 있다.
5. 우리 회사의 모든 브랜드의 포지션이 취약해서 이탈을 해야 하는 제품군이 있는가?

이러한 고민은 기업이 어디에서(지리적 시장일 수도 있고 사업영역일 수도 있음) 경쟁하고 싶어하는지를 밝히는 데도 도움이 된다.

고객욕구에 기초한 시장세분화 접근법은 기업이 참여하고 있는 각 제품군별로 고객욕구 기준 세분시장의 수와 유형을 밝힌다. 이 분석의 결과는 기업 포트폴리오 접근법을 통해 규명된 브랜드 합리화 프로그램의 전체적인 목표와 방향을 보완해준다. 기업이 각각의 고객 세분시장별로 브랜드의 포지션을 추구하므로 이러한 상향식 프로세스를 통해서 관리자는 각 제품군별로 실행적 관점에서 최적 브랜드 포트폴리오를 결정할 수 있다.

다음과 같은 사항을 고려해보자.

- 한 제품군 내에서 우리가 지원할 수 있는 차별화된 브랜드는 몇 개인가?
- 어느 세분시장에 참여할 것인가?
- 참여할 세분시장에 어떤 브랜드를 투입할 것인가?
- 어느 브랜드를 통합할 것인가?

고객욕구 기반 시장세분화가 유지 및 정리할 브랜드 수를 결정하는데 사용될 수 있으므로 이 접근법은 동일한 제품군에서 경쟁 중인 일단의 브랜드를 합리화하고자 할 때 유용하다. 이 접근법은 또한 다양한 제품군에서 경쟁하고 있는 기업이 특정 제품군에 너무 많은 브랜드를 가지고 있을 경우 어떤 브랜드를 남겨야 하는지 결정할 때도 유용하다. 예를 들어 P&G는 세제 포트폴리오를 합리화해서 솔로(Solo) 브랜드를 볼드(Bold) 브랜드와 통합하였다.

만일 다양한 제품군에 수백 개의 브랜드로 구성된 복잡한 브랜드 포트폴리오를 가진 기업이 전체 브랜드 포트폴리오를 한 번에 합리화하고자 할 경우에는 이러한 상향식 접근에 의한 자료수집 및 목표설정은 너무 긴 시간이 소요될 수도 있다. 이런 경우에는 기업 포트폴리오 접근법으로 시작해서 전반적인 목표와 방향을 설정한 다음 고객욕구 기반 세분화 접근법을 사용하는 것이 바람직하다.

브랜드 합리화 전략 선택

정리대상 브랜드에 대해서는 매각, 수확, 퇴출, 통합의 4가지 방안이 있다. 경쟁 브랜드가 되지 않으면서도 다른 기업에게는 가치를 제공해줄 수 있는 비핵심 브랜드는 매각해야 한다. 예를 들면 1999년 디아지오는 이익의 70%를 차지하는 9개의 핵심 브랜드에 집중하기 위해서 신자노(Cinzano) 베르무스와 메탁사(Metaxa) 브랜드를 매각한 바 있다.[11]

어느 정도의 고객자산을 가지고 있지만 기업의 방향에 비추어 핵심이 아니며 다른 기업에게도 가치가 없는 브랜드에 대해서는 수확전략을 구사할 수 있다(milk for profits). 수확(milking)이란 모든 마케팅 지원을 최소 수준으로 줄여서 급속한 원가절감과 점진적인 매출감소로 인한 단기적인 이윤향상을 추구하는 것을 말한다. 브랜드가 수명을 다하면 그때 비로소 퇴출시킨다.

기업은 유통 진열공간을 확보하기 위해 실익 없이 유지하고 있는 군소 브랜드를 안전하게 퇴출시킬 수 있다. 퇴출대상 브랜드에 충성도가 높은 고객을 확보하기 위해서 포트폴리오 내에서 퇴출 브랜드와 가장 유사한 생존 브랜드 샘플이나 쿠폰을 제공할 수 있다.

마지막으로 기업은 더 작은 브랜드가 핵심 제품군에서 상당 수준의 매출을 유지하고 있을 경우에는 두 브랜드를 통합시킬 수 있다. '브랜드 전이'라고도 하는 브랜드 통합은 관련 고객을 생존 브랜드로 전이

시킴으로써 매출의 감소 없이 브랜드의 수를 줄여준다.

기업은 경쟁사와 자사의 상황을 고려해서 '신속한 변화' 대 '점진적 브랜드 전이' 전략 중에서 선택한다. 새로운 브랜드 명을 사용하는 신속한 변화는 관리자들이 과거와 명확한 단절을 원하는 경우에 효과적이다. 산도스(Sandoz)와 시바-가이기(Ciba-Geigy)가 통합하여 노바티스(Novartis)가 된 것이 좋은 예이다. 쉽지 않은 합병과정을 거쳐서 탄생한 완전히 새로운 브랜드 명은 평등주의, 회복능력, 새로운 기회를 잘 표현해준다.

새로운 브랜드 명을 만들어내는 대신 둘 중 한 브랜드를 신속하게 정리하기도 한다. 스위스 은행 USB와 SBS가 합병해서 UBS가 된 경우가 그것이다. 이런 접근은 고객보다는 신속성과 통제력 확보를 중시해야 하는 글로벌 경쟁상황인 경우에 유효하다. 이 전략은 또한 한 브랜드가 다른 브랜드보다 압도적으로 강력해서 브랜드 자산의 확장에 유리하며, 한편으로는 내부적으로 새로운 합병조직의 방향을 명확히 하고자 할 때도 유용하다.

만일 두 브랜드 모두 강력한 브랜드 자산을 가지고 있을 경우에는 상대적으로 약한 브랜드를 정리하기 전에 하부 브랜드(subbranding) 전략이나 2중 브랜딩을 활용하는 점진적인 브랜드 변화 전략을 채택할 수도 있다. 예를 들어 덜럭스 발렌타인(Dulux Valentine)은 발렌타인 브랜드를 정리했고, 필립스 월풀(Philips Whirlpool)은 필립스를 정리했다. 점진적 브랜드 변화 전략은 시장이 안정적이거나 브랜드에

하부 브랜드 기업 브랜드(corporate brand)에 상품 브랜드(product brand)를 결합한 형태의 브랜드. 기업 브랜드의 자산을 상품 브랜드에 전이시키면서 동시에 상품 브랜드의 독자적인 브랜드 자산 구축이 가능하다는 장점이 있음. 예를 들어 삼성 애니콜 휴대폰은 삼성이라는 기업 브랜드와 애니콜이라는 상품 브랜드가 결합된 하부 브랜드의 대표적인 예임.

대한 고객의 충성도가 강하고, 기업이 정리대
상 브랜드에서 생존 브랜드로의 변화과정에 신
중을 기하고자 할 때 효과적이다.

브랜드 트래킹 조사 브랜드에 대한
투자와 성과를 지속적으로 측정하고
평가해서 의사결정에 반영하는 일련의
활동.

다양한 국가의 상이한 이름을 가진 수많은
이동통신 사업자들을 인수하여 만들어진 보더
폰(Vodafone)의 경우를 생각해보자. 2000년에 이 회사는 기업을 구성
하는 운영사들이 2002년 초까지 마스터 브랜드로 전환하는 글로벌 브
랜드 변화계획에 착수했다. 이 회사는 변화과정을 2단계로 나누어 관
리했다.

첫째, 각 국가별 브랜드를 독일에서는 D2 보더폰, 이탈리아에서는
옴니텔 보더폰(Omnitel Vodafone), 이집트에서는 클릭 보더폰(Click
Vodafone), 스웨덴에서는 유로폴리탄 보더폰(Europolitan Vodafone)과
같은 2중 브랜드로 전환함으로써 각 지역에서 보더폰 브랜드의 인지
도 향상을 꾀했다.

그 후 2년에 걸쳐서 광고와 스폰서십 프로그램에서 사용하는 지역
별 접두사를 개발했다. 브랜드 트래킹 조사(brand tracking research)를
통해서 마케팅 담당자들은 보더폰 브랜드 회상률이 일정한 수준에 이
르면 국가 단위로 2중 브랜드에서 보더폰 마스터 브랜드로 전환하는
시기를 선택할 수 있었다.

예를 들어 포르투갈의 텔레셀 보더폰(Telecel Vodafone)은 성공적인
2중 브랜드 프로그램 덕분에 예정보다 3개월 일찍 보더폰으로 전환할
수 있었다. 단일 브랜드로 전환함으로써 보더폰의 유럽 자회사들은
브랜드 광고, 매체 구매, 글로벌 상품·서비스 브랜딩 및 광고와 관련
한 비용상의 시너지 효과를 얻었고, 동시에 고객의 보더폰 상품 및 로

밍 서비스 이용률을 더욱 용이하게 제고시킬 수 있었다.

생존 브랜드의 성장전략 개발

브랜드 정리에는 위험이 따른다. 생존 브랜드의 성장전략이 없을 경우 브랜드 정리는 정리된 브랜드의 매출손실로 인해 원가절감 프로그램이나 기업의 외형적인 인지도 감소 정도의 결과로 끝날 수도 있다. 이 과정에서 관리자들은 다양한 강화노력 및 투자를 통해서 수량은 더 적지만 더욱 강력한 브랜드를 구축할 수 있는 기회를 포착해야 한다.

브랜드 강화란 정리된 브랜드의 좋은 특징을 생존 브랜드로 전이시키는 과정을 의미한다. 브랜드 강화는 유용한 경우가 몇 가지 있다. 첫째, 퇴출 브랜드가 생존 브랜드의 제품라인에서도 좋은 성과를 낼 수 있는 한두 가지의 독특하고 매력적인 제품을 가지고 있는 경우, 둘째, 퇴출 브랜드의 일부 속성이 생존 브랜드에서 구현되어 생존 브랜드의 가치제안을 강화할 수 있는 경우, 셋째, 퇴출 브랜드가 판매되던 지역에서 생존 브랜드의 존재감이 미흡한 경우. 이 경우 퇴출 브랜드를 생존 브랜드로 대체함으로써 진출지역을 확장하는 의미를 가질 수 있다.

브랜드 투자는 정리되는 브랜드에 할당되던 자원을 의도적으로 생존 브랜드로 전환하는 것을 의미한다. 브랜드 통합을 통해서 기업은 공급망, 판매, 마케팅에서 규모의 경제를 증진시키며 상당한 비용을 절감할 수 있다. 제품라인의 슬림화와 재고 최적화로 매출원가가 절감되고, 판매 및 고객 서비스 인력의 통합운용으로 판매관리비를 절감할 수 있다.

끝으로 마케팅과 광고의 집중화로 비용의 효율성이 향상된다. 예를 들어 P&G의 래플리(A. G. Lafley) 대표이사는 300여 개의 브랜드 중에서 매출의 50% 이상을 차지하는 14대 브랜드에 집중함으로써 매출액을 10% 향상시켰으며, 크레스트(Crest) 치약의 경우에는 30% 이상 향상시켰다.

일렉트로룩스의 상향식 시장세분화 기반 접근법

스웨덴에 소재한 일렉트로룩스는 세계 유수의 소비자 내구재 기업이다. 이 회사는 냉장고, 쿠커, 세척기, 진공청소기 등의 백색가전과 잔디깎기, 절단기, 전기톱과 같은 기구류를 생산하고 있다. 지난 25년에 걸쳐서 이 회사는 300~400회의 인수·합병을 해왔고, 그 결과 매우 거대한 브랜드 포트폴리오를 보유하게 되었다.

마이클 트레스코(Michael Treschow) 대표이사는 공장 합리화와 제품 플랫폼 수의 감소를 통해서 어느 정도 비용절감에 성공하였다. 1998년 일렉트로룩스는 70개 이상의 브랜드로 구성된 포트폴리오에 대해 심층적인 분석을 시행했다. 그 결과 대부분의 국가에서 이 회사의 브랜드 중 하나가 상위 3위 이내에 들지만 그 브랜드는 나라마다 다르다는 점이 발견되었다. 이 회사의 분산된 마케팅 노력은 글로벌 수준의 규모 혹은 범위의 경제를 달성하지 못하고 있었다.

브랜드 포트폴리오의 복잡성은 일렉트로룩스 스스로에 대해 이러한 근본적인 의문을 야기했다. '우리는 유통망이나 다른 주체가 브랜드를 구축하게 해야 하는 제조업체인가, 아니면 브랜드를 관리해야 하는 기업인가?' 결국 이 회사의 이사회는 후자를 선택했고, 회사는 수는 더 적지만 더욱 강력한 브랜드를 만들기 위해 브랜드 합리화 프로젝트에 착수했다.

회사명인 '일렉트로룩스'가 마스터 브랜드로 결정되었다. 취약한 지역 브랜드는 단계적으로 퇴출시키고, 강력한 지역 브랜드는 '일렉트로룩스'와 결합해서 후원형 브랜드(brand endorsement)를 구사하는 방식으로 2007년까지 전체 매출의 3분의 2를 마스터 브랜드에서 창출하기로 결정했다. 전체적인 합리화 프로그램에서 일렉트로룩스가 전문 식품서비스 장비사업에서 보여준 과정은 상향식 시장세분화 접근법의 모범사례로 볼 만하다.

1996년 일렉트로룩스는 유럽에서 42억 스웨덴크로나(Swedish Kroner, SEK) 규모의 식당, 병원식당, 공항, 카페테리아 등을 대상으로 하는 식품서비스 장비 판매사업을 가지고 있었다.[12] 유럽 식품서비스 장비시장은 매우 세분화되어 있었고, 15~25개의 경쟁사들이 각 국가별로 존재했으며, 2개국 이상에 진출해 있는 사업자는 거의 없는 상황이었다.

몇 년 동안에 걸쳐서 일렉트로룩스는 몇 개의 소규모 개인기업을 인수했는데, 이 회사들은 모두 각자의 브랜드와 공장을 보유하고 있었다. 1996년경 일렉트로룩스는 15가지의 다른 브랜드(예를 들어 프랑스에서는 몰테니 Molteni, 독일에서는 센킹 Senking, 영국에서는 그립토피어리스 CryptoPeerless, 이탈리아에서는 노드톤 Nordton)로 유럽의 식품서비스 장비사업을 공략하였다.

후원형 브랜드 보증 브랜드라고도 함. 개별 상품 브랜드에 브랜드 자산을 후원·보증해주는 기능을 하는 기업 브랜드를 혼용하는 브랜드 전략. 예를 들면 '햇반'이라는 상품 브랜드 뒤에 CJ라는 기업 브랜드 또는 CJ 로고를 배치하는 경우를 들 수 있다.

유럽 전체를 공략하는 브랜드는 자누시(Zanussi) 하나였다. 다양한 지역 브랜드를 가진 일렉트로룩스는 사업을 분권화해서 운영했다. 작고 약한 15개의 개별 브랜드에 의한 시장공략은 일렉트로룩스가 1996년 식품서비스 장비사업에서 1.3%의 경상적자를 보는 원인이 되었다. 일렉트로룩스의 시장조사에 따르면 강력한 브랜드가 더 높은 가격 프리미엄을 창출하는 것으로 밝혀졌다. 따라서 식품서비스 장비시장에서의 브랜드 합리화가 회사의 수익성 회복과 전반적인 전략적 방향 유지의 핵심 과제가 되었다. '브랜드의 수는 줄이고 그 대신 브랜드의 경쟁력은 강화시켜라.'

브랜드를 정리하기 위해 일렉트로룩스는 식품서비스 장비부문에서 몇 개의 브랜드를 갖는 것이 적정한지 결정해야 했다. 회사는 이 결정을 위해 유럽 전역을 대상으로 한 욕구기반 시장세분화 조사를 실시했다. 다른 전문시장들과 유사하게 식품서비스 장비산업은 시장을 가격과 제품의 내역에 따라서 '저급', '중급', '고급'으로 세분화하고 있었다.

브랜드들은 보급형, 고급, 최고급으로 분류되어 이런 시장 중 하나를 목표시장으로 삼고 있었다. 일렉트로룩스는 자사의 브랜드를 이러한 3가지 가격대에 포지셔닝시키고, 병원, 간이매점, 주점, 학교, 편의점, 레스토랑, 호텔 등의 고객 특성에 따라 더욱 세분화했다.

이 연구는 전통적으로 사용해오던 산업 중심의 시장세분화에 다음과 같은 두 가지 문제가 있음을 밝혀냈다.

1. 고객 유형의 분류가 고객욕구를 실질적으로 예측하지 못하고 있다. 예를 들어 레스토랑도 욕구를 기준으로 보면 매우 다양하다.

따라서 모든 레스토랑을 단일 세분시장으로 분류하면 안 된다. '평균'적인 레스토랑은 없었다.

2. 고객들은 자신의 욕구에 가장 적합한 솔루션을 추구하고 있다. 고객들은 자신의 목표에 최적인 브랜드를 원하지, 적절하거나 좀 더 좋은 브랜드를 원하지 않는다.

일렉트로룩스는 고객들에게 최적의 솔루션을 개발해주기 위해서는 먼저 고객의 욕구를 이해해야 한다는 점을 깨달았다. 유럽 전역에 걸친 고객욕구 기반 시장세분화 연구를 통해서 4개의 세분시장을 발견했다. 4개의 세분시장은 상이한 고객유형, 제품내역, 가격기준, 유통욕구, 사용상황을 가지고 있었다.

'성능 특화' 세분시장은 항공사, 5성급 호텔, 병원 등으로 구성되어 있고, 복잡한 물류체계 상황에서 많은 양의 식사를 준비해야 했다. 이 시장의 고객들은 고성능, 통합 시스템을 원하며, 다른 세분시장과 비교할 때 가격지수 100을 기록했다.

'기본 솔루션, 조기 투자수익' 세분시장은 선술집, 편의점 등으로 구성되어 있고, 기본 메뉴 중심의 부업 개념인 음식 서비스를 이용해서 조기에 투자수익을 올리고자 하였다. 이 시장의 고객들은 법률 및 위생규제를 준수하고자 하며, 가격지수는 25였다.

'요리 파트너' 세분시장은 구내매점, 패밀리 레스토랑, 양로원 등으로 구성되었고, 일반적으로 1일 200식 이하의 음식을 조리했으며, 기술적인 역량은 높지 않았다. 고객들은 모듈 솔루션, 긴밀한 공급업자 관계, 합리적인 가격과 입증된 기술을 원하고, 가격지수는 50~75였다.

'고급 요리' 세분시장은 고급 레스토랑, 5성급 호텔에 입점한 레스토랑으로 구성되어 있으며, 1류 요리사가 최고급 요리를 제공하고 있다. 고객들은 고품질 스토브를 장착한 최고급 주방을 품격의 상징으로 여기고 있으며, 가격지수는 200~300이었다.

일렉트로룩스는 단기적으로는 낮은 구매력, 복잡한 고객 기반, 적절한 제품의 미비를 이유로 두 번째 세분시장을 버리기로 결정했다. 그 대신 나머지 3개 세분시장을 세분시장의 욕구충족에 초점을 맞춘 고유 브랜드로 집중 공략하기로 했다. 시장세분화와 브랜드 정리 이후 사업부 관리자들은 3개의 브랜드에 대해 각각의 목표 세분시장에 적합한 브랜드 이미지를 구축하기 위한 투자가 필요하다는 결정을 내렸다. 일렉트로룩스는 5단계 브랜드 피라미드를 활용해서 브랜드 특성, 가치, 보상 프로그램, 기능 및 외형적 특징을 정리해 보았다.

브랜드 합리화 프로그램 덕분에 일렉트로룩스는 이제 욕구 기반 세분시장에 최적으로 포지션된 범유럽 브랜드를 3개 가지고 있다. 남은 12개의 브랜드 중 두 개(주노Juno, 테르마Therma)는 나름의 강점을 가지고 있어서 일렉트로룩스의 하부 브랜드로 임시 전환시켰고, 나머지 10개의 브랜드는 퇴출시켰다. 15개의 지역 브랜드 대신 3개의 강력한 범유럽 브랜드를 갖게 되자 일렉트로룩스는 중앙 집중화된 브랜드 관리를 할 수 있게 되었다. 고객들에게 각 브랜드를 그 목표시장에서 최고의 솔루션으로 인식시키기 위해 새로운 광고 개념, 전용 인터넷 사이트, 보다 고객 친화적인 서식 활용, 각종 전시회 등으로 구성된 일련의 마케팅 커뮤니케이션 도구를 개발했다. 대부분의 지역 브랜드는 비용과 역량상의 이유로 이러한 마케팅 도구를 개발할 수 없었다.

관리자들이 수는 줄이면서도 더욱 적합성이 높은 제품을 개발할 수 있었던 것은 욕구 기반 세분시장을 명확하게 이해했기 때문이다. 유럽 제품개발센터 소속의 100명의 디자이너와 엔지니어 중 약 20명이 연 2회 병원, 호텔, 구내매점의 레스토랑 담당자들과 함께 3일간 머리를 맞대고 공동작업을 한다.[13] 이 현장 연구과정을 통해서 기구 청소방법의 간결화 등 유용한 정보를 얻었다. 욕구 기반 시장세분화를 통해서 사업부는 스스로를 엔지니어링 회사에서 '조리의 지휘자'로 재정의할 수 있었다. 일렉트로룩스는 모든 사업부의 신제품 개발에 욕구 기반 시장세분화 접근법을 사용하도록 결정했다.

이상과 같은 노력으로 얻은 규모와 범위의 경제는 일렉트로룩스 내에서 전문 식품서비스 장비사업의 입지를 변화시켰다. 이 사업부의 경상수익은 1996년 -1.3%에서 2001년 8.1%로 거의 10% 증가하였다 (액수로는 3억 9,000만 스웨덴크로나에 달했다). 일렉트로룩스는 12개의 브랜드를 정리하고도 1996년부터 2001년 사이에 42억 스웨덴크로나의 매출액을 유지하는 데 성공했다. 이제 남은 과제는 3개의 생존 브랜드의 마케팅에 집중 투자해서 수익을 향상시키고, 포기했던 네 번째 세분시장을 디토(Dito)라는 새로운 브랜드로 재공략하는 것이다.

유니레버의 하향식 포트폴리오 기반 접근법

1999년 소비재 상품을 생산하는 영국과 네덜란드 합작 거대기업인 유니레버는 3년 연속 매출저하로 곤경을 겪고 있었다. 1996년에 6% 증가한 이후 매출액은 1997년부터 1999년까지 매년 11%, 9%, 0.2% 감소해서 전 세계 매출이 270억 파운드에 머무르게 되었다. 1990년대의 3~4%대의 매출증가율도 회사가 원했던 5~6%에는 미치지 못하는 것이었다. 11%대의 적지 않은 경상이익도 경영진의 기대에는 미치지 못하는 것이었다. 2000년에 단행될 미국의 베스트푸드(Bestfoods) 인수는 헬만스(Hellmann's)나 크노르(Knorr)와 같은 브랜드의 추가를 예상케 하는 상황이었다.

1,600개에 달하는 전 세계 브랜드 포트폴리오에 대한 조사를 통해서 최고경영진은 회사 매출액의 75%를 400개의 핵심 브랜드가 창출하고 있으며, 나머지 1,200개의 브랜드는 겨우 8%만 기여하고 있음을 발견했다. 관리자들은 신속한 조치를 취하기로 결정했다. 유니레버는 400개의 핵심 브랜드에 역점을 두고 나머지 1,200개의 한계 브랜드는 처분, 정리, 통합하는 5개년 계획의 작전명 '성장에 이르는 길(Path to Growth)'에 착수했다. 이 전략은 두 가지 목표를 가지고 있었다.

1. 2004년까지 연간 매출성장률을 5~6%대로, 경상이익은 16% 이상 수준으로 향상시키기.
2. 이 기간 중 주당 수익성장률을 두 자릿수로 올리기.

먼저 회사는 400대 핵심 브랜드를 선정하는 프로세스를 개발했다. 이 프로세스에는 다음 3가지 기준이 포함되어 있다.

1. 브랜드의 규모. 커뮤니케이션, 혁신, 기술과 관련된 미래투자에 합당한 규모와 이윤을 확보하고 있어야 한다.
2. 브랜드 파워. 시장에서 1, 2위를 할 잠재력과 유통업자의 유입고객 창출 차원에서 필수 입점 브랜드의 지위를 확보할 수 있는 잠

재력을 보유하고 있어야 한다.

3. 브랜드 성장잠재력. 현재 고객 소구력과 미래 욕구충족 능력 관점에서 지속 가능한 성장잠재력을 확보하고 있어야 한다.

관리자들은 각 지역의 브랜드 팀이 핵심 브랜드에 포함될 후보군을 제안할 수 있는 절차를 만든 후, 그 결과를 가지고 본사 센터와 논의했다. 이 프로세스를 통해서 400대 핵심 브랜드가 선정되었다. 각 브랜드들이 각기 다른 지역에서 유사한 포지셔닝을 보유하고 있었기 때문에 400대 브랜드는 실제로는 200개의 독특한 브랜드 포지션을 차지하고 있었다. 즉 유니레버는 200개의 핵심 브랜드만 보유한 셈이었고, 그 중 40개는 도브(Dove), 플로라(Flora), 크노르, 립톤(Lipton), 럭스(Lux), 매그넘과 같은 글로벌 브랜드였다. 나머지 160개 브랜드는 특정 지역이나 국가에서 강력한 지위를 확보하고 있는 '지역별 보석'이었는데 대표적으로 팁스(PG Tips), 머마이트(Marmite) 같은 브랜드가 있다.

브랜드 합리화 노력은 회사가 남은 브랜드에 철저하게 집중함으로써 대외적인 지명도와 수익적 측면이 모두 향상될 때 성공할 수 있다. '성장일로' 전략에서 유니레버는 핵심 브랜드에 대해 광고, 촉진, 혁신, 마케팅 역량, 관리자의 시간투입 등의 측면에서 집중적으로 투자했으며, 두 가지 방법으로 필요한 자원을 확보했다.

먼저 1,200개의 비핵심 브랜드에 투여되던 자원을 400대 핵심 브랜드로 할당했다. 예를 들어 유니레버는 비핵심 브랜드를 담당하던 직원을 핵심 브랜드 담당자로 전환 배치했으며, 연간 5억 유로 이상의 자금을 핵심 브랜드의 광고와 판촉을 위해 할당했다. 두 번째로 유니레버는 원가절감에 착수했다. 브랜드 합리화를 통해서 전 세계 380개 공장 중 130개를 폐쇄하는 등 구조조정 계획을 수립했다. 113개의 공장은 이미 폐쇄가 완료된 상태였다. 또한 5년간 33만 명의 전 세계 인력 중 10%를 줄이는 계획에도 착수했다. 구매통합과 서비스 공유로 인한 절감분까지 고려할 경우 연간 절감액은 구매에서 16억 유로(약 19.1조 원), 공급망 구조조정 및 간소화를 통해 15억 유로(약 17.9조 원), 합계 30억 유로(약 35.8조 원)에 가까웠다.

유니레버는 이 절감분의 일부를 목표 경상이익을 창출하기 위한 노력에 할애했다. 그러나 유니레버는 5년 동안 마케팅 및 판촉비를 매출액 기준 13%에서 15%로 인상하기로 결정했는데 금액으로는 연간 10억 유로(거의 12조 원) 이상의 증가에 해당된다. 소비재 포장제품 산업에서 대부분의 브랜드들이 높은 수준의 마케팅 지원을 받고 있다는 점을 고려할 때, 관리자들은 이 정도의 증액이라야 시장에서 효과를 기대할 수 있을 것이라고 판단했다.

유니레버는 각 핵심 브랜드에 대해 남아 있는 성장기회를 체계적으로, 또 지속적으로 추구했다. 그 과정은 고객정보, 경쟁정보, 현재의 포지셔닝에 대한 면밀한 검토와 함께 시작되었다. 브랜드의 성장 가능성은 다음과 같은 점을 점검하며 모색하였다.

- 새로운 고객에게 도달할 수 있는가?
- 신제품이나 서비스를 도입할 여지가 있는가?
- 새로운 유통 시스템의 개발이 가능한가?
- 새로운 지역의 시장에 진출할 수 있는가?
- 새로운 산업 개념을 창출할 수 있는가?

그림 6-1 | 크노르 브랜드 활용하기

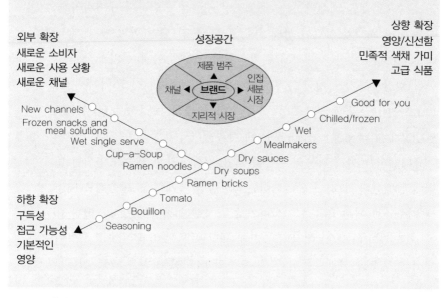

출처 : 유니레버의 2000년 자료를 수정 인용함.

그림 6-1에 정리된 것처럼, 성장기회를 발견하기 위해서는 제품군 개념에서 브랜드 개념으로의 중대한 전환이 필요하다. 크노르는 분말 수프 브랜드 자산을 토대로 다양한 제품군의 도약대 역할을 해줄 수 있다. 도브의 경우와 마찬가지로 여러 가지 상황에서 관리자들은 브랜드 성장회의를 가졌고, 그 결과 '3가지 측면의 성장' 에 대해 평가했다.

1. 핵심사업의 확장 및 방어. 2년 내에 달성할 목표(예를 들어 도브의 84개국 진출).

2. 신규 사업 진출. 2~3년 내에 달성할 목표(예를 들어 도브 데오드 란트 출시)

3. 미래 사업대안의 창출. 3~5년 내에 달성할 목표로, 현재 유니레 버에서 미흡한 것으로 평가되어 새로운 팀과 역량을 준비함(예를 들어 도브 스파).

'꼬리'로 분류된 1,200개의 비핵심 브랜드에 대해서는 다음의 4가 지 전략방안 중 하나에 해당하는 조치를 취했다.

1. 브랜드 매각(sell the brand). 유니레버는 제품군별로 비핵심 브랜 드를 매각하기 위해 내놓았다. 2000년에 회사는 엘리자베스 아 덴(Elizabeth Arden) 화장품 및 향수 사업을 마이애미 소재의 FFI 프래그런스(FFI Fragrances)에 매각했고, 2002년에는 마졸라 (Mazola) 옥수수유 및 그와 연관된 18개의 브랜드를 어소시에이 티드 브리티시 푸드(Associated British Foods plc., 영국의 대표적인 제과업체)의 자회사인 ACH 푸드(ACH Food Companies, Inc.)에 매각했다. 2003년까지 유니레버는 87개의 사업부를 63억 유로 (약 75.3조 원)에 처분했다.

2. 브랜드 수확(milk the brand). 유니레버는 충분한 브랜드 자산을 가진 비핵심 브랜드의 경우 수명을 일정 기간 유지하면서 성장률 을 희생하는 대신 수익성은 제고하는 수확 전략을 적용하기로 했 다. 이에 해당하는 브랜드는 점포 내 마케팅 지원만을 제공받으 며 광고지원은 없어지고, 이 브랜드의 마케팅 관리자들은 핵심 브랜드로 담당이 바뀌게 된다.

3. 브랜드 퇴출(delist the brand). 관리자들은 호주의 로젤라(Rosella) 케첩, 브라질의 디멘션(Dimension) 샴푸와 같은 군소 브랜드를 퇴출시키고, 이들 브랜드가 점유하던 진열공간을 좀더 수익성이 높은 브랜드에 재할당하기로 결정했다. 제품군 관리자들은 퇴출 대상 브랜드 고객을 유니레버 포트폴리오 내의 다른 브랜드로 전이시켜서 전체적인 제품군 내 시장점유율을 유지하기 위한 프로그램을 개발했다.

4. 브랜드 전이(migrate the brand). 비핵심 브랜드의 속성 중 핵심 브랜드를 강화할 수 있는 것은 목표 핵심 브랜드로 조심스럽게 전이되었다. 공동대표인 버그먼즈는 유니레버의 임직원들에게 "우리는 브랜드를 전이시키는 것이 아니라, 사실은 고객을 전이시키는 것이다"는 점을 잊지 않도록 강조했다. 마케팅 담당자들은 고객들에게 변화사항을 인식시키는 것과 동시에 새로워진 브랜드의 사용촉진 계획을 수립했다. 이 모든 것은 많은 비용이 소요되는 전략으로, 브랜드마다 차등적으로 적용되었다.

예를 들어 유니레버는 영국에서 6%의 시장점유율을 차지하고 있는 핵심 브랜드 세제인 서프(Surf)를 '친절하고 현명하며 다정하고 기발한' 이미지로 포지셔닝했다.

유니레버의 영국 브랜드 포트폴리오는 또한 정리하기로 예정된 시장점유율 2%의 비핵심 브랜드인 래디온(Radion)을 보유하고 있었다. 그런데 연구 결과 소비자들은 래디온에서 '신선한' 향을 느낀다는 점이 밝혀졌다. 그래서 유니레버는 래디온은 퇴출시키고 그 대신 '신선함'이 강화된 새로운 서프를 출시함으로써 래디온의 이미지를 전이시켰다. 이를 통해 새 브랜드는 6개월 이내에

예전의 서프와 래디온이 가지고 있던 통합 시장점유율 8%를 초과할 수 있었다.

5개년 '성장일로' 프로그램이 완료된 지 3년이 지난 현재 유니레버는 경상이익과 주당 수익률 성장목표를 달성해냈다. 비록 2004년 매출성장률이 목표인 5~6%에는 달하지 못했지만, 2002년 총 매출액은 4.2% 성장했고, 핵심 브랜드의 경우는 5.4% 성장했다. 유니레버의 실적이 호전된 것이다.[14]

포트폴리오는 750개로 이미 축소되었다. 1999년 매출액의 75%를 차지하던 400개 선도 브랜드는 200개의 브랜드 포지션으로 바뀌었으며, 2004년 말까지 매출비중 목표인 95%에 근접한 90%를 차지하고 있다. 이 중에서 40개의 핵심 글로벌 브랜드가 무려 64%를 차지한다.

브랜드 합리화는 수익활동의 일부다

유통업자의 교섭력 강화와 소비자가 점차 글로벌화되어가는 환경에 직면하여 기업들은 이제 경쟁력이 약한 브랜드를 유지할 수 없게 되었고, 브랜드 합리화에 착수해야 하는 시점에 이르렀다. 브랜드의 정리는 대부분 단기적인 매출하락을 유발하므로 브랜드 합리화는 최고경영진이 관심을 가지고 챙겨야 하는 사안이다. 사세의 위축을 무릅쓰려는 경영관리자는 거의 없다. 따라서 브랜드 합리화의 재무적인 목표와 추진일정은 최고경영진의 결심이 전제되어야 한다. 브랜드 합리화 프로그램은 단기적인 주당 수익률 증가보다는 장기적인 이익을 목표로 한다.

다양한 브랜드 혹은 제품군이 연관되는 주요 브랜드 통합 프로그램은 5년 정도의 시간이 소요된다. 일반적으로 초기의 수익향상은 비효율적인 마케팅 지출, 재고, 관리의 복잡성이 개선되면서 발생한다. 그러나 퇴출된 브랜드와 연관된 매출과 시장점유율 손실을 회복하는 데에는 시간이 소요된다. 최고경영진은 그러한 현실을 직시해서 프로그램의 실행과 결과를 확인하는 데 소요되는 적절한 시간을 관리자들에게 허용해주어야 한다.

브랜드 합리화는 수익성 있는 활동이다. 이를 통해 한계 브랜드에 대한 마케팅 지원의 과감한 삭감, 공급망의 합리화, 수익성 없는 상품의 정리, 조직관리상의 복잡성과 중복의 감소 등 폭넓은 구조조정이 촉발될 수 있다.

모든 브랜드가 고유한 역할을 가지고 잘 포지션된 브랜드 포트폴리오를 상상해보라. 그러한 브랜드 포트폴리오를 가질 때에만 자원, 재능, 혁신역량을 생존 브랜드에 집중적으로 투자해서 높은 성장을 달성할 수 있다.

브랜드 합리화를 위한 결단을 내리기 전에

브랜드 포트폴리오 감사

- 브랜드 포트폴리오가 마케팅 노력의 규모 및 범위의 경제를 달성하는 데 방해가 되고 있는가?
- 어느 브랜드가 이익에 기여하고 있는가?
- 어느 브랜드가 충분한 규모를 갖추고 있는가?
- 어느 브랜드가 고객과 경쟁 관점에서 잘 포지션되어 있는가?
- 어느 브랜드가 다국적 기반을 갖추고 있는가?
- 제품군별로 어떤 세분시장 구조가 존재하는가?
- 각 세분시장별로 브랜드의 포지션 현황은 어떠한가?
- 어느 것이 핵심 브랜드이고 어느 것이 비핵심 브랜드인가?
- 비핵심 브랜드를 정리할 경우 어느 정도의 매출손실이 예상되는가?
- 브랜드 정리 이후 더 빠른 성장, 혁신, 수익개선이 가능한가?

브랜드 합리화 프로그램

- 다른 기업에 부담없이 매각할 수 있는 비핵심 브랜드가 있는가?
- 핵심 브랜드의 매장공간을 잠식하는 비핵심 브랜드가 있는가? 퇴출시켜야 하는가?
- 퇴출대상 브랜드의 고객을 핵심 브랜드로 전이시킬 방법이 있는가?
- 핵심 브랜드의 가치향상에 도움이 되는 속성을 가진 비핵심 브

랜드가 있는가?

- 이러한 속성을 핵심 브랜드에 전이시킬 방법이 있는가?
- 이윤을 얻을 수 있는 비핵심 브랜드가 있는가?
- 남아 있는 핵심 브랜드를 고객과 경쟁사에 대응하여 잘 포지션 할 수 있는 방안은 무엇인가?
- 핵심 브랜드를 성장시킬 여지가 어느 부분에 있는가? 신규고객, 신규시장, 유통 시스템, 제품과 서비스, 새로운 사업개념?
- 브랜드 합리화 프로그램의 명확한 재무적 목표와 일정이 확정 되었는가?
- 기업 브랜드의 역할은 무엇인가?

실행상의 이슈

- 브랜드 합리화 일정은 어떻게 짜여 있는가?
- 신속한 변화와 점진적인 브랜드 전이 중 어느 것이 적절한가?
- 대표 브랜드 접근이 필요한가, 계층적 브랜드 접근이 필요한가?
- 비핵심 브랜드의 자원을 핵심 브랜드에 어떻게 할당해줄 것인가?
- 제품 플랫폼을 다양한 브랜드에 어떻게 적용할 것인가?
- 각 브랜드에 필요한 제품의 역할은 무엇인가?
- 브랜드 관리에 대한 현지와 글로벌 수준의 책임을 어떻게 조정 할 것인가?
- 브랜드 합리화 전략의 타당성을 어느 부문에서 평가할 것인가?
- 언론, 분석가, 투자자, 종업원과 같이 중요한 이해관계자들에게 프로그램과 전략의 의미를 어떻게 전달할 것인가?

고객을 주도하고
시장을 창조하라

시장 주도자들은 기존 시장에서의
시장 점유율 확보에 집착하기보다는
새로운 시장을 창출하거나 경쟁자를
무기력하게 만들 정도로 시장을 근본적으로
새롭게 정의했다. 결국 이 회사들은
시장과 규칙을 비롯해 모든 것을
'주도' 함으로써 산업을 혁신시켰다.

점진주의는 혁신의 가장 큰 적이다

Incrementalism is innovation's worst enemy

최고경영자들은 자기 조직 구성원들에게 혁신하라고 요구도 해보고, 권고도 해보고, 간청도 해본다. 특히 최고경영자들은 과거와 단절되는 급격한 혁신을 중시한다. 그런 혁신이야말로 경쟁자를 이기고 지속적인 성장을 가능하게 해주기 때문이다.

그러나 주요 기업에서 혁신은 급진적이기보다는 점진적으로 이루어지는 경우가 더 많다. 왜 그럴까? 대부분의 기업들이 시장 중심적 프로세스를 고수하기 때문이다.

시장 중심적 기업 시장의 변화를 파악한 후 이에 대응하는 방식으로 운영되는 기업. 대부분의 일반적인 기업들이 이에 해당함.

시장 주도적 기업 시장의 변화가 대부분의 기업에 드러나기 전에 이를 미리 파악하고 대응하여 새로운 시장을 창출함으로써 산업을 선도하는 기업. 일부 초우량 기업들이 이에 해당함. 예를 들어 아마존의 인터넷 사업, CNN의 뉴스 서비스.

이와 같은 관행에는 고객의 욕구에 대한 주의 깊은 시장조사와 잘 정의된 세분시장에 맞게 차별화된 제품이나 서비스를 창의적으로 개발하면 성공할 수 있다는 믿음이 배경으로 작용하고 있다. 네슬레, P&G, 유니레버와 같은 유수의 기업들이 이러한 시장 중심적 접근법을 효과적으로 활용하고 있다. 그러나 아마존, 더바디샵(The Body Shop), CNN, 이케아, 스타벅스, 스와치(Swatch) 같은 성공적인 선도기업(pioneer)들은 급격한 사업혁신을 통해서 기존 산업을 혁신하고 새로운 시장을 창출해냈다. 이 회사들이야말로 시장을 주도해왔다고 볼 수 있다.

인도 남부의 어라빈드 안과병원에 대해 생각해보자.[1] 1976년 58세의 은퇴한 안과의사인 벤카타스워미(G. Venkataswamy) 박사는 백내장으로 실명한 2,000만 명의 인도인에게 의료 서비스를 제공할 계획을 세웠다. 벤카타스워미는 맥도날드의 햄버거처럼 비교적 간단한 수술에 해당하는 백내장 수술을 마케팅하기로 구상했다. 인도에 있는 병원은 보통 두 가지 중 한 가지 범주에 속했다. 소수의 부유층 세분시장을 대상으로 하는 사립 첨단병원이거나, 다수의 가난한 사람들을 상대하는 자선병원으로 낡은 시설에 많은 환자들이 북적대는 것이 보통이다. 게다가 시골지역에 사는 사람들은 그나마 도시에 소재한 이런 병원에 오는 것조차 만만치 않았다.

벤카타스워미는 지불능력에 상관없이 실명한 사람들에게 시력을 돌려주기 위해 인도 남부에 첨단병원을 설립했다. 이 병원은 백내장 수술비를 낼 수 있는 부유층과 그와 동등한 서비스를 무료로 받는 빈곤층을 모두 진료한다. 이 병원에서 판매, 광고, 판촉은 유료 환자보다는 무료 환자를 유치하는 데 초점이 맞추어져 있다. 예를 들어 매년 무료 환자 유치목표를 가지고 있으며, 매주 '영업회의'를 통해서 목표 달성 정도를 개인별로 확인하고 있다. 이 병원의 뛰어난 영업인력들은 담당 지역별로 인도의 시골지역을 돌아다니면서 가난한 환자를 찾아내어 무료로 병원으로 데려온다.

이 비영리 병원의 의사들은 안과치료와 절차의 표준화에 집중해서 65% 이상이 무료 환자임에도 불구하고 50%의 총 이익률을 기록하고 있다. 개발도상국에 있는 대부분의 비영리 조직과는 달리 이 병원은 기부에 의존하지 않으면서도 무료 환자의 수를 극대화하려고 했다(그

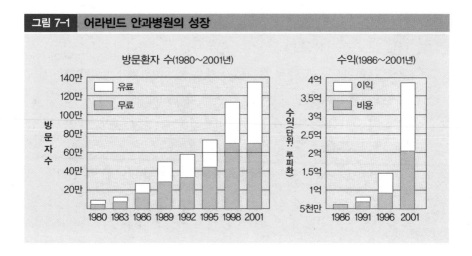

그림 7-1 어라빈드 안과병원의 성장

방문환자 수(1980~2001년)

- 유료
- 무료

수익(1986~2001년)

- 이익
- 비용

림 7-1 참조). 2002년 이 병원은 140만 명의 환자를 치료했고, 20만 건의 안과수술을 집행했다.

이 병원의 시장 주도적 접근은 아마존, 더바디샵, 클럽메드(Club Med), 델, H&M, 이케아, 소니, 스와치, 테트라 팩(Tetra Pak), 버진(Virgin), 월마트와 같은 기업들과 유사하다. 이러한 시장 주도적 기업들은 현상을 타파하는 전략을 창안하기 위해 시장조사를 사용하지 않았다. 시장조사를 통해서는 이처럼 혁신적인 결과를 얻기가 어렵다.[2] 헨리 포드가 이야기한 것처럼 "내가 고객에게 귀를 기울였다면, 그들에게 더 빠른 말을 주었을 것이다."

시장 주도적인 기업의 혁신적인 사업 아이디어에 대한 영감은 벤카타스워미, 더바디샵의 애니타 로딕(Anita Roddick), 버진의 리처드 브랜슨(Richard Branson)과 같이 세상을 다르게 볼 줄 알고, 깊이 감추어진 고객의 욕구를 충족시킬 수 있는 비전을 가진 사람들로부터 나왔다. 시장 주도자들은 기존 시장에서의 시장점유율 확보에 집착하기보다는 새로운 시장을 창출하거나 경쟁자를 무기력하게 만들 정도로 시장을 근본적으로 새롭게 정의했다(예를 들어 월마트가 설립된 해인 1962년에는 상위 10대 할인 유통업자 중 어느 회사도 사업을 개시하지 않았다).[3] 결국 이 회사들은 시장과 규칙을 비롯해 모든 것을 '주도'함으로써 산업을 혁신시켰다.

이 회사들은 다음 3가지 이유에서 시장 주도자라고 할 수 있다.

1. 급격한 사업혁신을 통해서 산업의 근간을 변화시킨 산업의 전환점(인텔의 앤디 그로브 회장의 표현을 빌리면 '전략적 변곡점')을 통과했다.
2. 전통적인 시장조사가 아닌 비전에 기반을 둔 시장조사를 통해서 급진적인 사업개념에 대한 영감을 얻었다.
3. 기존 고객으로부터 배우기보다는 잠재고객들에게 적극적으로 다른 가치제안을 받아들이도록 가르치곤 했다.

시장 주도적 기업의 출현

시장 주도적 기업의 성장은 '가치제안의 혁신적인 개선'과 '독특한 가치네트워크의 신속한 구성(그림 7-2 참조)'이라는 두 가지 측면에서 급진적인 혁신에 기초하고 있다. 2장에서 정리한 것처럼 가치제안은 기업이 고객에게 제공하는 편익과 가격의 조합을 말한다.

그림 7-2 　전략혁신의 유형

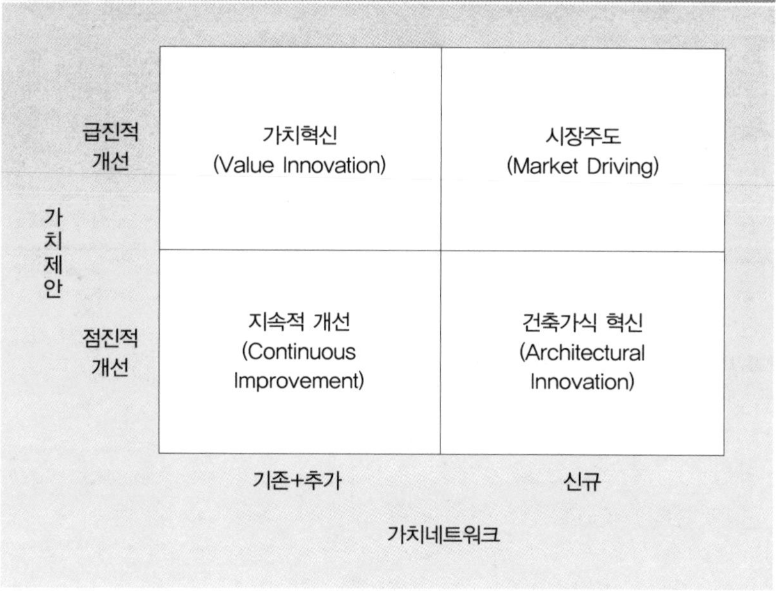

	가치네트워크	
	기존+추가	신규
급진적 개선	가치혁신 (Value Innovation)	시장주도 (Market Driving)
점진적 개선	지속적 개선 (Continuous Improvement)	건축가식 혁신 (Architectural Innovation)

가치제안

이케아식 시장 주도

잉그바르 캄프라드(Ingvar Kamprad)는 1950년대에 가구 유통업체인 이케아를 설립했다. 이 회사는 현재 7만 명을 고용하고 30개국에서 영업하고 있으며, 11억 유로(약 12조 7,800억 원)의 매출액을 기록하고 있다. 이케아는 전통적인 고급 종합가구점들처럼 도심에 거주하는 중년 고객에게 초점을 맞추기보다는 젊은 고객에게 초점을 맞추었다. 이케아는 서비스, 조립, 운반을 하는 대신 고객들에게 정통 스칸디나비아식 디자인과 이미지, 엄청나게 다양한 구색, 즉각적인 납품, 유쾌한 쇼핑 분위기, 낮은 가격을 제공했다. 그림 7-3에 정리된 것처럼, 이케아와 같은 시장 주도적 기업들은 기존 산업과 유사한 가치곡

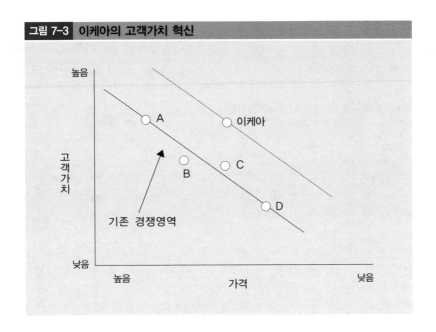

그림 7-3 이케아의 고객가치 혁신

선을 제공하지 않고 고객가치를 한 차원 더 높이는 변화를 구현했다.

고객가치의 변화는 기술이나 마케팅에서의 획기적인 개선을 필요로 할 수 있다. 이케아는 새로운 기술을 사용하는 것보다는 기존의 기술을 이용하되 이를 남과 다르게 활용해서 고객의 욕구를 해결하는 접근을 채택하고 있다. 시장 주도적 기업의 핵심 성공요인은 고객이 누리는 혜택은 크게 향상시키면서도 그 혜택을 얻기 위해 고객이 치러야 하는 희생이나 타협은 줄인다는 것이다.[4] 이러한 기업은 고객의 기대와 경쟁사의 수준을 훨씬 초과하는 상품이나 서비스를 창조해서 산업의 경쟁양상 자체를 완전히 변화시킨다.

가치네트워크는 가치제안을 창출 · 생산해서 고객에게 전달하는 데 필요한 활동들로 구성되는 체계를 말한다. 만일 이케아가 고비용의 독립 디자이너, 재고관리, 노동집약적인 수공 제조과정, 완성품의 운송 및 재고관리, 다양한 마케팅 활동, 점포관리, 매장전시, 대고객 배송 등이 포함된 기존 가구점의 사업모델을 개선하는 수준의 노력을 기울였더라면 지금과 같은 파격적인 가치의 제공은 불가능했을 것이다. 이케아는 사업모델을 급격하게 재구성해야만 했다. 대표이사인 앤더스 댈빙(Anders Dahlvig)은 이를 다음과 같이 표현하였다. "대부분의 사업자들은 다른 모든 회사에서 하고 있는 것을 베끼거나 그것을 좀더 잘 해보려는 수준에 머무르고 있었다. 하지만 우리는 완전히 다르게 접근했다."[5]

표 7-1에 정리된 것처럼 이케아의 독특한 가치네트워크는 비용절감을 위해 인하우스 디자인을 사용하고, 호환성이 높은 부품, 대량생산, 완성품보다는 부품 형태의 재고관리(비용 면에서 유리함), 컴퓨터화된 물류관리, 자연주의적인 스칸디나비아 이미지, 상대적으로 저렴한 변두리 입지, 심플한 전시 설비, 최종 배송 및 조립의 고객위임 등으로

표 7-1	이케아의 독특한 가치네트워크					
	디자인	부품	조립	물류	마케팅	서비스
전통적 가구점	• 독립 디자이너 • 정교하고 복잡한 디자인	• 높은 부품재고 • 수공, 맞춤 제조	• 노동집약적 • 주문제작	• 고비용, 고부피 완성품 운송	• 세분화된 시장 • 고비용 중심지 매장 전시	• 완전 서비스 • 소량 배송
이케아	• 내부 디자이너 • 심플한 디자인, 비용절감	• 모듈화, 호환성 있는 부품 • 대량생산 • 새롭고 저렴한 원자재	• 고객이 직접	• 컴퓨터화 • 모듈 제품 운송	• 스칸디나비아풍 이미지 활용 • 저비용, 외곽 매장 전시	• 셀프 서비스 • 고객이 배송

출처: Xavier Gilbert, "Achieving Exceptional Competitiveness"(presentation at IMD, Lausanne, Switzerland, 1997).

구성되어 있다.[6] 이케아의 가치제안을 모방해서 수익을 창출하고 싶은 기업이 있다면, 이미 존재하는 가치네트워크를 해체해서 이케아식으로 전환해가야 할 것이다.

가치제안은 시장에서 가시적으로 확인이 가능하지만 가치네트워크는 판별이 어렵기 때문에, 경쟁사들은 종종 가치네트워크가 갖는 중요성을 제대로 깨닫지 못하곤 한다. 독특한 가치네트워크가 없을 경우에는 기존 경쟁자들이 가치제안 수준의 경쟁우위를 비교적 신속하게 모방할 수 있다. 따라서 게임의 룰을 바꾸는 시장 주도적 기업은 그림 7-2의 두 가지 차원 모두에서 혁신하는 기업이라야 한다. 독특한 가치네트워크는 더욱 지속 가능한 경쟁우위를 창출할 수 있다. 자칭 경쟁자들은 이 독특한 가치네트워크를 모방하는 데 필요한 역량, 조직 내·조직간 참여주체의 규합에 상당한 시간이 필요하므로 모방은 그만큼 어려워지진다.

시장에 대한 4가지 지향성

시장 주도적인 것 이외에도 시장에 대해서는 다음의 3가지 지향성이 더 있다. 즉 판매 중심적(sales-driven) 지향성, 시장 중심적 지향성, 고객 중심적(customer-driven) 지향성.

판매 중심적 기업은 마케팅을 자사가 생산하는 것은 어떤 제품이든 판매하는 수단으로 본다. 이런 기업에서(주로 공공 서비스 기업, 독점 기업, 대규모 제조업체의 경우임) 마케팅과 판매는 동일한 개념으로 간주된다. 시장 중심적 기업은 시장조사를 토대로 목표시장에 적합한 제품과 바람직한 이미지를 개발해낸다. 로레알 같은 대부분의 성공적인 소비자 포장재 제조기업이 여기에 속한다. 고객 중심적 기업은 '개인

표 7-2	시장에 대한 4가지 지향성			
	판매 지향	시장 중심 지향	고객 중심 지향	시장 주도 지향
마케팅 전략	매스 마케팅 (어떻게 팔 것인가?)	차별화 마케팅 (어떤 이미지를 구축할 것인가?)	관계 마케팅 (어느 고객을 상대할 것인가?)	혁명적 마케팅 (어떻게 게임의 법칙을 바꿀 것인가?)
세분화 전략	무차별화	세분시장	개인 수준 세분시장	기존 세분시장의 파괴
마케팅리서치 — 초점	시장반응 확인 (어떻게 팔 것인가?)	시장 이해 (시장이 원하는 것은?)	고객 이해 (고객이 원하는 것은?)	선도적 이해 (시장의 진화방향은?)
마케팅리서치 — 주안점	연구개발	시장의 소리	고객의 소리	독창적인 시각
가격관리	원가 가산법	지각된 가치	(언)번들링	새로운 가격수준
판매관리	제품 판매	이미지 판매	솔루션 판매	고객교육
채널관리	제품-채널의 조화	제품-시장의 조화	다중 시스템	채널 재구성
브랜드 관리	제품의 우월성	광고에 의한 브랜드 자산	대화를 통한 기업 자산	구전 네트워크 활용
고객 서비스	비용으로 간주	전술적 수단	전략적 수단	고객기대 초과
제품개발	신제품	점진적 혁신	제품-서비스 플랫폼 통합	급진적 혁신

단위의 세분시장'을 목표로 설정하고 있으며, 고객 가치구성을 전달하는 데 있어서 '관계 마케팅'을 구현하고 있다. 가치가 높은 고객을 상대하는 스위스의 은행산업이 좋은 예에 해당한다.

표 7-2는 이 4가지 지향성의 핵심적인 차이점을 정리하고 있다. 4가지 유형은 각기 추구하는 이상을 가지고 있으며, 모든 사업부에서 단 하나의 지향성을 채택하는 대기업은 존재하지 않는다.

시장 주도적 기업은 어떻게 경쟁우위를 확보하는가

25개의 시장 주도적 기업에 대한 심층연구를 토대로 7장에서는 시장 주도적 기업의 경쟁방식과 이들 기업을 뒷받침하고 있는 변화 지향적 마케팅 전략에 대해 알아보고 있다.[7]

다음은 시장 주도적 기업이 전통적인 기업과 어떻게 다른지 마케팅 전략 측면에서 다각도로 조망하고 있다.

시장조사보다는 비전에 의한 리드

일반 및 기관 구매자(구매 담당자 등의)들은 점진적인 혁신을 요구하고 평가하는 데 능하다. 그러나 고객들은 스스로 혁신적인 제품이나 개념 또는 기술을 제시하지는 못한다. 스와치는 그 좋은 사례이다. 스와치 모델 중 가장 높은 구매의도를 받은 것은 전통적인 시계와 비슷한 것으로 시장조사에서는 밝혀졌지만, 그 모델은 실제로는 거의 팔리지 않았다. 오히려 잘 팔리지 않을 것으로 평가된 더 급진적인 변화를 담은 모델이 베스트셀러가 되었다. 시장조사대로 따랐더라면 스와치는 좋은 기회를 날려버렸을 것이다. 마찬가지로 소비자들은 스타벅스 커피나 CNN, 익일배송에 대해 그것들이 실제로 도입되기 전에는 별로 주목하지 않았다.

시장 주도적 기업은 남들은 볼 수 없었던 기회, 즉 잘 보이지 않고 미충족된 욕구를 충족시키거나, 전례 없이 강력한 수준의 고객가치를 볼 수 있는 '비전인들(the visionaries)'을 중심으로 형성되었다. 시장 주도적 기업에서 '아이디어'의 창출과 개발은 운과 무지, 고집의 결정체이다. 예를 들어 스타벅스는 창업주인 하워드 슐츠(Howard Schultz)

가 이탈리아 베로나(Verona)와 밀라노(Milano) 일대의 이탈리아식 커피문화에 반하여 이를 미국에 도입하기로 마음먹은 후 1983년에 설립되었다.

때때로 비전인들의 산업에 대한 상대적 무지는 그들이 그 산업에서 통상 바람직한 것으로 여기는 것들에 물들지 않았음을 의미한다. 나이키(Nike)의 빌 바우어만(Bill Bowerman)은 대학 육상코치였고, 클럽메드의 제러드 블리츠(Gerard Blitz)는 다이아몬드 가공가였으며, 이케아의 잉그바르 캄프라드는 원래 수산물 판매업자였다.

비전인들은 대부분 거듭되는 실패와 거절에도 굴하지 않고 자신의 꿈을 실현하기 위해 일관된 노력을 기울인다. 예를 들어 페덱스 (FedEx)의 프레드 스미스(Fred Smith)는 예일대 경영대학 3학년 때 기말 보고서로 익일배송 완료라는 아이디어를 착안해냈다. 하지만 그 아이디어가 실용성이 없다고 판단한 담당교수는 C학점을 주었다.[8]

일부 시장 주도적 기업은 비전을 다듬어서 완벽한 전략으로 전환하는 데 때로는 몇 년의 세월을 보내기도 한다.

샘 월튼의 첫 점포에 대한 초기 시도는 주위의 지지를 얻지 못했다. 당시 경쟁점포의 직원이었다가 나중에 월마트의 대표이사가 된 데이비드 글래스(David Glass)는 첫 월마트 할인점을 돌아본 후 "이들은 성공하지 못할 것이다"라고 진단했다고 전해진다. 샘 월튼은 제대로 작동할 때까지 자신의 사업 아이디어를 지속적으로 다듬었다. 비전인들 중 자신의 아이디어가 오늘날 수준으로 성공할 것이라고 미리 기대했던 사람은 거의 없었다. SAP의 공동 창업자인 하소 플래트너(Hasso Plattner)는 "어떻게 해서 이 모든 것을 계획했느냐고 사람들이 물으면 우린 계획한 적이 없고, 그냥 그렇게 되었다고 대답한다"고 이야기한

바 있다.[9]

시장 주도적 기업은 게임의 룰을 변경하고 성공과정에서 많은 장애물에 직면하므로 회사의 가치에 동의하는 사람을 채용한다. 이런 이유로 업계 경험이 별로 없는 사람, 즉 시장 주도적 아이디어가 실패할 것이라고 보는 업계 전통에 물들지 않은 사람을 뽑는 경향이 있다. 이런 종업원들은 단순히 돈이 아닌 사명감에 의해 강한 동기를 부여받는다. 카리스마가 넘치는 리더가 제시한 강력한 비전은 이런 종업원들을 십자군과 같은 용사들로 변모시킨다.

- 샘 월튼은 "이 세상 사람들에게 절약을 통해 더 나은 라이프스타일과 모두가 더 잘 살 수 있는 기회를 주고 싶어" 했다. 이 사명은 월마트 점포는 "미국만이 아닌 모든 사람들의 생활비용을 낮추어야 한다"는 신념과 함께 종업원들의 에너지 원천이 되었다.
- 더바디샵 점포의 90%는 정규 경영교육이 아닌 적성검사, 가정방문, 환경과 사람에 대한 태도를 토대로 선정된 여성들로 구성되어 있다. 이들은 더바디샵을 통해서 사람들의 삶과 세상을 바꿀 수 있다는 창업주 애니타 로딕의 구상에 동조하고 동기를 부여받고 있다.
- 페덱스의 설립 초기에 배송 담당자들은 자신의 시계를 전당포에 저당 잡혀가면서 주유를 하기도 했다.

대부분의 시장 주도적 기업의 조직문화에는 이러한 역사적이고 신화적이기도 한 일화들이 있다.

산업 세분화의 틀을 다시 그리기

시장 주도적 기업의 제품·서비스 오퍼와 마케팅 전략은 이전에 정의되었던 다양한 세분시장으로부터 고객들을 유치하여 새로운 시장을 형성했다. 이러한 시장형성은 시장 주도적 기업의 진출 이전에 존재하던 산업의 세분시장을 파괴함으로써 기존 산업에 엄청난 파란을 일으켰다. 시장 주도적 기업은 이 파란의 자리에 새로운 경쟁양상을 반영하는 새로운 세분시장 체계를 도입했다.

- 어라빈드 안과병원은 부유층과 빈곤층 환자라는 기존의 시장세분화를 받아들이지 않았다.
- 사우스웨스트 항공은 지상교통과 항공운송으로 구성된 시장세분화를 파괴함으로써 항공기 이용을 고려하지 않았을 다수의 고객을 유치할 수 있었다.
- 스와치는 저렴하고 패셔너블한 시계를 출시해 저렴하고 실용적인 시계와 고가의 패셔너블한 시계 사이에 존재하는 틈새를 없앴다.
- 월마트는 변두리 군소도시들이 대규모 할인점 입지로 적절하다는 점을 보여주었다. 점포는 대도시 도심에 입지해야 했던 과거의 관행과는 완전히 다른 것이었다.
- 기존의 다른 소프트웨어 제조업체들이 부서(예를 들어 제조, 영업, 인사 등)마다 다른 소프트웨어 패키지를 개발하던 것과는 달리 SAP는 전체 사업을 통합 운영할 수 있는 기업용 소프트웨어를 개발함으로써 이러한 구분 자체를 파괴했다.

가치에 대한 새로운 가격수준 창출하기

향상된 고객가치를 전달하기 위해 시장 주도적 기업은 품질과 서비스 수준에 맞는 새로운 가격수준을 창출한다. 스와치, 어라빈드 안과병원, 사우스웨스트 항공, 찰스 슈왑은 모두 비슷한 상품의 가격에 비해 파격적으로 낮은 가격을 책정했다. 이로 인해 기존 경쟁자들은 엄청난 압력을 받게 되었다. 경쟁자들은 생존하기 위해서 운영방식과 제품라인을 극적으로 변경해야 했다. 그러나 그들은 저가를 구현할 수 있는 혁신적인 가치네트워크를 신속하게 구축할 수 없었으므로 이러한 도전에 쉽게 성공할 수 없었다. 컨티넨탈 항공은 이런 교훈을 자회사 컨티넨탈 라이트(Continental Lite)로 사우스웨스트 항공에 대항하는 과정을 통해서 어렵게 깨달았다.

- 사우스웨스트 항공은 새로운 도시에 취항할 때마다, 기존의 항공 운송 서비스가 아닌 지상교통에 대항하기 위한 운임을 책정하였다. 그래서 이 회사의 운임은 경쟁 항공사들보다 최소 60% 낮게 책정되었다.

  예를 들어 창립 초기에 이 회사는 댈러스(Dallas)와 샌 안토니오(San Antonio) 구간에 대해 브래니프(Braniff)라는 두 번째로 저렴한 항공사가 62달러를 책정하고 있을 때 불과 15달러를 책정했다. 주주들이 "운임을 2~3달러만 올리면 안 되겠습니까?"라고 묻자, 그에 대한 대표이사의 답변은 "우리는 항공사와 경쟁하는 것이 아니라 지상 운송수단과 경쟁하고 있습니다"였다.

- 스와치는 미국에서는 40달러, 스위스에서는 50스위스프랑, 독일에서는 60마르크, 일본에서는 7,000엔 정도의 단순한 초기 할인

가격전략을 채택했고, 높은 수요에도 불구하고 이 전략을 10년간 유지했다.

많은 기업들이 성과는 향상시키면서도 가격을 낮추고 있지만, 업계 관행보다 더 높은 가격을 책정하는 시장 주도적 기업도 있다. CNN, 스타벅스, 페덱스 등은 기존에 고객들이 지불하던 것보다 훨씬 높은 가격수준을 책정했다. 이들 기업이 이처럼 높은 가격을 책정할 수 있었던 것은 다른 경쟁대안보다 훨씬 더 매력적인 가치제안을 가지고 있었기에 가능했다.

매출증진을 위한 고객교육

급진적인 새로운 개념으로 인해 시장 주도적 기업의 영업과제는 판매보다는 급진적인 가치제안과 소비방법을 고객들에게 교육시키는 것이다(그림 7-4 참조).

- 어라빈드 안과병원은 대부분 문맹인 '무료' 환자들에게 시력회복이 가능하며 무료 수술을 받을 수 있다는 것을 끊임없이 교육시켜야 했다.
- 이케아는 완제품 가구를 구입 및 배송받는 것보다 가구 부품을 고객 스스로 집으로 운송해서 직접 조립하는 것의 이점을 고객들에게 교육시켜야 했다. 이케아가 스위스에 진출했을 때는 가격이 더 저렴함에도 불구하고 가구를 스스로 운송 및 조립하지 않으려는 스위스인들의 행태를 소재로 유머광고를 하기도 했다. 이 광고는 고객이 직접 가구를 집으로 운송해서 조립하는 재미를 다루

그림 7-4 이지카의 환영 인사말

환영합니다!

우리의 목표

당사는 귀하께서 지불하시는 금액에 대해 최고의 가치를 제공해드릴 것입니다. 금액 대비 가치란 저렴한 가격에 신뢰할 만한 서비스를 제공하는 것을 의미합니다. 이를 위해 우리는 제품을 단순화해서 생기는 혜택을 저렴한 가격으로 돌려드리고 있습니다.

우리의 사업방식

- 당사는 모든 고객 여러분께 손해보상이 필요없는 완벽한 보험 서비스를 제공해드립니다.
- 당사는 청소 완료 후 반납 정책을 고수하고 있으며, 이를 통해 직원 수를 줄여서 고객 여러분께 저렴한 가격을 제공해드리고 있습니다. 청소를 하지 않은 고객께서는 10파운드(16유로)의 추가 수수료를 부담하셔야 합니다.
- 당사는 차량을 제공 및 반납받을 때 별도의 주유 서비스를 제공하지 않습니다. 이를 통해 직원 수를 줄일 수 있습니다.
- 당사는 수익관리 시스템을 운용해서 고객 여러분께서 공정한 가격을 지불하실 수 있게 해드립니다. 일찍 예약하시면 그만큼 저렴한 가격에 이용하실 수 있습니다. 상세한 것은 당사의 '가격' 란을 참고하시기 바랍니다.
- 당사는 보유차량의 90% 이상이 항상 렌트되도록 관리하고 있습니다. 이처럼 높은 차량 활용률을 통해 고객 여러분께 더욱 저렴한 가격을 제공해드리고 있습니다.
- 차량준비 관련 비용과 차량 렌트 관련 비용의 분리를 통해 당사는 장기 렌트 고객이 단기 렌트 고객에 비해 가격 면에서 불리하지 않도록 관리하고 있습니다.
- 당사는 취소환불을 해드리지 않음으로써 원가를 절감하고 있습니다. 도중에 취소가 우려되시는 고객분들께서는 다른 회사를 이용해주시기 바랍니다.
- 당사는 무료 마일리지 프로그램을 이용해서 장거리 이용고객의 비용부담을 경감해드리고 있습니다.
- 당사는 단일 차종을 운용함으로써 원가를 절감하고 있습니다.
- 당사는 콜센터와 웹을 이용해서 예약을 접수하고 있습니다. 이로 인해 여행사와 같은 중간상 비용을 절감하고 있습니다.
- 당사는 고객별 위험 프로파일을 관리함으로써 적정 수준의 보험료만 지불하실 수 있도록 관리하고 있습니다.

당사 홈페이지를 방문해주셔서 감사합니다.
당사의 홈페이지와 서비스를 애용해주시기 바랍니다.

출처: easyCar

면서 "무모한 짓이야, 스위스에서는 이게 안 통할걸"이라고 이야 기한다.

유통채널의 재정비

거의 모든 시장 주도적 기업에서 유통채널의 재정비는 독특한 사업 시스템이 가능한 구조적 혁신을 촉발시켰다.

- 페덱스는 에머리(Emery) 등의 경쟁자들이 사용하는 지점 대 지점 (point-to-point) 상업용 항공편이 아닌 자사 항공기를 이용한 대 도시 터미널 집중방식(hub and spoke)의 항공운송 시스템을 이용 하여 화물을 운송하고 있다. 이를 이용해 페덱스는 에머리보다 두 배나 높은 정시 도착률을 구현하고 있다.
- 베네통(Benetton)은 단순하고 중요하지 않은 일은 하청을 주고 염 색과 같이 품질유지와 관련된 중요한 활동에만 집중하고 있다.

사전 염색이 아닌 사후 염색법을 사용해서 경쟁사보다 신속하게 색상선호 변화에 대응할 수 있다.

- 월마트는 P&G 등의 공급업체로 하여금 제품라인을 최적화하고, 매일 더 낮은 가격을 실현하며, 도매상을 없애고, 한 기업에는 한 가지 송장을 발행하며, 월마트 점포와 전산적인 연결을 구현하도록 유도했다. 이 모든 노력으로 상당한 비용절감이 가능해졌다.

'입소문 네트워크'를 활용한 브랜드 홍보

시장 주도적 기업은 메시지를 전달할 때 '입소문 네트워크'를 활용하는 경우가 많다. 이들은 놀랄 만한 고객가치를 제공하기 때문에 많은 고객들이 주변 사람들에게 '놀라운 발견'에 대해 이야기해준다. 또한 업계 내외의 언론매체들은 이러한 새로운 발견에 대해 먼저 다루려고 노력한다. 조기 수용층과 여론 주도층은 시장 주도적 기업이 유지하고자 하는 흥분과 브랜드의 우수성을 널리 전파한다. 그래서 시장 주도적 기업은 다른 기업보다 광고비를 절약할 수 있다. 그 결과 경쟁사보다 매출액 대비 광고비를 낮출 수 있다.

- 사우스웨스트 항공은 "우리는 많은 외교관을 보유하고 있다. 고객들이 우리의 대사 역할을 해준다"고 자랑한다. 매년 10여 개 이상의 도시에서 이 회사에 대표단을 보내어 자기네 도시에 취항해 달라고 간청하고 있다.
- 1958년 클럽메드에 대한 13쪽 분량의 〈라이프(Life)〉지 사진은 감당하기 어려울 만큼의 고객을 몰아주었다. 첫 번째 휴양지가 세워진 지 12년 만인 1962년에 클럽메드는 수용능력이 7만 명에 불

과해서 10만 명 이상의 고객을 돌려보낼 수밖에 없었다.

- 나이키는 매출액이 10억 달러에 도달할 때까지 전국 단위의 텔레비전 광고를 한 적이 없다. 대신 최고의 운동선수에게 자사의 상품을 착용시킴으로써 '족전효과 광고(word-of-food advertising)'를 활용했다.

- 버진의 브랜슨 회장은 열기구 모험이나 대형 항공사에 대한 공공연한 언론전쟁(예를 들어 모든 자사 항공기 기체에 영국항공과 아메리칸 항공의 제휴를 비난하는 문구를 장식하는 식으로), 일부러 여장을 하고 사람들 앞에 나타나는 등의 기행을 이용해서 무료 언론노출을 이끌어내곤 했다.

고객의 기대를 초월하기

시장 주도적 기업은 그들이 제시하는 낮은 가격수준으로는 고객이 기대하기 어려운 높은 수준의 서비스를 제공함으로써 고객의 기대수준을 초월하고 있다.

- 어라빈드 안과병원의 빈곤층 환자들은 시력을 회복할 것이라고는 전혀 기대하지 못했다. 시력회복 수술은 그들 입장에서는 경제적으로는 물론 지리적으로나 심리적으로도 너무 먼 곳에 있다고 느꼈기 때문이다.

- 다른 할인점들이 낮은 수준의 서비스를 제공하여 고객의 기대수준을 낮추기 때문에 월마트가 높은 가치를 제공하는 것으로 보인다. 휴스턴에서는 비가 올 때마다 월마트와 단지 10%의 수익률을 목표로 하는 창고형 할인점인 샘스클럽의 우산 서비스 담당자가

고객에게 주차장까지 우산을 씌워주는 서비스를 제공하고 있다. 이러니 월마트 고객들이 연 평균 32회 매장을 방문하는 데 반해 케이마트(KMart)의 고객은 15회 방문에 그치는 것도 이상할 게 없다.

- 1987년부터 1993년까지 저가 항공사인 사우스웨스트 항공은 항공 운송업계의 '트리플 크라운(triple crown, 낮은 고객불만율, 높은 정시운항률, 낮은 화물운송 오류)'을 비공인으로 12회나 차지했는데, 이는 전례가 없는 일이다. 최고경영자인 허브 켈러허(Herb Kelleher)는 "높은 비용을 들여서 고품질 서비스를 제공하는 것은 어렵지 않다. 낮은 비용으로 저품질 서비스를 제공하는 것 역시 어렵지 않다. 정말 어려운 것은 낮은 비용으로 높은 서비스를 제공하는 것이다. 이것이 바로 우리의 목표이다"라고 설명했다.[10]

시장 주도적 기업으로의 변신을 방해하는 장애물

일반 대기업은 통상 급진적인 혁신보다는 점진적인 혁신을 선택한다. 시장 주도적 기업의 성공이 가치와 네트워크의 급진적인 혁신에 발판을 두고 있는 만큼 시장 주도적 기업의 창업자들은 고지식한 사장에게 실망해서 창업한 경우가 많다.

- 벤 프랭클린(Ben Franklin) 본사는 가맹점주였던 샘 월튼의 '소도시에 대형 점포'를 짓자는 아이디어를 받아들이지 않았다.
- 대형 신발 제조업체들은 운동용 신발이라는 개념, 즉 운동선수들

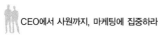

에게 편안한 느낌을 줄 수 있는 가벼운 밑창, 충격 흡수력 보완, 강화된 안정성을 받아들이지 않았다. 이들이 버린 개념은 결국 나이키의 성공사업이 되었다.

• IBM 독일 법인이 ICI를 위해 전체 기업용 소프트웨어를 만들자는 요청을 받아들이지 않자 IBM 직원들은 회사를 나와 SAP를 설립했다.

왜 이미 성공한 기업들은 가치제안과 가치네트워크의 급진적인 혁신에 미숙한가? 그것은 그들의 잘 정립된 신사업 개발 프로세스가 시장 주도적 아이디어가 갖는 다음의 4가지 특성을 감당할 수 없기 때문인 듯하다.

시장 주도적 아이디어는 업계의 일반적인 기준을 부정한다

시장 주도적 아이디어는 본질적으로 틀에서 벗어나 있으며, 우연의 소산이다. 누구도 이런 아이디어가 어디서 나올지, 누구로부터 나올지 예측할 수 없다. 대부분의 기업들은 효율성을 중심으로 조직화하므로 놀라운 일에 부정적으로 반응한다.[11] 나아가 각 개인들은 시장 주도적 아이디어를 감추어야 할 것 같은 압력을 느낄 수도 있다. 시장 주도적 아이디어는 업계 및 주요 기업의 일반적인 인식과는 반대되는 것으로 비쳐지기 때문이다.

따라서 주요 기업의 폭넓은 업계 경험은 시장 주도적 기업이 되는 데 걸림돌로 작용한다. 사람들은 기존의 관행을 쉽게 잊어버리지 못한다. 심지어는 기존의 관행이 잘못된 경우에도 그렇다.[12] 기존 시장 선도자들은 급진적인 아이디어는 당시의 업계 성공원리에 반하는 것으로 치부하고 기각하곤 한다. 과거와 현재의 성공원리에 대한 집착은 기업의 미래를 형성할 활동을 방해할 수도 있다.

1886년에 라이노타입(Linotype) 프린팅 프레스를 발명한 독일 기업인 라이노타입헬(Linotype-Hell)을 생각해보자. '고온식' 라이노타입 시스템은 1970년대까지 책, 잡지, 신문 인쇄에 폭넓게 사용되었다. 이 회사는 그 동안 인쇄에 관한 모든 기술적 진전을 주도해왔지만, 소프트웨어와 스캐너를 이용해 인쇄가 이루어지는 디지털 시대가 도래하자 이 모든 것은 무의미해졌다. 라이노타입헬의 관리자들이 '고온식' 마인드에 집착하자 이 회사의 주가는 1990년 5월 최고가인 970 마르크에서 1996년 7월에는 56마르크로 떨어졌다. 1997년 라이노타입헬은 결국 하이델베르거(Heidelberger Druckmaschinen, AG)에 인수되었다.

시장 주도적 아이디어는 위험하다

시장 주도적 아이디어는 위험 가능성이 높다. 가치제안과 가치네트워크에서 한 건의 성공적인 급진적 혁신 뒤에는 아마도 수백 건의 실패가 있을 것이다. 시장 주도적인 꿈을 좇는 기업가는 엄청난 노력을 기울일 수는 있어도 제한된 자본력을 가지므로 재무적인 위험에 직면하게 된다. 그러나 아이디어가 성공하면 그는 엄청난 재산을 모을 수 있다.

대부분의 조직에서 성공한 시장 주도적 아이디어를 제안한 사람은 상당한 보너스나 승진 형태의 보상을 받지만, 실패할 경우 그의 경력은 끝나게 된다.

이와 같은 위험과 보상의 비율을 급진적 아이디어의 높은 실패확률에 대입해볼 때, 회사 직원의 입장에서 시장 주도적 아이디어를 추구한다는 것은 무모한 행위라고 볼 수밖에 없다.

시장 주도적 아이디어는 급진적이다

대부분의 기업에서 신사업 개발 프로세스는 신시장을 창출할 수도 있는 혁신적 아이디어에 우호적이지 않으며 오히려 이를 억압하곤 한다. 회사의 관심, 자원, 승인을 얻어내기 위한 경쟁에서 점진적인 혁신 프로젝트는 급진적인 혁신 프로젝트보다 유리한 지위를 차지하는 경우가 많다.

대부분의 대기업은 신제품이나 신사업 개발 프로세스에서 시험적이고, 돌이킬 여지가 있으며, 분리 가능하고, 가시적이며, 익숙한 것을 선호한다. 현재의 고객, 조직의 방향, 기존 연구개발 투자, 기업 이미지 관리, 영업인력의 교육훈련, 유통 등과 부합되는 프로젝트는 명백하게 유리한 지위를 차지할 수 있다. 그런데 이 모든 것은 급진적인 혁신과는 거리가 먼 편이다.

대기업은 기술적 타당성과 잠재적인 시장규모에 기초해서 신사업 개발기회를 발굴한다. 그러나 개발 초기에는 어떤 기술이 성공할지, 어떤 역량이 필요할지, 어떤 시장에 집중해야 할지 누구도 명확하게 알 수 없다. 엄청난 기술과 운영상의 문제가 있을 수도 있으며, 때로는 시장이 존재하는지도 명확하지 않다. 그러나 회사가 실험을 하는 동안 원래 의도했던 사용방안은 사라지고 새로운 기회가 대두된다.

예를 들어 뉴트러스위트(Nutrasweet)의 처음 두 번의 사용은 실패했다. 사카린 대체는 사카린 사용자들이 사카린의 뒷맛을 더 선호했고, 뉴트러스위트를 첨가한 시리얼은 기술 및 규제상의 장애물에 부닥쳤

다. 그 대신 뉴트러스위트는 설탕에 만족하지 못하는 사람들 중에서 큰 시장을 찾아냈다.[13]

시장 주도적 아이디어는 기존 사업을 잠식한다

끝으로 대기업은 기존 사업과 시장을 망가뜨릴 수도 있는 위험을 감수하기에는 너무 많은 투자를 진행해왔다고 인식한다. 기존 사업을 잠식할 위험이 클수록 시장 주도적 아이디어에 대한 반발은 더 커진다.

- IBM은 PC가 상이한 유통 시스템을 필요로 하고 마진도 낮으며 A/S 서비스 기회도 부족하다는 이유로 너무 오랫동안 메인프레임 컴퓨터에 집중한 바 있다.
- GM과 포드는 미니밴이 왜건시장에 위협이 되었기 때문에 미니밴의 인기에 지나치게 느리게 대응한 바 있다.
- 바슈롬(Bausch & Lomb)은 일반 소프트렌즈 및 솔루션 사업이 너무 잘 되는 바람에 훨씬 편리한 일회용 소프트렌즈 시장을 무시한 바 있다.

시장 주도적 기업이 되기 위한 7가지 방법

새로 설립되어 기업가 정신이 충만한 회사들은 성공 또는 실패의 시장 주도적 프로젝트에 올인하는 반면, 이미 틀이 잡힌 기업들은 급진적인 시장 주도적 사업에만 역점을 두기에는 너무나 많은 제한요인을 가지고 있다. 이런 회사들은 점진적 혁신과 전통적인 시장조사 등 기존 사업의 유지 및 발전에 필요한 사항들을 도외시한 채 급진적인 사업혁신을 도모할 수는 없다. 그럼에도 불구하고 최고경영진은 급진적 혁신을 위한 여지와 자원을 확보해야 한다. 그렇지 못할 경우 시장 선도기업의 지위는 시장 주도적 아이디어를 가진 후발주자에게 위협당하게 될 것이다.

기업은 점진적인 혁신과 급진적인 혁신을 동시에 관리할 수 있는 능력을 겸비해야 한다.[14] 그러나 이는 쉽지 않다. 급진적인 혁신과 점진적인 혁신은 그 문화적 토대에 대한 요구사항이 완전히 다른 별종이기 때문이다(표 7-3 참조). 닷소 시스템(Dassault Systems)의 버나드 찰스(Bernard Charles)는 이렇게 표현하였다.

위험회피 성향이 강한 기업문화는 지속적인 혁신과 점진적인 개선을 통해 혁신을 이끌어낸다. 그 결과 이런 기업의 혁신은 기업의 목표와 강한 일관성이 확보된다. 위험회피 성향이 낮은 기업의 문화는 한 번의 혁신을 통해 상당한 향상을 추구하려는 경향이 있다. 그들은 항상 성공하지는 못하지만 성공할 경우의 파급효과는 엄청나다.[15]

이미 틀이 확립된 회사의 관리자들은 점진적 혁신과 급진적 혁신이 회사의 포트폴리오에서 균형을 이룰 수 있도록 해야 한다. 그렇게 할 경우 유망한 급진적 혁신 프로젝트와 점진적 혁신 프로젝트 모두에 필요한 시간, 자금, 자원을 제공할 수 있다. 시장 주도적 기업활동을 원하는 기존의 기업들은 두 가지 도전과제에 직면하게 된다. 먼저 획기적인 아이디어를 창출하는 데 필요한 비전과 환경을 가지고 있어야 하고, 다음으로는 급진적인 아이디어가 적절한 성공기회를 가질 수

표 7-3　점진적 혁신 vs 급진적 혁신

	점진적 혁신	급진적 혁신
불확실성	낮음	높음
초점	기존 제품의 비용·특징 개선	신제품·서비스·기능 개발
사업모델	기존 방식: 세부적인 계획 수립 가능	새로운 방식: 계획수립과 학습의 병행
가치네트워크	기존 가치네트워크 활용 : 역량 강화	새로운 가치네트워크 필요 : 역량 파괴
프로젝트의 발전	선형, 연속적	산재형, 불연속적
프로세스	공식적·단계적 모델, 고도의 통제	비공식적·유연한 모델, 우연성 확보
자원	표준 자원배분 프로세스	창조적 자원 획득
프로젝트 진행속도	최초가 되는 것이 중요함	시장여건이 '준비'된 때를 맞추는 것이 중요함
고객 상호작용	핵심 고객 중심 검증 및 학습	비핵심 고객에 대한 연구

출처: http://www.1000ventures.com/business_guide에서 인용.

있도록 꾸준히 지원해주는 자금과 인내력이 필요하다.

　첫 번째 과제는 '다르게 볼 줄 아는' 능력의 개발과 관련된다. 급진적인 개념은 어느 한 사람의 상상력에서 나오는 경우가 많으므로 기업은 각 개인의 창의력이 꽃필 수 있는 환경을 조성해주어야 한다. 다르게 볼 줄 아는 능력이 없으면 기업은 게임의 규칙을 바꿀 수 없다. 두 번째 과제는 독특한 개념을 성공적으로 시장에 전달하는 것이다. 여기에는 팀 차원의 노력이 필요하다. 시장 주도적 개념을 실행할 능력이 없으면 기업은 혁신에 성공하고도 그것을 시장의 성공으로 이끌지 못할 수도 있다. 제록스(Xerox)가 PC에서 그랬고, EMI가 스캐너

기술에서 그랬다.

지속적인 과정을 통해 이루어지는 점진적인 혁신과는 달리 시장 주도적 아이디어의 개발은 프로젝트적인 면이 더 강하다. 서머싯 몸 (Somerset Maugham)이 소설 집필에 대해 이야기한 내용이 이 경우에 잘 맞을 것 같다. "소설을 쓰는 데에는 3가지 규칙이 있다. 하지만 불행히도 그게 무엇인지 누구도 알지 못한다."

그러나 몇 가지 관행은 이미 틀이 잡힌 기업들이 시장 주도적 혁신을 할 수 있는 확률을 높여줄 수 있다. 비아콤(Viacom)의 회장 겸 대표 이사인 섬너 레드스턴(Sumner Redstone)의 표현처럼 "규모는 창의력에 대한 장애물이 아니다. 문제는 잘못된 경영이다."[16] 시장 주도적 혁신을 꿈꾸는 기업은 다음과 같은 프로세스와 관행을 준수해야 한다.

숨은 기업가를 발굴해내는 프로세스를 개발하라

대기업의 많은 직원들이 급진적인 사업 아이디어를 가지고 있다. 최고경영진은 통상적인 틀을 깨는 사고를 장려하고 사내의 숨은 기업가들을 찾아내는 프로세스를 정형화해야만 한다. 예를 들어 1992년 NEC는 새로운 사업 아이디어가 사내의 관료주의를 벗어나서 움틀 수 있도록 직원들에게 신규사업을 위한 제안을 하라고 기회를 마련해주었다.[17] '벤처 촉진 및 기업가 발굴 프로그램'으로 명명된 이 프로그램을 통해서 146개의 제안이 쏟아져 나왔다.

56세의 중견직원인 시로타(Shirota)가 제출한 제안도 최종 선발되었다. 그의 사업 아이디어는 일본의 기모노 업체를 위한 디자인 도구용 첨단 소프트웨어를 만들어 판매하자는 것이었다. 고객의 사진을 스캐닝해서 컴퓨터에 입력한 후 그래픽으로 기모노를 입혀보는 것으로,

이렇게 여러 벌의 기모노를 가상으로 입어본 후 최적의 디자인을 결정할 수 있도록 도와주는 프로그램이다.

이 일을 하게 된 가이노아텍(Kainoatec)이라는 회사는 1995년 1,300만 엔의 창업자금 중 54%를 NEC에서 지원받아 설립되었다. 시로타와 그의 동료인 고테라자와(Koterazawa)는 각각 300만 엔의 자금을 보탰다. 창업 이후 가이노아텍은 안경산업을 위해서도 비슷한 소프트웨어를 개발했다. 이 회사는 첫해에 거의 500만 엔의 이익을 창출했고, 그 후로 매년 매출액과 이익을 향상시켜오고 있다.

사내 기업가 프로그램은 NEC의 연례행사가 되었고, 매년 600건 이상의 사업 아이디어가 제안되었다. 제안의 수를 극대화하기 위해 연례 제안대상을 NEC와 자회사 직원 전체로 확대하였다. 나아가 첫 번째 제안은 신사업의 핵심에 대한 개관만으로 한정시켰다. 나중에 그 제안이 다양한 선정과정을 밟아가면서 프로젝트의 규모, 이익, 투자정보 등을 수집하여 상세한 사업계획을 완성시켰다. 이제 가이노아텍의 대표이사가 된 시로타는 이 프로그램이 일본의 봉급생활자들 사이에 숨어 있는, 누군가 어깨를 두드리며 기회를 주기를 고대하는 기업가들을 찾아내주었다고 술회한다.

우연한 발견이 가능한 여건을 조성하라

우연한 발견은 급진적인 아이디어를 개발할 때 중요한 역할을 담당한다. 우연한 발견이 가능한 여건을 조성해주기 위해 3M의 연구자들은 근무시간의 15%를 자신이 선택한 연구 프로젝트에 할당하도록 하고 있다. 이 제도는 문제해결을 위한 연구가 호기심에 따른 연구를 배제하지 않도록 하는 장치로 활용되고 있다.

3M의 유명한 포스트잇(Post-it)은 한 연구원이 자신의 찬송가에 사용할 책갈피를 만들려다 발명한 것이다. 마찬가지로 설(Searle)의 연구진은 인공감미료 뉴트러스위트를 궤양 치료제 개발과정에서 발견하였다. 슘페터(Schumpeter)가 이야기했듯이 "역사는 절대 다수가 창조하려고 하지 않았던 '효과'의 기록이다." 많은 기업에서 단행했던 리엔지니어링 노력은 불행하게도 이러한 우연한 발견이 숨쉴 여지를 없애는 작용을 하였다.

창의력 있는 직원을 뽑아라

새로운 아이디어를 창출하기 위해 닛산 디자인 인터내셔널(Nissan Design International)은 의도적으로 다양한 부류의 인력을 채용해서 이들이 조를 이루어 일하게 하는 '창조적 마찰'을 장려하고 있다(예를 들면 컴퓨터 도사와 히피족을 한 팀에서 일하게 하는 것이다). 직원들은 관리자들이 인적 구성을 잘 할 수 있도록 '인적 구성분석(personalysis)'에 관한 컬러 차트를 제작하기도 한다.

창의력과 대중성이 동시에 요구되는 산업의 경우도 마찬가지이다. EMI의 회장 겸 대표이사인 알랭 레비(Alain Levy)는 '나의 창의력과 그의 반대론(my creative head and his No)'으로 명명한 2두체제 조직구조를 이용해서 기술과 감성의 조합을 만들어냈고, 이를 통해 좋은 성과를 거두었다. 예를 들어 매트 설레틱(Matt Serletic)은 버진 뮤직(Virgin Music)의 대표로서 재능 있는 음악가를 발굴하고, 로이 로트(Roy Lott)는 설레틱 사장이 재무적인 건실성을 유지하도록 돕는 역할을 담당하고 있다.[18]

창의적인 아이디어를 실행하기 위해 헨리 포드는 비숙련공을 선호했다. "전통으로부터 벗어나기는 쉽지 않습니다. 이것이 바로 우리의 새로운 사업을 해당 분야에 사전지식이 전혀 없는 사람에게 맡기는 이유입니다. 또한 바로 이런 이유로 이들은 불가능이란 표현을 사용하지 않는 것입니다."[19]

많은 선도기업들이 다양한 역량과 관점을 지닌 개인들이 조화를 이루는 것보다는 다양한 테스트와 면담을 통해 이들을 무리하게 하나로 통합시키는 데 역점을 두었다. 창의력은 기능, 연령, 성별, 교육수준, 문화, 마인드셋, 생활경험 등에서 다양성을 가진 팀을 필요로 한다.

새로운 아이디어를 승인할 수 있는 다양한 경로를 제공하라

과거에 시장 주도적 활동을 해본 경험이 있는 기업들은 창조적인 아이디어의 불씨를 유지하는 것이 쉽지 않은 일이라는 것을 잘 알고 있다. 오늘날 이미 성공을 거둔 시장 주도적 기업들은 기업이 매사에 지나치게 신중하고 시장 중심적으로 경화되지 않도록 주의해야 한다. 대부분의 대기업에는 자신의 아이디어 보따리를 풀지 않고 있는 잠재적인 기업가들이 많이 있다. 기업에서 새로운 사업 아이디어를 승인받으려면 여러 단계의 '찬성'을 거쳐야 한다. 이 단계에서 한 번이라도 '반대'에 직면하면 그 아이디어는 끝나게 되어 있다. 시장 주도적 아이디어는 이 과정 중 어디에선가 '반대' 표를 얻을 가능성이 매우 높다.

좋은 아이디어를 수면 위로 띄우기 위해서 3M은 직속상관이 자신의 아이디어에 찬성하지 않을 경우에도 직원들이 그 프로젝트에 대한 승인과 지원을 받을 수 있는 다양한 경로를 제공하고 있다. 이와 같은 대체통로를 제공해주면 여러 번의 반대에도 불구하고 한 번의 찬성으로도 프로젝트를 추진할 수 있는 환경이 조성된다.

팀간 경쟁과 비밀실험실을 도입하라

개발 초기에는 누구도 기술의 성공 여부나 최종 시장상황을 장담할 수 없다. 모토롤라(Motorola)는 시장이 최종 승자를 선택할 것으로 가정하고 무선사업부들간의 내부경쟁을 장려했다. IBM은 PC와 관련해서 6개의 유사한 개발팀을 운영하고 있으며, 샤프(Sharp)는 여러 건의 대안기술에 대한 소규모 연구개발 프로젝트를 유지하고 있다.

틀이 확립된 기업에서 급진적인 신개념은 기존 사업개념과 목표시장의 범위를 넘는 것으로 인식될 가능성이 높으며(예를 들어 설의 뉴트러스위트), 또는 기업의 기존 사업을 위태롭게 할 가능성이 있는 것으로 생각될 수도 있다(예를 들어 IBM에 있어서 PC의 경우). 게다가 시장 주도적 프로젝트는 그 본질상 전례 없는 사업 시스템을 필요로 하며, 기존 사업의 가치네트워크와 시너지를 꾀하는 것도 어렵다. 때문에 시장 주도적 아이디어를 기존의 구조 내에서 추구하면 다른 우선순위들이 신속한 결실을 방해하게 된다.

이러한 조직 관점의 저항과 타성을 극복하기 위해 기업들은 물리적으로나 조직적으로 독립된 전담인력으로 '비밀실험실'을 운영하기도 한다. 비밀실험실은 기업가적인 열정과 긴장감을 강화하고 집중시켜서 신규 프로젝트가 조직 내 관료주의로 인해 무산되지 않도록 보호할 수 있다.

애플, 3M, IBM, 레이켐(Raychem), 듀퐁, 에릭슨(Ericsson), GE, 제록스, AT&T는 모두 대기업 내에서 소규모의 기업가적인 사업이 성장할 수 있는 토양을 제공하기 위해 이러한 비밀실험실을 운영하고 있다. 일부 기업들은 최근 비밀실험실에 대해 회의적인 반응을 보이고 있는데, 이는 비밀실험실을 그 취지에 맞지 않게 점진적인 혁신 등에 활용했기 때문인 것으로 판단된다. 비밀실험실은 '시장성 없는 요란한 제품(feature creep, 시장성이 없는 특장점을 가진 제품)'이 아닌 '킬러 애플리케이션(killer application)'을 만들어내기 위해 운영되어야 한다.

경쟁상품에 잠식당하지 말고 스스로 자사 제품을 잠식시켜라

기존 시장 선도기업들은 자신의 핵심 사업에 해를 가할 수도 있는 프로젝트는 잘 추진하지 않는다. 예를 들어 코닥(Kodak)의 경우 새로운 디지털 사업이 기존의 필름사업을 잠식하지 않기를 바랐고, 그 때문에 디지털 이미지 처리에서 뒤처지게 되었다. 파블로 피카소(Pablo Picasso)의 말처럼 "모든 창조적 행위는 본질적으로 파괴행위이다."

시장 주도 활동은 경쟁기업이 자사의 핵심 사업을 잠식할 것이므로 그럴 바에는 스스로 잠식하는 것이 바람직하다는 믿음으로 자기 잠식을 장려한다. 소니는 주요 신상품을 도입할 때 3개의 팀을 만든다. 첫 번째 팀은 부분적인 개선을 담당하고, 두 번째 팀은 상당한 수준의 개선을 담당하며, 세 번째 팀은 신제품을 무용지물로 만들 방법을 탐구한다. HP에서는 사업부간 내부경쟁을 유도하고 있는데, 이로 인해 최근 2년 내 개발된 제품의 주문비중이 60%에 달한다.

미국의 스타벅스, 샘스클럽, 스웨덴의 H&M, 이탈리아의 베네통 같은 시장 주도적 유통업자들은 전략적으로 새로운 점포를 기존의 성공적인 점포 주변에 입지시킴으로써 스스로를 잠식하고 있다. 이를 통해서 경쟁자가 잠식해 들어올 여지를 차단하는 것이다. 이 회사들은 이러한 자사 내 잠식이 바람직하다고 믿고 있다.

실험을 장려하고 실수를 용인하라

창조적인 솔루션을 추구하는 실험정신이 충만한 조직을 만들기 위해서는 실수에 대한 관용이 필요하다. 기업은 시장을 탐구하고 배워나가면서 끊임없이 발전해야 한다. 첫 월마트 점포는 참담한 실패를 했지만, 샘 월튼은 새로운 아이디어를 시도하고 고객의 반응을 주시하면서 사업방식을 지속적으로 개선해나갔다. 마찬가지로 나이키의 첫 신발은 그렇게 품질이 좋지는 않았으나 지속적인 학습 및 기술개선 노력으로 이를 해결했다. 이케아의 잉그바르 캄프라드는 "잠자는 사람만이 실수하지 않는다. 실수에 대한 두려움이야말로 관료주의의 뿌리이며 모든 발전의 적이다"라고 말한 바 있다.[20]

미국의 경우 일일 주가동향, 분기별 실적, 월가의 분석 등에 지나치게 민감하여 실수에 대해서는 가혹한 처벌이 이루어지는 경향이 있다. 이것이야말로 대규모 상장 선도기업들이 시장 주도적 활동을 효과적으로 관리하기 위해 극복해야 할 또 다른 장애물이다. 기업은 위험추구와 실험정신이 결합되어 실수가 용인되고 불가피한 실패들이 존재할 수 있는 피난처를 제공해야 한다. 이러한 잠재적 실패는 기업이 시장 주도적으로 변모하는 과정에서 치러야 할 비용으로 인식해야한다. 토머스 에디슨(Thomas Edison)은 이렇게 말했다고 한다. "나는 실패해본 적이 없습니다. 나는 단지 바람직한 결과가 나오지 않았던 1만 가지 방법을 찾아냈을 뿐입니다."

그러나 실패에 대해서도 몇 가지 규칙은 있어야 한다. 찰스 슈왑의 대표이사 겸 회장인 데이비드 포트럭(David Pottruck)은 다음과 같은 3가지 규칙을 창안했다. 첫째, 회사를 위태롭게 하지 말 것. 잠재적 실패의 파괴력을 제한함으로써 직원들이 말(horse) 몇 마리를 걸고 모험하도록 해야 한다. 농장 전체를 거는 모험은 안 된다. 둘째, 실패에 대해 합리적인 주의를 사전에 주어라. 셋째, 실패로부터 학습하라.[21] 필립스(Philips)의 대표이사인 제러드 클러스터리(Gerard Kleisterlee)의 말처럼 "학습 지향적 문화는 실패를 용인하지만 반복되지 않도록 해준다."[22]

소니의 시장 주도 전략

늘 그렇듯이 시간이 지나면서 성공적인 시장 주도적 기업마저도 시장 중심적 기업으로 변하게 된다. 혁신의 역사는 일련의 점진적인 개선과 정교화 과정이 산업을 근본적으로 뒤흔들 수 있는 혁신의 탄생을 억제하는 패턴으로 구성된다. 급격한 혁신의 단계가 끝나면 기존의 오퍼를 개선하는 점진적 혁신과 사업 시스템이 주된 도전과제로 부각된다.

나아가 비슷하거나 더 나은 가치제안과 사업 시스템으로 무장한 경쟁자가 부상하여 시장 선도기업을 뒤처진 기업으로 전락시키기도 한다. 이 단계에서 테트라 팩 같은 시장 선도기업은 차세대 시장 주도적 혁신을 추구해야 한다. 그러나 성공적인 시장 주도적 기업이 틀이 잡힌 시장 선도기업으로 변모해가는 과정에서 자신이 이겨냈던 예전의 시장 선도기업이 그랬던 것과 똑같이 시장 선도적 전략을 추진하는 데 동일한 걸림돌에 봉착하게 된다. 피카소는 이런 말을 남겼다고 한다. "성공은 위험한 것이다. 성공한 사람은 스스로의 성공비결을 모방하기 시작한다. 자기 모방은 다른 사람을 모방하는 것보다 더 위험하다. 자기 모방은 자기 고갈의 결과를 낳는다."

규모와 연륜이 늘어가면서 기업은 점점 더 관료화, 일상화, 위험 회피적이 된다. 최근까지 지속적으로 시장 주도적 아이디어를 실행에 옮긴 기업은 거의 없다. 그러나 소니는 달랐다.[23] 소니는 트랜지스터 라디오, 워크맨, 3.5인치 디스켓, 오디오 컴팩 디스크와 같은 새로운 시장과 사업을 창출한 혁신적인 제품들을 개발하고 출시해온 대표주자였다. "신제품은 신시장을 창출한다"가 소니의 핵심 이념의 근간을 이루는 신조이다. 소니는 자사의 가장 강력한 자산은 신상품과 시장 창출에 대한 꿈과 열정을 결합시킬 수 있는 직원들이라고 천명한 바 있다.

소니는 대규모의 틀이 잡힌 기업이 시장 주도적 기업이 되는 데 필요한 몇 가지 원칙을 실천하고 있다. 소니는 실험의 여지를 제공하고 있으며, 실패를 용인하고 있고, 스스로를 잠식하고 있으며, 내부경쟁 팀제를 활용하고 있고, 신규 아이디어 승인을 위한 다양한 경로를 제공하고 있다. 또한 개인들의 창의력을 장려하고 그에 대해 보상하고 있다. 다음 사례를 통해 더 자세히 살펴보도록 하자.

1980년 2개 부서의 3개 팀이 병행하여 5.25인치 플로피 디스켓보다 10배 향상된 제품을 개발하기 위해 노력하고 있었다. 처음에 각 팀은 제품개념에 대해 독특한 비전을 보유한 개인들로 출발했다. 첫 번째 직원은 좀더 작은 플로피 제품을 구상했고, 두 번째 직원은 3.5인치의 플라스틱 케이스에 든 디스크를 구상했으며, 세 번째 직원은 2인치의 고속회전 디스켓을 구상하고 있었다. 이 단계에서 이 가운데 어느 것이 시장에서 성공할 수 있을지는 명확하지 않았다.

3개월 후 첫 번째 팀은 몇 가지 기술적인 문제에 봉착했다. 이에 반해 28세의 가모토(Kamoto)가 주도한 두 번째 팀은 나중에 세계 표준이 된 3.5인치의 플라스틱 케이스에 든 시제품을 성공적으로 개발하였다. 이들은 모두 같은 부서 소속이었기 때문에 첫 번째 팀은 해체되어 일부는 다른 프로젝트에 투입되었고, 일부는 두 번째 팀에 합류했다. 부서장은 첫 번째 팀의 리더였던 사람에게 일본의 기술 관련 컨퍼런스에서 사용할 3.5인치 디스켓에 대한 발표자료를 준비하는 역할을 맡겼다. 이러한 내용을 가모토에게 설명해주었다. 소니에서는 3.5인치 디스켓 개발에 대한 모든 공로를 가모토의 것으로 인정해주었지만, 동시에 첫 번째 팀의 리더에게 지속적인 동기부여 기회를 제공하는 것도 중요하게 여겼던 것이다.

1981년 시카고 산업전시회에서 발표된 3.5인치 디스켓은 애플의 관심을 끌었다. 1983년 애플 컴퓨터의 창업자인 스티브 잡스(Steve Jobs)는 매킨토시(Macintosh)에 이 제품을 적용하기로 했지만, 1년 내에 제품을 상당한 수준으로 개선해줄 것을 요구했다. 개선된 시스템은 단면이 아닌 양면이어야 하고, 자동 입출 시스템을 구비해야 하며, 전력 소비는 줄이고 디스크 드라이브의 높이는 낮추면서도 가격은 50% 인하하는 것이었다. 이러한 개선에도 불구하고 이 제품은 더 큰 컴퓨터 체제인 IBM 호환기종에 채택되지 못했고, 애플과 HP에만 채택되었다. 1987년 가모토는 경험이 전혀 없었던 영업 마케팅부서로 전보되었다. 이 제품을 만들어낸 그만이 이 제품을 세계 표준으로 만들 열정을 가지고 있다고 믿었기 때문에 취해진 조치였다. 결국 3.5인치 디스켓은 5.25인치 플로피 디스켓을 제치고 PC 저장장치의 세계 표준이 되었다.

1991년 소니는 가모토를 당시 고전을 면치 못하고 있던 컴퓨터 내장하드 드라이브 사업부 책임자로 임명했다. 그가 3.5인치 디스켓에서 보여주었던 성공을 여기에서도 재현하기를 바랐던 것이다. 하지만 불행히도 최선을 다한 노력에도 불구하고 이 시도는 상당한 비용손실을 야기한 후 실패로 끝났고, 가모토는 이 사업부를 폐쇄해달라고 요청했다. 가모토는 이와 같은 대형 실패로 인해 소니에서의 자신의 경력은 끝났다고 판단했다.

그러나 소니는 가모토가 회사를 위해 열정을 가지고 일했다는 점을 인정했고, 이번 실패를 학습경험으로 받아들였다. 하드 드라이브 건의 실패 이후 소니는 가모토에게 자기 테이프 드라이브라는 다른 데이터 저장장치의 관리책임을 맡겼다. 결국 가모토의 관리를 통해서 소니의 자기 테이프 드라이브의 세계 시장점유율은 3년 만에 3%에서 25%로 향상되었다.

가모토와 3.5인치 디스켓이 한 번의 성공에서 다음 성공으로 옮겨가고 있는 동안 세 번째 팀의 리더였던 구타라기(Ken Kutaragi)는 고전을 면치 못하고 있었다. 그의 2인치 디스켓 설계는 1982년에 완료되었지만, 그것은 3.5인치 디스켓이 완성된 다음 해였다. 구타라기의 디스켓은 훌륭한 성과를 보여주었지만, 그 구조상 관련 하드웨어의 상당한 변화를 필요로 했다. 결국 소니는 이 제품을 자사의 노트북 '프로듀스(Produce)'에 적용했고, 이 제품을 적용한 세계 유일의 기업이 되었다. 그러나 불행하게도 이 노트북은 실패했고, 구타라기는 2인치 디스켓용 다른 애플리케이션을 찾아야 했다.

2인치 디스켓은 소니의 새로운 스틸 카메라인 '마비카(Mavica)'에 적용되었으나, 높은 기대에도 불구하고 또 실패하였다. 연속되는 실패에도 불구하고 구타라기는 끈기 있게 계속 노력했으며, 닌텐도(Nintendo) 비디오 게임 소프트웨어에 2인치 디스켓을 적용해달라고 접근했다. 닌텐도가 2인치 디스켓과 관련된 계약에 서명하자 구타라기는 마침내 자신의 발명품이 킬러 애플리케이션이 될 것이라고 믿었다. 그러나 닌텐도는 이 제품을 한 번도 사용하지 않은 채 3년 후에 이 계약을 철회하고 말았다.

낙담한 구타라기는 소니 경영진에게 CD-ROM 기반의 자체 비디오 게임을 개발하자고 제안했다. 구타라기는 닌텐도와의 3년간의 논의를 통해 비디오 게임 사업을 깊이 이해할 수 있었고, 닌텐도의 장단점에 대한 통찰력을 얻을 수 있었다는 점을 납득시켰다. 마침내 소니의 사업전략 그룹의 지원을 받아 플레이스테이션 비디오 게임이 개발되어 1994년 닌텐도의 경쟁제품으로 출시되었다. 출시 이후 소니는 9,000만 개 이상의 플레이스테이션을 판매했고, 100억에서 150억 달러로 추정되는 세계 비디오 게임 시장의 70%를 점유하게 되었다.[24] 소니가 당초 주변적인 사업으로 보았던 게임기 사업은 이제 회사 이익의 3분의 1을 창출하는 핵심 사업이 되었고, 게임과 소비자 가전을 통합한다는 소니의 비전을 구현하고 있다.

새로운 아이디어가 급진적 혁신을 완성한다

이 책은 피터 드러커의 "기업은 오로지 두 가지 기능, 즉 마케팅과 혁신만 있으면 된다. 마케팅과 혁신만이 이익을 창출하고, 다른 기능들은 비용을 발생시킬 뿐이다"는 주장으로 시작했다. 그런데 특히 대기업이 마케팅과 혁신에 역점을 두고 있다.

마케팅은 혁신과 더욱 밀접해져야 한다. 그러나 막연히 그렇게 하기보다는 조직이 획기적인 발전을 추구할 수 있도록 해야 한다. 마케팅은 제대로 활용되지 못하는 시장을 발굴하고, 급진적인 가치제안을 개발하며, 새로운 전달 메커니즘을 창출함으로써 더 많은 사업모델과 사업개념의 혁신을 주도해야 한다. 신제품 개발에 있어서도 마케팅은 연구개발 기능에만 의지해서는 안 된다. 다음에 나오는 '우리는 시장을 주도하고 있는가'에 나오는 사항을 모두 고려해야 한다.

또한 혁신과 마케팅의 연계를 더욱 강화해야 한다. 마케팅을 잘못해서 실패한 많은 혁신적인 제품과 사업 아이디어가 존재한다는 점을 역사는 증언하고 있다. 점진적인 혁신에서 시장조사, 고객반응 확인, 시장 출시과정의 관리 등 마케팅의 역할은 명확하다. 급진적인 혁신과 시장 주도적 아이디어에 있어서 마케팅의 역할은 좀더 폭넓고 기존의 마케팅 원리와는 상반되기도 한다. 이런 경우 마케팅의 과제는 급진적인 가치제안이 적합한 세분시장을 찾아내는 것이다. 초기의 '혁신자' 세분시장은 더 많은 주류시장으로 진출하기 위한 교두보 역할을 하게 된다.

최고경영자의 관점에서 볼 때 시간, 자원, 자금의 부족은 대기업이 혁신에 성공하지 못하는 데 대한 궁색한 변명에 불과하다. 선 마이크로시스템스의 공동 창업자인 스콧 맥널리의 말처럼 "성공한 창업 중에서 처음부터 자금사정이 좋았던 경우는 거의 없다. 자금이 지나치게 풍부해지면 더욱 효율적이고 효과적인 새로운 방안을 모색하는 노력을 게을리 하게 된다. 이런 경우 대부분 동일한 전략으로 기존 경쟁자를 제압하려는 시도를 선택하게 된다. 앞에 있는 배를 갈지자(之) 항해로 따라가며 추격한다면 요트 경주에서 승리할 수 없다."[25] 최고경영자의 임무는 명확하다. 스페인의 방코 빌바오 비스카야 아르헨타리아(Banco Bilbao Vizcaya Argentaria SA)의 프란시스코 곤살레스(Francisco Gonzalez) 회장은 다음과 같이 표현한 바 있다. "우리는 명확한 전제를 가지고 있다. 우리는 행정가보다는 기업가를 필요로 한다."[26]

그러나 기업가를 고용하는 것보다 그들에게 창조력을 발휘할 수 있는 여건을 마련해주는 것이 더 어려운 과제이다. 예를 들어 대부분의 미디어 기업들이 창조적인 기능과 기업이익의 연계를 모색하는 동안 HBO(Home Box Office)는 회사 내에 창조적인 기능을 담당하는 별도의 조직을 운영하고 있다. HBO는 치밀하게 관리되는 사업부 내에 작은 부티크식 조직을 만들어서 창조적 독립성을 부여해주었다. HBO 크리에이티브 담당자는 이에 대해 "우리 회사는 참으로 일하기 좋은 곳이다. 적임자를 채용하면 회사는 하고 싶은 일을 할 수 있는 자유를 부여한다"라고 말한다. 그 결과 감독과 작가들의 창조적인 관련 업무 처리가 간단해졌다. 대부분의 다른 회사와 달리 그냥 이들을 찾아오면 되는 것이다.[27]

HBO 유료 영화채널인 캐치원(1993년 설립)이 2000년 10월 2일 미국 타임워너의 케이블 HBO(1992년 설립)와 합작하면서 탄생한, 영화를 전문으로 방영하는 유선방송.

아마도 이번 장을 끝맺는 결어로 "시장 중심적 기업의 급진적 혁신에 대한 감각은 최고경영진에서 시작된다"보다 더 적절한 표현은 없을 것 같다. 소니의 대표이사인 구니타케(Ando Kunitake)는 "소니의 사명은 우리가 만든 제품을 우리 스스로 무용지물로 만드는 것이다. 그러지 않으면 다른 기업이 그렇게 할 것이다"라고 말한다.[28] 마케팅 담당자를 포함한 회사의 모든 인력이 이런 자세를 가지고, 고객은 아직 우리 것보다 더 나은 대안을 찾지 못한 사람들이라는 경각심을 항상 견지해야 한다.

우리는 시장을 주도하고 있는가

시장 주도적 마인드셋

- 최고경영진이 끊임없이 시장 주도적 아이디어의 필요성을 강조하고 있는가?
- 우리 회사의 제품을 우리 스스로가 세대교체하면서 잠식하고 있는가?
- 경쟁적인 신기술의 모색이 허용되고 있는가?
- 새로운 아이디어의 외부 수혈이 일상적으로 이루어지고 있는가?
- 호기심에 기반을 둔 연구에 시간과 자원이 지원되고 있는가?

시장 주도적 문화

- 정말 새로운 것을 시도할 때 실패를 용인하고 있는가?
- 실패로부터 학습하는 프로세스가 확립되어 있는가?
- 실패의 경험을 공개적으로 공유하도록 장려되고 있는가?
- 조직의 위계에 대한 존중이 혁신을 제약하고 있지는 않은가?
- 조직의 규칙과 규범이 너무 엄격하지는 않은가?
- 급진적인 사고를 하는 사람들을 용인하고, 이들이 활동할 수 있는 여지를 제공하고 있는가?

시장 주도적 인재

- 회사의 인적 구성에 다양성을 추구하는 채용관행이 실행되고 있는가?

- 창조적 갈등을 유발하기 위해 다양한 인력으로 팀을 구성하고 있는가?
- 기존의 가정에 의문을 제기할 수 있도록 주요 프로젝트에 신입들이 투입되고 있는가?
- 우리의 인력은 기업가적인 기질이 있는 사람들인가?
- 훌륭한 혁신 업적에 대해 적절한 보상이 제공되고 있는가?

시장 주도적 프로세스

- 혁신 프로젝트에 대해 긴 이익회수 기간을 허용하고 있는가?
- 시장 주도적 아이디어를 위한 자금과 승인을 얻는 데 대안적 경로가 제공되고 있는가?
- 하의상달의 아이디어 제안 프로세스에 장애물이 존재하지는 않는가?
- 경쟁체제를 통해서 급진적 개념을 창출해내고 있는가?
- 급진적 아이디어가 점진적 아이디어에게 자원을 빼앗기는 상황이 발생하지 않도록 관리하고 있는가?

전사적 마케팅이 해법이다

마케팅이 부각되기에 지금보다 적절한
때는 일찍이 없었다. 마케팅은 조직의
변화에서 주도적인 역할을 할 의지와
능력이 있음을 보여주어야 한다.
또한 마케팅은 고유한 역량, 자원, 기술,
마인드셋을 가지고 있으며, 보다 전략적이고,
교차기능적이며, 수익지향적일 수 있는
분야임을 확신시켜주어야 한다.

마케팅은 전략이다

Marketing is strategy

마케팅 전략에 대한 연구문헌들은 일반적으로 사업부 수준에 초점을 맞추고 있으며 전사 수준에서의 마케팅의 역할을 무시하고 있다. 이러한 관행이 모든 마케팅은 국지적이라는 전통적인 믿음을 강화시켜왔다. 이러한 믿음으로 인해 마케팅부서는 본사보다는 사업부나 지사 단위에 설치되어왔다. 최고경영자의 기업 전략을 보좌하기 위해 최고재무책임자(CFO), 최고운영책임자(COO)는 두고 있지만, 최고마케팅책임자(CMO)를 두고 있는 기업은 거의 없다.

　기업에서 대부분의 마케팅 기능과 활동이 사업부나 지사 수준에서 이루어져오고 있지만, 최근 많은 기업들이 전사 수준에서 마케팅의 역할을 강화하고 있다. 코카콜라, 노키아(Nokia), KPN 퀘스트(KPN Qwest), 피자헛(Pizza Hut), 로이터(Reuters)와 같이 다양한 기업에서 최고마케팅책임자 직책이 신설되고 있다.

　그러나 많은 최고경영자와 기업들은 아직도 최고마케팅책임자의 임명과 대규모 전사 마케팅 기능의 신설을 주저하고 있다. 그 이유는 마케팅이 전사 수준에서 상당한 부가가치를 창출할 수 있을지에 대해 확신이 서지 않기 때문이다. 각 개별 사업이 다각화될수록 기업은 분권화된다. 브랜드 포트폴리오의 규모가 커질수록 전사적 마케팅의 이점을 개념화하기가 어려워진다.

전사적 마케팅을 위한 CEO의 역할

만일 마케팅이 전통적인 사업부 단위라는 족쇄로부터 벗어나 전사 전략 수준에서 중요한 역할을 수행하고자 한다면, 그러한 전사적 마케팅은 최고경영자가 기업 전략의 다음과 같은 3가지 문제를 해결하는 데 도움을 주어야 한다.[1]

캐시카우 포트폴리오 중 높은 상대적 시장점유율과 낮은 업계 성장률의 특징을 가진 제품 또는 사업. 낮은 성장률로 인한 낮은 경쟁수준으로 풍부한 현금흐름을 창출한다 하여 캐시카우라고 함.

스타 포트폴리오 중 높은 상대적 시장점유율과 높은 업계 성장률의 특징을 가진 제품 또는 사업. 높은 시장점유율에도 불구하고 높은 성장률로 인한 높은 경쟁수준으로 현금흐름 창출 면에서는 캐시카우보다 불리함. 지속적인 관리를 통해 캐시카우로 변화시켜야 함.

물음표 포트폴리오 중 낮은 상대적 시장점유율과 높은 업계 성장률의 특징을 가진 제품 또는 사업. 높은 성장률이 가능성을 예고하지만 낮은 시장점유율로 인해 성공 가능성이 불명확하다 하여 물음표라고 명명됨.

1. 포트폴리오 선택. 우리는 어떤 사업을 해야 하는가? 기업들은 일반적으로 개별 사업부를 BCG 매트릭스나 GE 매트릭스 등의 매트릭스에 정리해봄으로써 사업 포트폴리오를 선택한다. 두 가지의 2차원 포트폴리오 모델은 모두 시장매력도와 회사의 경쟁력을 두 축으로 삼고 있다.

기업들은 이러한 매트릭스를 각기 다른 방식으로 활용하고 있다. 일부 다각화된 기업들은 캐시카우(cash cow), 스타, 물음표 등의 '균형' 포트폴리오를 추구한다. 다른 기업들은 특별한 규칙을 만들기도 한다. 예를 들어 GE의 경우는 소속 사업부들이 시장점유율 기준으로 업계 1, 2위가 되어야 한다는 규칙을 제정하고, 이에 어긋나는 사업부는 '보완, 폐쇄 또는 매각' 조치를 취하고 있다.

2. 포트폴리오 관계. 각 사업부들이 서로에게 어떤 가치를 더해줄 수 있는가? 전체의 일부로서 다른 사업에 이익을 줄 수 있는 실질적인 시너지 창출이 가능한 사업부간 관계로는 어떤 것이 있는가? 디즈니(Disney)는 자사의 영화, 음악, 테마공원, 상품판매, 비디오, 소프트웨어, 유통업, 텔레비전 사업 등으로 구성된 포트폴리오 내에서 시너지를 추구하고 있다. 기업들은 구매, 제조, 광고 등의 운영자원을 공유하며 끊임없이 규모의 경제를 추구하고 있다.

3. 양육기술(parenting skills). 기업의 본사는 어떤 가치를 창출할 수 있는가? 이른바 '양육 우위(parenting advantage)' 는 모기업이 소속 포트폴리오의 사업단위에게 그 사업단위가 다른 모기업에 소속되었을 때나 독립기업으로 존재할 때보다 더 많은 가치를 제공해줄 때 성립된다. 또한 양육 우위는 모기업이 개별 사업단위에게 도움이 될 수 있는 독특한 역량, 자원, 기술, 전문성, 중요한 이해관계자에 대한 접근능력을 가지고 있을 때 형성된다.[2] 예를 들어 사업에 정부 인허가가 필요하던 1960년대와 1990년대 사이의 인도 시장에서 고도로 다각화된 대기업 집단이 핵심 관료에 대한 접근능력이라는 모기업 우위를 이용해서 급성장했다. 규제완화 이후 이들 대기업 집단은 핵심 사업에 집중하기 위해 상당수의 사업부를 매각했다.

전사 수준의 마케팅은 최고경영자가 위와 같은 3가지 문제를 해결하는 것을 도와줄 수 있다. 강력한 전사 수준 마케팅 팀은 적정 포트폴리오 선택, 포트폴리오 내 사업부간 시너지 확보, 포트폴리오의 전략적 일관성 확보에 대해 마케팅 관점을 도입하여 새로운 통찰력을 부여할 수 있다. 이 분석의 결과는 전사 마케팅 담당자가 기업 포트폴리오를 활용할 수 있는 아이디어를 제공해줄 수 있어야 한다. 양육 우위에 대해 전사 마케팅은 개별 사업부들이 고객 지향성을 강화할 수 있도록 시장기반 역량을 개발해주어야 한다.

마케팅 시너지의 추구

글로벌 기업의 사업 포트폴리오에는 많은 암묵적·명시적인 마케팅 선택이 자리하고 있다(그림 8-1 참조). 각 사업부는 어떤 제품을, 어떤 브랜드 명으로, 어떤 목표시장에, 어떤 유통채널을 통해서 판매할지 결정한다. 대기업의 경우 이와 같은 5가지 선택의 조합이 만들어내는 엄청난 수의 의사결정 과제는 관리자에게 엄청난 부담을 준다. 예를 들어 8가지 제품라인, 4가지 세분시장, 10개의 브랜드, 5가지 유통채널, 100여 곳의 시장 또는 국가의 조합은 1만 6,000가지의 의사결정 사항을 만들어낼 수 있다.

이렇게 복잡한 의사결정 상황에서 각 사업부는 다른 사업부에 대한 영향을 완전하게 고려하지 못한 채 스스로의 논리를 최적화해야 한다. 각 사업부와 국가 담당자들은 다른 사업부를 활용할 기회를 발견하지 못하거나, 협력을 위해 쉽지 않은 노력을 기울여야 한다. 전사 마케팅은 개별 사업부가 아닌 글로벌 본사 관점에서 기업의 제품, 브랜드, 채널, 세분시장, 지역시장으로 구성된 포트폴리오에 대해 분석하고 의문을 제기함으로써 새로운 부가가치를 창출할 수 있다.

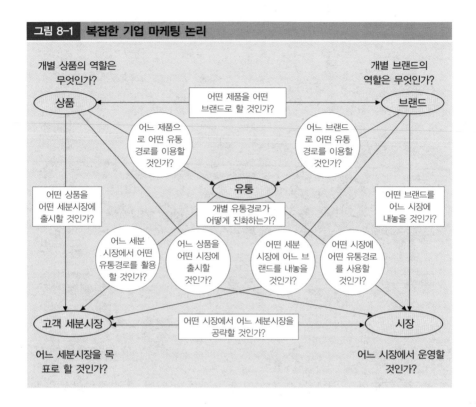

그림 8-1　복잡한 기업 마케팅 논리

개별 상품의 역할은
무엇인가?

개별 브랜드의
역할은 무엇인가?

상품

브랜드

어떤 제품을 어떤
브랜드로 할 것인가?

어느 제품으
로 어떤 유통
경로를 이용할
것인가?

어느 브랜드
로 어떤 유통
경로를 이용할
것인가?

유통

어떤 상품을
어떤 세분시장에
출시할 것인가?

개별 유통경로가
어떻게 진화하는가?

어떤 브랜드를
어느 시장에
내놓을 것인가?

어느 세분
시장에서 어떤
유통경로를 활용
할 것인가?

어느 상품을
어떤 시장에
출시할
것인가?

어떤 세분
시장에 어느 브
랜드를 내놓을
것인가?

어떤 시장에
어떤 유통경로
를 사용할
것인가?

고객 세분시장

어떤 시장에서 어느 세분시장을
공략할 것인가?

시장

어느 세분시장을 목
표로 할 것인가?

어느 시장에서 운영할
것인가?

160개의 핵심 브랜드, 수천 가지의 제품라인, 200여 개의 회사를 가진 대기업 집단인 사라 리의 경우를 생각해보자. 최고경영자인 스티븐 맥밀런(Steven McMillan)이 "분권화 문화가 워낙 잘 정착된 탓에 사람들은 계열사들이 서로 바가지를 씌우고 있다고 생각한다"고 말할 정도로 이 회사는 포장 시스템조차도 공유하지 않고 있었다.[3]

시너지를 추구할 때 사라 리의 전사 마케팅 팀은 효율성을 위해 다양성을 희생시켜서는 안 된다는 원칙을 세워두었다. 마케팅 담당자들

표 8-1	기업 포트폴리오 활용				
	제품	브랜드	유통	세분시장	시장
전략적 우선순위	• 다양성 및 세 분시장 욕구 충족을 위한 모듈 접근법 • 범세계적 출 시를 위한 글 로벌 상품 컨 셉트	• 상표확장 • 소수의 핵심 브랜드로 자 원 재배치	• 유통경로 구 조변경 전략 • 복수 유통경 로 마케팅	• 고객 솔루션 • 크로스 셀링 시스템	• 지식이전 • 푸시 전략 등장 • 소문 마케팅
전술적 우선순위	• 원자재 합리 화를 통한 공급원 통합 • 글로벌 R&D 센터 • 상품 플랫폼	• 광고 플랫폼 • 브랜드 통합 • 브랜드 평가 도구	• 글로벌 주요 고객관리 • 유통경로에 대한 낮은 비용부담	• 세분시장별 비용분석 • 이탈고객 제거	• 지역별 구조 • 국가별 시장세분화

은 규모의 경제를 통한 원가절감 욕구와 범위의 경제와 다양성을 통한 시장침투 가능성 확대 사이에서 균형을 유지해야 한다.

전사적 관점을 채택함으로써 전사 마케팅 담당자들은 제품, 브랜드, 채널, 고객, 시장 등을 각 개별 사업부를 위한 잠재적인 공통의 기반(platform)으로 활용할 수 있다. 전사 마케팅은 지역이나 제품을 세로축으로 고객 세분시장을 가로축으로 해서 정리해볼 수 있다. 표 8-1은 몇 가지 잠재적인 마케팅 시너지 원천을 전략적인 부분과 결과적인 부분별로 정리해서 보여주고 있다. 전사 마케팅 담당자들은 두 가지 모두의 시너지를 구해야 한다.

제품 플랫폼의 활용

기업은 다른 사업부의 상품을 또 다른 사업부의 유통채널, 브랜드, 시장에 활용할 수 있는가? 예를 들어 월마트는 중국 시장에 진출하면서 중국 시장의 제품 공급업체들과 관계를 돈독히 했으며, 이 관계를 이용해서 중국 글로벌 조달센터를 설립했다. 중국에서 조달되어 중국 점포에서 검증된 제품들은 해외 점포로 확대되었다. 중국의 공급업자들은 이제 연간 120억 달러 상당의 제품을 월마트에 공급하고 있다. 만일 중국에서 좀더 효율적으로 제품을 조달받아 월마트가 전 세계 제품 판매비용을 50% 정도 절감할 수 있다면 그것은 이 회사가 중국에서 향후 10년간 창출할 수 있는 수익보다 더 많은 이익원천이 될 것이다.

어떻게 하면 다양한 세분시장 진출에 필요한 제품 다양성을 확보하면서 동시에 제품개발 및 제조비용의 증가를 방지할 수 있을까? 도요타, 델, 소니, 폭스바겐과 같은 회사들은 몇 가지 표준 플랫폼과 공유 가능한 부품들을 잘 활용함으로써, 제품 다양성을 확보하면서도 규모의 경제에 대한 부정적인 효과는 최소화했다. 도요타의 캠리(Camry), 렉서스(Lexus) ES300, 시에나 미니밴(Sienna minivan), 도요타 하이랜더(Toyota Highlander), 렉서스 RX300 SUV는 공통 플랫폼과 상당수의 호환 가능한 부품을 공유하고 있다. 특히 RX300은 플랫폼 공유의 훌륭한 성공사례이다. 플랫폼을 공유함으로써 도요타는 검증되고 안정된 자동차 플랫폼을 좀더 '트럭 같은' 차의 출발점으로 활용했다. RX300은 트럭이나 SUV 같은 외관과 성능을 보유하면서 동시에 승용차와 같은 정숙성과 편안함을 가지고 있다.

어떻게 하면 한 나라씩 순차적으로 출시하지 않고 여러 나라에 동시에 제품을 출시할 수 있을까? 여러 나라를 고려한 제품개념과 시장 출시팀을 활용하면 제품을 각 국가별로 수정하는 비용을 절감할 수 있으며, 결과적으로 조기에 손익분기점을 달성할 수 있다.

브랜드 플랫폼의 활용

어떤 사업부의 브랜드가 기업 내 다른 사업부의 부가가치 창출에 기여할 수 있는가? 기업이 활용할 수 있는 브랜드 확장은 어떤 것들이 있는가? 기업은 상이한 제품군의 브랜드들을 통합해서 효과성과 효율성을 증진시킬 수 있는가? 어떻게 하면 브랜드간 자원배분의 효과성을 향상시킬 수 있는가? 기업 브랜드를 사업부 브랜드 후원에 활용해서 부가가치를 창출할 수 있는가? 6장에서 다룬 브랜드 합리화 주제는 전사 마케팅 담당자들이 이러한 문제들을 해결하는 데 도움을 줄 수 있다.

전사 마케팅은 기업 브랜드 관리에도 도움을 줄 수 있다. 전사 마케팅은 공통의 브랜드 자산을 개발·육성·보호할 수 있으며, 브랜드 자산을 강화할 수 있다. 일렉트로룩스의 경우 전사 마케팅 팀은 기업 내 모든 마케팅 담당자를 위한 표준 브랜드 기획 프로세스를 개발했고, 마케팅 담당자들에게 표준적인 브랜드와 마케팅 커뮤니케이션 활동에 대한 교육을 제공했다. 아울러 공통적인 후원 브랜드로서 일렉트로룩스는 각 지역별 브랜드들에게 국제적인 전문성과 글로벌 기술 역량의 가치를 부가시켜주었다. 전사 마케팅은 개별 브랜드와 사업부들이 기업 브랜드를 어떻게 활용할 수 있는지에 대한 지침을 제공해 준다.

채널 플랫폼의 확장

기업은 다른 사업부의 강력한 채널이 있을 경우 다른 사업부가 그 것을 활용할 수 있는가? 단위 사업부보다는 전체 기업으로서 접근하여 기업의 유통 경쟁력을 향상시킬 수 있는가? 예를 들어 포드의 고급 브랜드인 볼보, 랜드로버, 재규어는 각 브랜드별로 독립된 딜러를 활용하기보다는 통합 접근을 통해 대형 딜러를 활용할 수 있다.

4장에서 다룬 채널전략은 전사 마케팅 담당자들이 고객들을 좀더 원가가 낮은 채널로 옮기고, 급성장하는 채널에 침투하는 등의 문제 해결을 도와줄 수 있다. 전사 마케팅은 여러 사업부를 통한 다채널 마케팅을 효과적으로 관리할 수 있는 역량을 함양시키는 데도 도움을 줄 수 있다.

고객 플랫폼의 육성

특정 세분시장을 위한 솔루션의 혁신이나 교차판매를 통해서 고객 가치점유율(share of wallet)을 향상시킬 수 있는가? 기업의 포트폴리오에 상품을 추가할 수 있는가? 시티뱅크는 은행 서비스, 신용카드, 보험 등을 교차판매하기 위해 트래블러(Travelers)와 합병을 단행했다. 아마존은 2,500만 명의 고객기반을 최대한 활용하기 위해 제품군을 급속히 확장하고 있다. 전사 마케팅은 시너지와 상호 활용을 통해서 고객들간의 관계를 활용하기 위한 다양한 제품·서비스 번들(묶음상품)을 창출할 수 있다.

수익성 향상을 위해 각 고객별 생애가치와 소요비용을 산출하는 역량이 요구된다. 이러한 분석에 기초해서, 수익성이 떨어지는 고객을 고객 포트폴리오에서 정리해낼 수 있다. 특히 교차판매나 솔루션 판

역마케팅 자사의 상품에 대한 수요를 감소시키기 위한 활동을 벌이는 것.

매 시도가 실패하는 고객집단에 대해서는 이를 진지하게 고려해야 한다. 많은 은행, 신용카드, 통신회사들이 수익에 기여하지 못하는 고객들을 대상으로 역마케팅(demarketing)을 구사하고 있다.

시장 플랫폼의 개발

전사 마케팅은 규모 및 범위의 경제를 활용하기 위해 지역별 마케팅 인력의 통합을 주도할 수 있다. 국가단위로 시장을 세분화하는 대신 기업들은 대륙단위의 세분시장을 개발할 수 있다. 예를 들어 11개의 유럽연합 국가들은 약간의 편차는 있지만 각 국가별로 4개의 세분시장을 가지고 있다.[4] 그 중 하나인 '건강과 혁신' 세분시장은 덴마크, 독일, 영국의 요구르트 소비자의 26%, 아일랜드, 네덜란드 소비자의 18%, 벨기에와 그리스 소비자의 7.5%, 프랑스, 이탈리아, 포르투갈, 스페인 소비자의 3~5%로 구성되어 있다. 이러한 결과를 이용하면 각 국가별로 별도의 브랜드와 포지셔닝을 갖는 대신 이들 나라 전체를 대상으로 4개의 브랜드와 포지셔닝만 가져도 된다. 이 경우 제품의 개발주기를 단축시킬 수 있으며, 공동광고 플랫폼을 활용할 수 있다.

한 사업부의 시장지식을 이 시장에 참여하지 않는 다른 사업부에 전수할 수 있는가? 예를 들어 DIY 유통업체인 B&Q는 전통적으로 물건을 천장까지 쌓아놓고 영업하는 1층 구조의 매장을 운영하고 있다. 중국 시장에서는 소비자들의 키가 천장에 닿지 않아서 셀프 서비스로 운영되어야 하는 매장에서 종업원의 도움을 받는 상황이 자주 일어났다. 결국 B&Q차이나는 물건을 2층 구조로 진열하는 매장을 고안해냈고, 나중에 이 방식을 영국 본사에 도입했다. 이를 통해 부동산 비용의 상승과 진열계획을 수립할 때의 난점들을 효과적으로 해결할 수 있었다. 성장 엔진으로서의 신흥시장의 중요성에 대해 충분한 당위성이 입증된 셈이다.

신흥시장, 새로운 기회의 땅

기업들은 기존 고객과 국가 시장에 너무 익숙해진 나머지 이 시장에서만 매출액을 증대시키려다 스스로 성장기회를 제한할 수도 있다. 미답의 기회를 간과한 채 같은 시장에서 경쟁하는 기업들이 너무도 많다. 고객기반을 확대하기 위해서 기업들이 신흥경제권의 큰 시장을 고려해야 할 필요성이 점차 증대되고 있다.

신흥시장에서 성장 중인 일반대중을 타깃으로 삼아라

선진국 기업들은 근본적인 도전에 직면해 있다. 북미, 일본, 서유럽에서 출산율 둔화는 고령화와 맞물려 전체 인구의 감소로 이어졌다. 특히 유럽에서는 노동인구와 연금생활을 하는 은퇴인구의 비율이 지난 20년간 4:1에서 2:1로 떨어졌다. 보건의료, 실버주택, 레저 등의 수혜산업은 성장할 것이지만 다른 산업들은 고전을 면치 못할 것으로 예상된다.

기업들은 야심찬 성장목표를 설정하는 경향이 있다. 산업 평균 성장률이 3~5%인 상황에서 기업들은 연간 10~15% 성장률을 목표로 정하는 것이 보통이다. 업계 상위 5~6위 기업의 5년 성장전망치를 평균해보면 마치 산업성장률이 실제보다 두 배인 것처럼 보일 것이다. 기업이 계속해서 가격을 올리거나 줄어드는 인구를 대상으로 판매량을 늘릴 수 없기 때문에 선진국에서는 이러한 성장목표를 달성하기란 거의 불가능하다. 물론 제품혁신은 도움이 되겠지만, 성숙기 시장의 성숙기 제품의 경우 지속적인 제품혁신은 거의 어렵다.

기업들은 성장을 창출하기 위해 아시아, 라틴아메리카, 아프리카와 같은 신흥 성장시장에 역점을 두어야 한다.[5] 예를 들어 포드는 자동차 시장이 선진국에서는 연평균 1% 성장할 것에 반해 신흥시장에서는 7% 성장할 것으로 예측하고 있다.[6] 2002년 중국에서 승용차 매출은 전년 대비 55% 성장했다. 이에 반해 미국과 유럽의 승용차 시장에서는 매출액을 유지하기 위한 각종 자금지원 형태의 가격할인 전쟁이 전개되고 있다.

중국, 인도, 인도네시아 신흥시장의 약 25억 인구는 전 세계 인구의 40%에 달한다. 1990년대에 코카콜라가 이 3개 국가에 20억 달러를 투자했다는 점은 이상할 것이 없다. 지난 5년간 다농, 하인즈(Heinz), 유니레버는 인도네시아의 일반대중 시장에서 우호적인 포지셔닝을 확보하기 위해 현지 기업들을 인수하는 데 수십억 달러를 지출했다.

일부 선진국 기업들이 신흥시장의 문턱을 넘고 있다. 1980년대 중반에 혼다는 뛰어난 기술, 훌륭한 품질, 브랜드 자산을 바탕으로 세계 스쿠터 시장을 선도했다.[7] 태국, 말레이시아에 성공적으로 진출한 후 혼다는 인도 시장에 진출했다. 혼다는 태국과 말레이시아에서 그랬듯이 이번에도 기존의 모델을 가지고 대도시 점포에서 유통하는 전략을 선택했다. 하지만 대부분 시골지역에 사는 인도의 잠재고객들은 낮은 가격, 내구성, 신뢰성을 원했고, 혼다의 전략은 이와 배치되는 것이었다. 결국 혼다는 3년 후 인도에서 철수하였다.

대부분의 선진국 기업의 사업모델은 예를 들어 소득기준 상위 20% 시장과 같은 개발도상국의 매우 작은 세분시장을 목표시장으로 선택한다. 주요 다국적 기업들은 연소득 2,000달러 미만의 40~60억 명을 목표로 솔루션을 혁신할 수 있는 기회를 간과하고 있는 것이다.[8]

간단하고 저렴한 가치제안을 제시하라

신흥시장에 진출해 있는 다국적 기업의 전형적인 가치제안은 글로벌 제품에 약간의 수정을 가한 것이다. 기업들은 저렴한 인건비 등 현지의 유리한 비용구조를 활용하여 신흥시장에서 만든 제품을 선진국에서 만든 제품보다 다소 낮은 가격으로 제공할 수 있지만, 일반대중이 소비하기에 충분한 정도는 아니다.

다국적 기업들이 사용하는 가치네트워크는 아직 개발도상국의 일반대중에게는 적합하지 않다. 아프리카의 수백만 명에 달하는 에이즈 바이러스 감염자와 깨끗한 식수, 전기, 주택, 교육, 의료 서비스를 갖지 못한 수십억 명의 잠재고객들은 새로운 고객가치 창출방법을 실험적으로 도입하고자 하는 기업들에게는 성장과 수익원천이 될 수 있다.

수익성 있는 매력적인 가치제안을 통해서 그 동안 간과해왔던 하위 80% 고객을 목표고객으로 삼는 혁신적인 시장개념과 사업모델이 필요하다. 신흥시장의 대중고객에게 접근할 때 유의해야 할 가장 큰 원칙은 간결성과 구득성이다. 단순하고 저렴하게 접근하는 것이 중요하다. 맥스 뉴욕 라이프(Max New York Life) 보험은 인도에서 인구 5,000명 이하의 마을들을 목표시장으로 삼기 위해 연간 보험료 2달러에 지불 보험료 208달러짜리 장기 보험을 출시하였다. 런던의 프리플레이에너지 그룹(Freeplay Energy Group)은 중요한 건강 및 농사 관련 정보를 필요로 하지만 전기도 없고 값비싼 건전지도 구입할 수 없는 아프리카의 고객들을 위해 핸들을 돌려서 충전하는 수동 라디오를 만들어냈다. 소문에 따르면 이 라디오는 2003년 북미 최대의 정전사태 때 일부 출시된 적이 있다고 한다.

빈곤층을 기회로 보기 위해서는 가치제안에 대해 달리 생각할 줄알아야 한다. 원가를 절감하고 시장을 확대하기 위해 기업들은 개인소비자들이 제품을 구매 및 소유하는 시장에서 낮은 비용으로 공동구매 및 소유하는 시장으로 전환하고 있다. 이러한 현상은 특히 자주 사용하지 않으면서 높은 고정비를 갖는 제품에서 두드러지게 나타난다. 만일 마을에 전화나 PC를 살 수 있는 능력을 가진 사람이 아무도 없다 해도, 마을 전체가 한 대의 전화나 PC를 살 수는 있을 것이다. 그라민 텔레콤(Grameen Telecom)은 이러한 사업방식을 방글라데시에서선보인 바 있다.

일반대중 고객을 위한 3V 모델의 재발명

단순하고 저렴한 가치제안은 현재 사업모델의 기반이 되는 가치네트워크를 훨씬 더 저렴한 비용으로 재발명해냄으로써만 가능해진다. 다국적 제약기업들의 사업모델을 생각해보자. 이들의 사업모델은 전형적으로 대규모 연구개발, 마케팅 비용과 특허권을 가진 약품에 대한 높은 가격이라는 특징을 갖는다. 이러한 사업모델을 가지고 어떻게 이 약품을 진정으로 필요로 하는 수십억 명에게 접근할 수 있을 것인가? 다행히도 많은 기업들이 3V 모델을 재발명해서 빈곤층을 성공적으로 공략하는 방법을 찾아냈다.

방글라데시의 그라민 뱅크(Grameen Bank)는 담보가 부족한 사람들에게 평균 15달러를 대출해주는 마이크로크레딧(무담보 소액 대출) 산업을 선도적으로 도입했다. 이러한 서비스는 대규모 다국적 은행이라면 그 비용구조상 도저히 수지가 맞지 않았을 것이다. 담보설정 필요성을 없애고, 상호 신뢰, 참여, 창의성에 기초한 뱅킹 시스템을 창출함으로써 그라민 뱅크는 230만 명의 대출고객을 확보했다. 98%가 여성인 이들은 매우 낮은 부도율을 보여주고 있다. 9,000여 개나 되는 마이크로 대출업체가 볼리비아, 멕시코, 키르기스스탄(Kyrgyzstan), 우간다 등의 개발도상국 시장에서 영업 중이며, 규모와 수익성이 점차 개선되어 일부는 은행으로 전환되고 있다.[9]

아스테카 은행(Banco Azteca)은 멕시코에서 1,600만 명 정도의 대규모 미답시장을 목표시장으로 선정했다. 이 시장은 기존의 대형 은행 입장에서는 수익성 달성이 어려운 소액계좌를 가진 월소득 250~1,300달러의 공장 노동자, 택시 운전사, 교사들로 구성되어 있다.[10] 이 은행의 자매회사인 엘렉트라 그룹(Grupo Elektra)은 멕시코 최대의 가전 유통업체이며, 이 세분시장에 지난 50년간 신용대출을 해주었다. 97%의 회수율을 자랑하는 이 회사는 이 세분시장과 이 사업에 대해 다른 어떤 사업자보다 정통해 있다. 신용사업부의 폭넓은 점포망을 은행 지점망으로 전환시키는 것은 전략적으로 완벽한 조치라고 할 수 있다.

'여러분을 친구로 대접하는 은행'이란 모토를 가진 이 은행은 다른 은행들이 기피하는 고객들을 환영한다. 고객 대부분이 마땅한 수입 증명이나 신분증명이 없다는 점에 착안해서 이 은행은 2,000만 달러를 투자해 첨단 지문판독기를 도입했다. 그래서 굳이 서류작업을 할 필요가 없어졌다. 데이터베이스에는 고객의 신용이력과 체납 대출자의 추적을 도와줄 이웃의 이름이 입력되어 있다. 신용은 지역사회에서 자존심의 문제가 되는 것이다.

선입견만 버리면 다국적 기업들이 3V 혁신을 통해 신흥시장의 빈곤층 공략을 주저할 이유가 아무것도 없다. 사실 이들은 더 많은 자원과 역량을 보유하고 있다. 예를 들어 유니레버의 인도 자회사 힌두스탄 레버(Hindustan Lever)는 개도국의 일반대중에게 가장 잘 접근하고 있는 기업 중 하나이다.

신흥시장의 승리자, 힌두스탄 레버의 사례

힌두스탄 레버는 수십억 명에 달하는 인도의 일반대중 시장을 효과적으로 공략할 수 있는 성장방안을 지속적으로 모색하고 있다. 인도 소비자들의 대다수가 정규 용량의 샴푸를 살 구매력도, 물건을 보관할 공간도 없다는 점을 알아차린 힌두스탄 레버는 2센트짜리 개인용 주머니 샴푸를 개발했는데, 이 상품은 공전의 히트를 기록했다.

처음에 이 회사는 인도의 63만 8,000개 마을 중 10만 개 마을에만 접근이 가능한 유통 시스템을 구축했다. 인구의 70%가 거주하는 미답의 시골시장에 접근하기 위해 이 회사는 샤크티(Shakti) 프로젝트에 착수했다.[11]

샤크티 프로젝트를 통해 이 회사는 인구 2,000명 이하의 작은 마을에 거주하는 여성들에게 비즈니스 기술을 훈련시켜서 이들이 소규모 자영업을 할 수 있게 해주었다. 이 여성들은 대부분 정규교육을 받지 않았고 사업경험도 전무했기 때문에 이들이 성공할 수 있도록 지속적인 교육훈련이 제공되었다. 이 교육을 이수한 여성 상당수가 힌두스탄 레버의 유통업자가 될 수 있는 기회를 부여받았다. 이 여성들에게는 위험성이 높지 않은 사업기회였다. 주변의 4~5개 마을에 힌두스탄 레버의 제품을 판매함으로써 이들은 월평균 1,000루피(약 20달러)의 소득을 올렸는데, 이는 이전 가구소득의 거의 두 배에 달하는 것이었다.

힌두스탄 레버는 소비자 피라미드의 하단부에 대해 제대로 이해하고 있는 관리자 집단을 개발함으로써 이와 같은 성공을 일구어냈다. 이 기업은 중역을 선발할 때 현지 소비자들과 동화되기 위한 지역사회 프로젝트를 8주 동안 진행한다. 모든 다국적 기업들이 전사 마케팅의 지원을 받으며 빈곤층을 문제가 아닌 사업기회로 이해할 수 있는 신흥시장 전문가 집단으로 육성한다는 것이 과연 상상이나 되는가.

베스트 프랙티스의 전수

힌두스탄 레버는 요오드가 첨가된 소금, 세제 브랜드 휠(Wheel) 등의 저원가·저가격 상품에 대한 성공요소 일부를 수출하기도 했다. 유니레버가 브라질에서 세제 브랜드 아카(Aka)를 출시했을 때 인도 관리자들은 제품개발 지식, 저원가 제조 솔루션, 저원가 광고기법(월 페인팅, 디스플레이 카운터 등)을 전수해주었다.[12] 아카는 브라질에서 대박을 터트렸다.

신흥시장 관점의 마인드셋은 선진국에서 마케팅할 때도 긍정적인 확산효과가 있는지 면밀하게 검토할 필요가 있다. 예를 들어 NBA 농구경기는 평균적으로 110만 명의 텔레비전 시청자를 끌어모은다. 2002년 11월 20일 휴스턴 로케츠(Houston Rockets) 팀과 리그 최하위 팀인 클리브랜드 카발리어스(Cleveland Cavaliers)의 경기에는 중국인 스타 야오밍(Yao Ming)이 출전했는데, 중국에서 생방송으로 550만 명, 당일 저녁 재방송에서 1,150만 명의 시청자를 끌어모았다.[13] 이로 인해 야오밍은 마이클 조던(Michael Jordan) 이후 가장 영향력이 강한 농구선수가 될 수 있었다. 글로벌 미디어의 등장으로 선진국에서의 거의 모든 마케팅 의사결정은 신흥시장의 잠재고객에게 영향을 미칠 수 있게 되었다. 이로 인해 전사 마케팅의 수평적인 영향력이 한층 강화되었다.

진정한 고객 중심적 기업이란

대부분의 기업들이 고객 중심적이라고 공공연하게 주장하고 있지만, 진정으로 그러한 기업은 매우 드문 것이 현실이다. 만일 자사에 대한 고객불만이 증가하고, 마케팅 생산성이 저하되며, 신제품이 결실을 보지도 못한 채 실패하는 상황이 벌어진다면, 그때가 바로 자사의 고객 지향성을 강화해야 할 때라고 보면 된다. 전사 마케팅은 조직 전체의 고객 지향성을 향상시키는 데 필수적인 역량을 배양할 수 있게 해준다.

고객에게 전사적으로 대응하기 위해서는 고객 중심적 행동에 대한 조직 차원의 교육이 필요하고, 고객 대응력을 측정하는 방법을 개발해야 한다. 조직에서는 측정되어야 관리되는 법이다. 그림 8-2는 가치 곡선과 스타 모델을 이용하여 조직의 고객 중심 지향 정도를 개발하고 측정하는 6단계 접근법을 소개하고 있다.[14]

그런데 '고객 중심적'이란 과연 무엇을 말하는 걸까? 마인드셋, 문

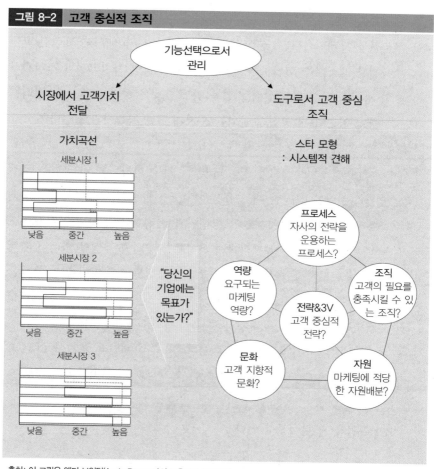

| 그림 8-2 | 고객 중심적 조직 |

기능선택으로서
관리

시장에서 고객가치
전달

도구로서 고객 중심
조직

가치곡선

세분시장 1

낮음   중간   높음

세분시장 2

낮음   중간   높음

세분시장 3

낮음   중간   높음

"당신의
기업에는
목표가
있는가?"

스타 모형
: 시스템적 견해

프로세스
자사의 전략을
운용하는
프로세스?

역량
요구되는
마케팅
역량?

조직
고객의 필요를
충족시킬 수 있
는 조직?

전략&3V
고객 중심적
전략?

문화
고객 지향적
문화?

자원
마케팅에 적당
한 자원배분?

출처: 이 그림은 앤디 보인턴(Andy Boynton)의 도움으로 완성했다.

화, 활동, 조직 같은 것을 뜻하는 것인가? 모두 해당된다. 고객 중심적
조직은 고객 지향성(전략과 문화), 고객 중심의 체계(조직과 프로세스),
고객 투자(역량과 자원)라는 특징을 가지고 있다.

고객 중심적 전략지도

전사 마케팅은 고객 중심적 기업을 각 사업부문에서 두드러진 고객 가치를 제공하는 회사로 정의하고 있다. 명확한 가치고객과 가치제안의 정의 없이 고객 중심적 기업을 만드는 것은 불가능하다. 잘 정리된 전략이 없는 고객 중심적 문화는 운전대 없는 자동차와도 같다.

수천 마디 말보다 그림 한 장이 더 낫다 ┃ 자주 회자되는 이 속담은 고객 중심적 전략을 설명할 때도 유용하다. 2장에서 설명한 것처럼 기업의 목표시장에 대한 가치제안이 경쟁자와 어떻게 차별화되는지 보여주는 가치곡선은 기업이 고객에게 가치를 창출하는 과정을 가장 효과적으로 나타내는 방법이다. 그림 8-2에서 고객들에게 의미 있는 속성들이 가치곡선의 세로축에 정리되어 있다. 그림에 나타난 선들은 해당 속성별로 자사(실선)와 경쟁사(점선)의 성과수준을 보여준다.

모든 사람이 가치곡선을 이해하면, 전사 마케팅은 조직이 더욱 용이하게 이 가치를 고객에게 전달하도록 관리할 수 있다. 여러 회사들이 스타 모델을 사용한 바 있는데, 그림 8-2는 고객 중심적 조직역량의 원천을 잘 보여주고 있다.

전략이란 적절한 질문을 하는 것이다 ┃ 각 세분시장별로 가치곡선을 그려보면 다음의 질문에 답할 수 있을 것이다. 첫째, 목표시장을 명확하게 정의했는가? 둘째, 각 세분시장별로 차별화된 가치곡선을 가지고 있는가? 셋째, 시장조사를 통해서 가치곡선을 검증해보았는가? 넷째, 핵심 세분시장에 우리가 포지션되어 있는가? 다섯째, 목표 세분시장에 가치제안을 전달하기 위한 가치네트워크가 정렬되어 있는가?

고객 중심적 기업을 만들기 위해서는 다차원적인 노력이 필요하다. 기업의 고객 중심성 정도를 측정할 때 필요한 문항은 그림 8-3을 참조하기 바란다.

고객 중심적 프로세스지도

궁극적으로 고객들은 신제품 개발 프로세스, 주문처리 프로세스, 고객관계 관리 프로세스 등 일련의 프로세스를 갖게 된다. 관리자들은 가치고객에게 가치곡선을 전달하기 위해 분명히 상반되는 3가지 주요 프로세스의 논리를 절충시켜야 한다.

신제품 개발 프로세스 | 신제품 개발 프로세스는 창조적인 활동이며, 재무나 고객 관점을 잘 모르는 직원들이 주로 담당하는 영역이다. 여기서 가장 중요한 과제는 창조의 자유와 고객 가치전달에 대한 헌신 사이에 균형을 달성하는 것이다. 제약요건이 많아지면 창의력이 저하될 것이고, 아무런 제약도 가하지 않으면 값비싼 '시장성 없는 요란한 제품'을 만들어내게 될 것이다. 예를 들어 질레트의 면도기 전략(더 좋은 제품을 만들면 소비자들이 그 제품으로 바꿀 것이라는)은 듀라셀 (Duracell) 건전지에는 통용되지 않았다. 고객들이 더 좋은 건전지보다는 더 저렴한 건전지를 원했기 때문이다.

연구개발 인력에게 고객과 시간을 가져보라고 장려하고, 이들을 마케팅 및 영업부서에 순환근무하게 하는 등의 조치를 통해 제품개발 프로세스가 좀더 가치곡선을 활용한 차별화에 초점을 맞출 수 있다. 예를 들어 소니의 엔지니어들은 처음으로 제품설계에 참여하기 전에 자사의 스테레오 제품을 거리에서 6개월간 판매해보도록 한다.

그림 8-3　고객 중심 조직의 구축

우리는 고객 중심 전략을 소유하고 있는가?	우리 프로세스는 고객 중심 전략으로 운용되는가?	우리는 고객의 욕구를 중심으로 조직되었나?	우리는 고객 중심 문화를 갖고 있는가?	우리는 마케팅 역량에 투자하는가?	우리는 마케팅에 적당한 자원을 배분하는가?
목표 세분시장은 명확하게 정의되고 구분되었는가?	신제품 개발 프로세스는 어떠한가?	각 부서와 기능이 고객 욕구를 충족시킬 수 있도록 통합되어 있는가?	미션과 비전이 고객 중심적인가?	고객의 욕구를 학습하는 데 지속적으로 투자하는가?	마케팅의 역할을 제대로 이해하는가?
개별 목표 세분시장에 차별화된 가치곡선이 확실히 존재하는가?	고객 주문처리 프로세스는 어떠한가?	종업원의 행동이 고객의 욕구와 연계되어 있는가?	전략 커뮤니케이션에 고객의 소리가 적극 반영되는가?	마케팅 프로세스를 벤치마킹하는가?	마케팅 성과는 제대로 정의되어 있는가?
가치곡선은 타당한 시장조사에 의해 만들어졌는가?	고객관계 관리 프로세스는 어떠한가?	고객성과에 따라 모든 종업원이 보상을 받는가?	최고경영진이 고객에게 모든 행동을 몰입하는가?	마케팅 기법을 업그레이드하는 데 투자하는가?	ROI를 제시하기 위한 실험을 수행하고 있는가?
핵심 세분시장은 제대로 포지셔닝되고 있는가?		고객의 문제를 해결할 수 있도록 일선 종업원에게 권한위임이 되어 있는가?	고객의 중요성을 강조하는 강력한 상징이 있는가?	자사의 고객 DB가 고객을 응대하는 데 도움이 되는가?	마케팅 믹스에 대한 자원배분이 분석적으로 이루어지고 있는가?
목표 세분시장에 가치곡선을 전달할 수 있도록 가치네트워크가 배치되어 있는가?		조직 전체에 고객의 문제에 피드백을 할 수 있는 시스템이 구축되어 있는가?	고객 우선이라는 신념을 전 조직이 공유하는가?		마케팅에 적당한 자원의 배분이 이루어지는가?

↓	↓	↓	↓	↓	↓
고객 중심 전략지도	**고객 중심 프로세스지도**	**고객 중심 조직지도**	**고객 중심 문화지도**	**고객 중심 역량지도**	**고객 중심 자원지도**

주문처리 프로세스 ▎주문처리 프로세스는 규모의 경제를 통한 원가 절감을 지향한다. 원가절감을 위해 통상 제품 종류를 간소화하고 생산효

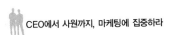 CEO에서 사원까지, 마케팅에 집중하라

율성을 극대화하고자 한다. 한 산업재 기업은 유통업체 주문의 50%만 만족시키고 있다. 이로 인해 매출감소, 영업인력의 사기저하, 고객불만이 야기되고 있다. 분석가들에 따르면 공장관리자들은 공장단위 수익성으로 보상받기 때문에 소수의 대형 표준주문만 신속하게 처리하고 단기성 주문에 대해서는 우선순위를 부여하지 않는다고 한다. 이런 경우 이 회사는 주문처리 프로세스와 회사의 전략을 제대로 정렬시키지 못하고 있다고 볼 수 있다. 공장은 원가만 고려하기보다는 고객가치와 긴급성에 입각해서 주문을 처리해야 할 것이다.

고객관계 관리 프로세스 | 고객관계 관리 프로세스는 고객의 유치와 유지를 담당한다. 기업은 이 프로세스에서 유연성과 범위의 경제를 추구한다. 고객관계 관리에서는 고객의 유치 및 유지와 가치곡선의 연계를 통해 적절한 유연성을 확보하는 것이 중요하다. 어떤 고객을 위해 가치곡선의 어떤 점에서 유연성을 가져야 할지 잘 결정해야 한다.

3V 모델에 따라 모든 고객 세분시장에 노력을 분산시키는 대신 가치고객에 영업활동을 집중시킬 수 있다. 고객유지 프로세스의 경우 온라인 식료품 사업자는 가치가 다른 고객별로 차별화를 시도할 수 있다.

예를 들어 토마토가 제때 도착하지 않을 경우 불평을 제기하는 모든 고객에게 즉시 무료 토마토 상품권이 제공된다. 그러나 B고객은 다음 주문 때 무료 토마토를 받을 수 있고, A고객은 즉시 무료 토마토를 받을 수 있다.

기업들은 일반적으로 위의 3가지 프로세스를 품질, 속도, 효율성 측면에서 평가한다. 그러나 고객 중심적 기업은 위의 평가기준 이외에 각 프로세스의 고객친화, 고객가치별 우선순위 설정, 가치곡선의 전달에 대해서도 평가한다.

고객 중심적 조직지도

기업들은 너무도 자주 기업의 조직화 방식 때문에 고객들에게 거래상의 불편을 준다. 예를 들어 브리티시 텔레콤에서 일반전화, ISDN(integrated services digital network), 이동전화를 구매하고자 하는 일반고객은 세 부서에 모두 전화를 해야 한다. 고객 중심적인 기업은 조직의 논리를 고객의 논리와 일치시켜서 고객이 자사와 편리하게 접촉할 수 있도록 부단히 노력한다.

고객 중심의 조직 구성 │ 위의 프로세스들은 고객만족을 위해 교차기능적인 협력을 필요로 하지만, 대부분의 기업들은 아직도 기능 중심의 복잡한 조직구조를 가지고 있다. 전사 마케팅은 고객만족을 위해 어느 부문에서 교차기능적인 내부조정이 필요한지 찾아냄으로써 기능부서와 사업부의 통합을 이끌어낼 수 있다. 예를 들어 공급망 관리와 영업 담당 인력들은 납기준수를 위해 긴밀하게 협력할 수 있다. 마케팅과 연구개발 부서는 히트상품을 개발하기 위해 협력해야 한다. 사업부서와 마케팅부서는 글로벌 시장 출시 프로세스를 향상시키기 위해 협력할 수 있다.

기능간 인터페이스를 정의한 후 전사 마케팅은 마케팅과 다른 기능들간의 상호작용을 위한

ISDN 디지털화된 통신망을 이용하여 음성, 문자, 영상 등의 통신을 일원적으로 할 수 있는 통신 서비스. ISDN은 128Kbps의 속도를 제공함.
이러한 통신망은 최고 20Mbps를 내는 ADSL(asymmetric digital subscriber line), 최고 50Mbps의 속도를 제공해주는 VDSL(very hight-data rate digital subscriber line)로 진화했으며, 최고 100Mbps의 속도를 제공하는 FTTH (fiber to the home), 즉 '가정 내 광케이블'로 진화했다.

포럼을 만들 수 있다. 이 포럼은 마케팅 담당자와 다른 조직 내외부 파트너 간 상호작용 규칙 제정, 파트너들과의 협력에 대한 기대수준 설정 등의 일을 맡게 된다. 이상적으로는 캐피털 원(Capital One)처럼 기업들이 세분시장을 중심으로 조직을 구성해서 각 세분시장 하나하나를 독립된 이익 중심점으로 관리하는 것이 좋다. 이러한 노력은 기업의 신속한 고객기회 감지 및 대응역량을 향상시켜준다.

고객 중심적 활동의 구체화, 측정, 보상 | 전사 마케팅은 고객 중심적 재무지표를 개발해야 한다. 대부분의 기업들이 고객 지향적 활동에 대해 보상을 제공하고 있지만, 성공적인 기업은 그 보상의 구체성, 참여 정도, 가중치 면에서 일반적인 기업과는 다른 면모를 보인다.

기업이 고객 관점의 품질을 달성하려면 가치곡선의 속성들이 고객 접점직원의 행동으로 정확하게 옮겨져야 하고, 이 행동은 다시 보상 시스템을 통해 강화되어야 한다. 예를 들어 신용카드사인 MBNA는 30분 이내 한도승인, 21초 이내 혹은 두 번째 벨소리에 전화받기, 분실 및 도난카드의 24시간 이내 재발급, 14일 이내 신규계좌 신청 처리 등의 목표를 수립했다. 매일 이 목표들을 초과한 직원에 대해 회사는 직원 보너스 풀을 적립한다. MBNA가 매일 목표치를 98% 이상 달성하는 것도 당연한 일이다.[15]

시벨 시스템은 경영진 인센티브의 50%, 판매인력 보상의 25%를 고객만족지수와 연동시키고 있다. 성과급을 곧바로 지급하는 대부분의 기업들과는 달리 이 회사는 판매계약을 체결하고 1년 후 고객만족 결과가 확인된 다음에 인센티브를 지급한다.[16]

카지노 사업자인 하라스(Harrah's)는 사업장별 고객만족도 향상 정도에 따라 현금으로 보상해주는 보너스 체계를 가지고 있다. 2002년 한 사업장의 직원들은 기록적인 재무성과에도 불구하고 고객만족도 점수가 낮아서 보너스를 한푼도 챙기지 못했다.[17] 회사 전체에 얼마나 강력한 메시지가 전달되었을지는 불을 보듯 명확할 것이다.

고객 문제해결에 필요한 권한의 위임 | 기업은 직원들에게 고객의 불평과 문제를 해결할 수 있는 권한을 위임해야 한다. 이러한 권한위임은 문제해결의 속도와 효율성을 향상시켜준다. 마케팅 담당자들은 마이크로소프트가 윈도(Windows)에 대해 그랬듯이 고객의 문제가 조직 전체에 의사소통될 수 있는 피드백 체계를 개발해야 한다.

고객 중심적 문화지도

고객 중심적 문화를 정착시키는 데는 시간이 필요하다. 그러나 조직 전반에 흐르는 문화야말로 고객 중심적 기업을 차별화해주는 가장 강력한 요소일 것이다. 고객 중심적 조직문화는 최고경영자로부터 시작된다.

고객 중심적 사명을 만들라 | 회사의 미션이 회사가 고객에게 제공하는 것을 중심으로 작성되어 있는가? 예를 들어 월마트의 '세계 모든 사람들의 생활비 절감(lowering the cost of living for the world)'은 '유통업계 최고 기업'보다 좋은 사명이다. 고객 중심적 기업은 시장조사, 주요 고객과의 상호작용, 고객의 욕구와 기대에 입각한 내부갈등의 해결 등을 통해 자사의 전략과 관련된 논의에 고객의 목소리를 첨가한다.

고위 경영진이 고객문제를 직접 챙겨라 ㅣ 최고경영자가 고객을 주기적으로 방문하는 것보다 더 강력한 방법은 없다. 전사 마케팅은 최고경영진이 고객과 관련된 이슈를 해결하고, 고위 관리자들로 하여금 마케팅과 고객문제에 시간을 할애하게 함으로써 고객 중심적 문화를 만들 수 있다.

MBNA의 경우 최고경영자를 비롯한 중역들은 한 달에 4시간을 고객과 통화하도록 되어 있다.[18] 또한 고위 관리자들은 마케팅 업무 감독 외에 일렉트로룩스 그룹 브랜드 어워드(Electrolux Group Brand Award)와 같은 상을 제정하여 시상함으로써 품질향상은 물론 고객에게 우수하고 혁신적인 노력을 기울인 직원들을 회사가 인정해준다는 인식을 심어줄 수도 있다.

고객의 중요성을 강조하는 상징을 활용하라 ㅣ 상징은 고객의 중요성에 대한 공감대를 넓히는 데 효과적인 수단이다. MBNA의 경우는 월급봉투를 이용해서 고객이 월급을 주는 존재임을 상기시키고 있다. 노드스트롬(Nordstrom) 백화점의 경우 직원들은 입구에서 가장 가까운 주차공간을 고객을 위해 비워두고 있다.

고객을 중시하는 규범을 개발하라 ㅣ 일반적으로 기업은 성과 표준화를 위해 공식적인 규칙과 절차를 제정하지만, 표준화가 뛰어난 고객 서비스와 품질을 보장하는 것은 아니다. 왜일까? 뛰어난 고객 서비스는 예측하기 어렵고, 특별한 사람에게만 발생하며, 해결하기 어려운 예외적인 상황에서 기업이 어떻게 대응하느냐로 결정되기 때문이다.[19] 기업은 고객 중시에 대한 공유규범을 가지고 있어야 한다. 이 규범은 조직의 존재이유와 고객을 어떻게 대할 것인가를 담고 있어야 한다. 이와 같이 강력한 규범은 우선순위와 기대수준을 명확히 해준다. 최고경영자와 최고마케팅책임자는 이 규범을 매일 이야기하고 강조해야 한다. SAS의 전 최고경영자인 얀 칼슨(Jan Carlson)은 이렇게 말한 바 있다. "우리에게 진실의 순간(moment of truth)은 고객이 우리의 접점직원을 만나는 순간이다. 나쁜 순간은 우리의 자산가치를 감소시킨다. 우리는 매년 1억 번의 진실의 순간을 맞는다."[20]

고객 중심적 역량지도

전사 마케팅은 다음 4가지 활동을 통해서 조직의 마케팅 역량을 강화시키는 중요한 책무를 담당해야 한다. 고객에 대한 지속적인 학습, 마케팅 벤치마킹, 마케팅 인재의 개발, 고객 중심적 시스템에 투자가 그것이다.

고객에 대한 지속적인 학습 | 마케팅부서는 고객의 욕구에 대해 학습하고, 고객의 현실과 동떨어질 수도 있는 경영감각을 검증하기 위해 지속적으로 노력해야 한다. 소비자 조사는 종종 외부 시장조사 전문기관이 제공하는 알맹이 없는 파워포인트 프리젠테이션으로 변질되곤 한다. 전사 마케팅을 펼치면 고객에 대한 통찰력을 수집, 이해, 활용, 공유하는 데 필요한 프로세스와 도구들을 개발할 수 있다. 애플 마우스와 팜(Palm) 핸드헬드(handheld) 컴퓨터를 디자인한 캘리포니아 소재 디자인 기업인 IDEO의 디자이너들은 개인적으로 전문가와 소비

자를 만나고 나서 회사 벽면에 사진을 게시해 자신이 얻은 통찰력을 공유하고 있다.

마케팅 벤치마킹 | 벤치마킹은 마케팅 프로세스의 품질을 향상시킬 수 있다. 사업부와 지사에 대한 내부 벤치마킹은 마케팅 베스트 프랙티스의 발견과 조직의 마케팅 효과를 제고하는 데 도움이 될 수 있다. 일부 기업들은 다양한 마케팅 조직을 연결하기 위해 마케팅 평의회를 구축 및 관리, 운영하고 있다.

회사 어디에서도 실행된 적 없는 혁신적인 아이디어를 촉진하기 위해 전사 마케팅은 조직 외부에서 베스트 프랙티스의 원천을 발견하고, 내외부 베스트 프랙티스 프로세스 맵을 개발 및 공유하며, 기업 내 마케팅부서간 업적 및 자원경쟁을 촉진하기 위한 네트워크를 창출할 수 있다.

마케팅 인재의 개발 | 전사 마케팅은 조직 전반에 걸친 마케팅 인재의 개발을 선도한다. 이를 위해서는 적합한 인재의 선발, 보상, 공로인정, 유지 시스템을 구축하는 등 일련의 조치들이 필요하다. 마케팅 담당자들에 대한 순환보직제는 사업부간 아이디어의 순환을 위한 비공식 커뮤니티를 구축하는 데 효과적이다.

P&G는 마케팅 전문가를 양성하기 위한 훌륭한 교육훈련 프로그램을 개발해냈다.[21] P&G의 마케팅 교육훈련 프로그램은 GE의 제프리 이멜트(Jeffrey Immelt), 마이크로소프트의 스티브 발머(Steve Ballmer), 리즈 클레이본의 폴 섀런(Paul Charron), AOL의 스티븐 케이스(Stephen Case), 이베이의 마거릿 휘트먼(Margaret Whitman), 인투이트

(Intuit)의 스콧 쿡(Scott Cook)과 같은 많은 대표이사를 길러냈다. 매년 약 1,000명의 마케팅 인력이 일주일간의 신입사원 교육을 받고, 경력직 직원들에게는 20개 이상의 마케팅 분야 선택과목이 제공된다. P&G는 20명의 직원을 교육주임으로, 265명의 직원을 강사로 임명해서 활용하고 있다. 전 세계 3,400명의 마케팅 담당자들이 모두 동일한 교육훈련을 받고 있다.

기업들은 직원들의 고객 관련 역량을 함양하겠다는 입에 발린 소리를 너무도 자주 한다. 학습에 대한 조직의 투자의지를 표현하기 위해 대표이사가 매년 마케팅 교육훈련에 참석하는 것을 일상화해야 한다. 하라스(Harrah's)의 경우 모든 직원들이 자사 최우수 고객들이 선호하는 요소를 토대로 만든 교과과정을 수강해야 한다. 이 회사는 직원들이 급여의 상당 부분을 팁에 의존하고 있는 점을 감안해서 교육기간 중에도 팁을 고려한 봉급을 지급하고 있다.[22]

고객 중심적 시스템에 투자 ┃ 지난 20여 년에 걸쳐 기업은 기술에 막대한 투자를 하였다. 그러나 이러한 투자의 상당 부분은 고객에 대한 집중역량을 향상시키는 데는 별다른 기여를 하지 못했다.

최고마케팅책임자와 전사 마케팅은 기술투자에 대해 고객유치, 고객만족, 고객유지의 관점에서 이러한 의견을 개진할 수 있다. 이 기술이 고객에 대한 지식을 쌓기 위한 조직의 공용 데이터베이스 개발과 연관되는가? 이 정보 시스템은 직원들이 조직 전반에 걸친 자유로운 고객 데이터를 공유하는 데 도움을 줄 수 있는가? 통합 고객 데이터베이스가 복잡한 고객관을 창출하지는 않는가?(고객관계 관리에서는 한 고객에 대해 하나의 관점을 갖는 것을 중시함) IT 프로세스가 직원들이 전사 브랜드 관리, 고객관계 관리 등의 주요 마케팅 기능을 위해 데이터 베이스를 활용하는 데 도움을 줄 수 있는가?

고객 중심적 자원지도

조직의 자원을 할당받기 위해 마케팅 담당자들은 가시적인 재무성과를 입증해야 한다. 수익성과 연관되는 마케팅 활동은 다음의 5단계로 구성된다. 마케팅 성과지표의 역할 이해, 마케팅 성과지표의 설정, 마케팅 실험 수행, 마케팅 믹스 배분문제 해결, 마케팅에 적절한 자원 배분이 그것이다.

마케팅 성과지표의 역할 이해 ㅣ 마케팅 활동을 주주의 부 및 재무적 성과와 연동시킬 때 과거의 재무성과 지표(재무지표)와 미래의 재무적 건전성 지표(마케팅 지표)의 균형을 망각하기 쉽다. 엔터프라이즈 렌터카(Enterprise Rent-A-Car)의 대표이사 겸 회장인 앤디 테일러(Andy Taylor)는 이렇게 말했다. "나는 1990년대 초반에 건전성 편집증에 시달렸다. 우리 회사는 자산규모가 수십억 달러에 달했고, 고도성장을 구가했으며, 수익성도 좋았다. …… 그런데 고객 서비스가 악화되고 있다는 징후들이 발견되기 시작했다. 회사의 서비스 품질지수(enterprise service quality index, ESQI)가 돌파구를 열어주었다. 지난 수년간 우리는 이 지표를 정교화해서 이제는 고객들에게 다음 두 가지 질문만 하는 수준으로 발전하였다. 우리의 서비스에 만족하십니까? 다시 우리 서비스를 구매하시겠습니까?"[23]

완전히 만족한 고객은 일반 고객보다 엔터프라이즈의 서비스를 재구매할 확률이 3배나 높았다. 이 회사의 5,000개 지점은 주기적으로

ESQI에 대해 피드백을 받고 있으며, 여기서 평균 이하의 성적을 기록하면 제아무리 재무적 성과가 좋아도 승진할 수 없다. ESQI 지수의 상승은 테일러 회장에게 강력한 현금흐름이나 시장점유율 증가보다 더 마음 든든한 지표이다. 테일러 회장은 이렇게 말한다. "ESQI는 우리가 다른 요인들을 무시할 수 있다는 것이 아니라, 이것을 통해 우리의 사업이 제 궤도를 유지할 것임을 보여줍니다."[24]

마케팅 성과지표의 설정 ∣ 전사 마케팅은 5가지 사업수준별 마케팅 성과지표를 설정하는 데 영향을 줄 수 있으며, 각 사업부와 지사들이 공통된 방법론을 활용해서 적절한 성과지표를 추적, 수집, 보고하는 체계를 만들 수 있다(표 8-2). 이를 통해 중역들은 각 사업단위별 자료를 비교분석 및 관리할 수 있게 된다. 관리자들은 이 자료를 이용해서 기업의 전체 성과를 진단할 수 있고, 마케팅 생산성이나 자원부족 여부 등을 검토할 수 있다. 유럽의 안경점 체인인 그랜드 비전(Grand Vision)은 재무성과와 종업원 지표를 발표한 후 하루를 할애해서 마케팅 성과지표에 대해 진지하게 토론하는 전사 회의를 운영하고 있다.

투자수익률을 검증하기 위한 마케팅 실험 수행 ∣ 전사 마케팅은 마케팅 지출과 고객만족 및 유지, 매출액과 이익 등의 재무성과 사이의 연관성을 입증해야 한다. 이런 자료에 대해 지속적으로 추적, 관리함으로써 기업은 브랜드 자산 구축, 판촉 등의 마케팅 지출을 비롯한 마케팅 투자양상을 차별화할 수 있다.

이러한 마케팅 실험으로 기업은 어떤 유형의 마케팅 지출이 수익을 창출하는지 규명할 수 있다. 예를 들어 모토롤라캐나다는 영업교육의

표 8-2	마케팅 성과 평가			
상품	브랜드	유통	고객 세분시장	시장
• 상대적 품질	• 상표인지도	• 유통침투율	• 고객만족	• 시장침투율
• 지각된 품질	• 상표명성	• 유통망 신뢰	• 평균 거래규모	• 시장점유율
• 신제품 매출비중	• 상표충성도	• 유통 효율성	• 고객불평	• 매출성장률
• 상품수익성	• 상표수익성	• 경로별 시장점유율	• 고객획득 비용	• 시장수익성
		• 유통망 수익성	• 고객유지율	
		• 매대확보율	• 고객수익성	

효과를 측정하기 위해 비슷한 성과수준을 기록한 84명의 직원을 선발해서 그 중 절반의 직원에게 영업교육을 이수하게 했다.[25] 교육을 받은 집단의 매출은 교육이수 후 3개월간 17% 성장했지만, 교육을 받지 않은 집단의 매출액은 13% 감소했다. 모토롤라는 3년간 교육비 1달러당 30달러의 수익을 거둔 것으로 추정하고 있다.

안호이저-부시와 같은 기업은 마케팅과 광고에서 효과적인 관행을 찾아내기 위해 지속적인 실험을 하고 있다. 이런 노력의 결과 성공적인 프로그램이 발견되면, 이 프로그램의 교육과 지속적인 실천을 통해 경쟁자보다 우위에 설 수 있다. 프랑스의 백화점 체인인 갤러리 라파예트(Galeries Lafayette)는 실험(가장 수익성이 좋은 활동 규명)과 산업화(최적 방식에 대한 우선순위 부여 및 적용)로 구성된 2단계 실험을 수행하고 있다. 150만 카드고객에 대해 실험을 실시한 결과 이 회사는 교차판매 및 대면 마케팅을 통해 매출액을 향상시킬 수 있는 몇 가지 활동을 찾아냈으며, 아울러 DM 및 신규채널(전자우편, SMS)의 최적화를 통해 비용도 절감했다.

마케팅 믹스 배분문제 해결 ㅣ 크래프트(Kraft)는 마케팅 믹스 요소별로 투자수익성을 산출해서 브랜드의 순위를 매기는 방법론을 개발해냈다. 예를 들어 이 회사는 브랜드별로 광고비 투자수익률을 비교해서 투자수익이 낮은 브랜드와 높은 브랜드에 대해 광고비 배분을 조정한다. 나머지 마케팅 믹스별로도 이러한 평가를 수행해서 크래프트는 마케팅 지출의 최적화를 달성할 수 있었다.[26]

주요 마케팅 자원의 재분배를 바라는 사람은 증액, 감액, 재배분 등의 대안을 개발하거나 제시해야 한다(그림 8-4 참조). 전사 마케팅은 이러한 분석적인 활동을 장려해서 조직이 고객유치용 예산을 고객유지에 할당할 경우 어떤 결과가 발생할 것인가와 같은 문제에 대한 해결역량을 제고해야 한다. 예를 들어 여행사의 최고마케팅책임자는 연간 마케팅 지출의 50%를 연휴기간 고객만족에 집중적으로 투여한 결과 다음 연도의 예약률에 긍정적인 영향을 미치는 것으로 분석되었다.

한 포장 소비재 회사는 자사가 산발적인 효과밖에 기대할 수 없는 대중매체 광고를 중심으로 미국 시장에서 가구당 연평균 12달러를 지출하고 있음을 알게 되었다. 연구 결과 미국의 1억 2,000만 가구 중에서 1,200만 가구가 수익의 80%를, 600만 가구가 수익의 50%를 차지하고 있음을 알게 되었다. 가구당 광고비 지출을 1달러로 내리고, 1억 2,000만 달러의 절감분을 600~1,200만 헤비유저 가구에 대한 데이터베이스를 개발하는 데 사용하는 것이 더 합리적이지 않겠는가? 그렇

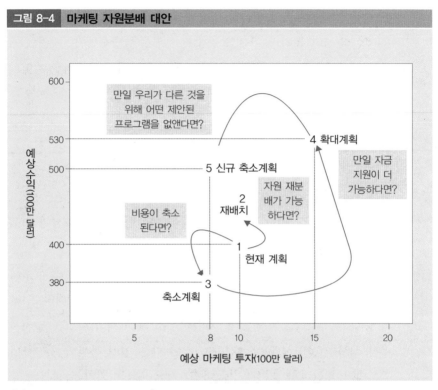

출처: Paul Sharpe end Tom Keelin, "How SmithKline Beecham Makes Better Resource-Allocation Decisions," *Harvard Business Review* (March-April 1998): 92-105에서 인용.

게 하면 더욱 개인화된 다이렉트 마케팅 기법을 이용해서 핵심 고객 가구에 집중할 수 있을 것이다.

마케팅에 적절한 자원 배분 | 어느 조직에서든 부서와 사업부들은 가능한 한 더 많은 인적·물적 자원을 확보하기 위해 경쟁한다. 정통한 최고경영자나 최고마케팅책임자라면 고객 관점에서 다음과 같은 중요

한 질문을 던짐으로써 이러한 경쟁에 대한 모든 논란에 종지부를 찍을 것이다. 고객유치 및 유지에 충분한 자원을 할당했는가? 자원의 최적화를 구현할 수 있는가? 이 자원을 통해 고객에게는 어떠한 이익이 생길 것인가?

고객 중심적 기업이 되기 위한 과제

고객 중심적 기업과 강력한 전사 마케팅 기능이나 방만한 마케팅부서를 혼동해서는 안 된다. 일부 학자들과 마케팅 관리자들은 아직도 기업의 고객 중심 지향 정도를 중역들이 마케팅을 다른 부서에 비해 이로운 부서로 보는지 질문하여 평가한다.

기업 수준의 강력한 마케팅 그룹이 있다고 해서 반드시 더 우수하고 고객 중심적인 기업이 되는 것은 아니다. 고객을 더 잘 대하고, 고객 중심으로 조직을 운영하며, 기업의 사고와 고객의 사고를 일치시켜서 회사의 운영체계를 설계하는 것이 다른 어떤 부서의 기능보다 중시되어야 한다. 이러한 기업 마인드셋을 촉진시키기 위해서는 표 8-3에 정리된 것처럼 전사 마케팅이 다른 부서들로부터 무엇을 지원받고, 기여하고, 협력할지를 잘 정리해야 한다. 기업은 지나칠 정도로 고객 중심적이어서는 안 된다. 기업이 고객에게 다가서면 고객이 움직이기 때문이다. 목표 세분시장도 변하고, 고객의 욕구도 진화하며, 새로운 경쟁자 · 채널 · 기술이 등장하게 마련인데, 이 모든 변화로 인해 새로운 고객 중심적 전략이 필요하게 될 것이기 때문이다.

변화의 주역, 마케팅에 집중하라

우리는 전사 마케팅이 여러 사업부에 잠재적으로 이익이 될 수 있거나, 사업부간 협력이 필요한 마케팅 활동을 주도할 수 있을 것으로

표 8-3	마케팅과 인접 기능		
	최고마케팅책임자가 필요로 하는 것	최고마케팅책임자가 제공해야 하는 것	최고마케팅책임자가 협력해야 하는 것
최고경영자	고객 중심 조직을 구축하기 위한 지원	기업의 전략을 지원하기 위해 마케팅에 리더십 부여	마케팅이 주도할 수 있는 변화 노력에 대한 정의
최고재무관리자	마케팅에 대한 우선적인 재무적 지원	비용을 줄이고 현금흐름을 강화시킬 수 있는 마케팅에 대한 체계적인 투자	마케팅 투자 및 지출에 대한 정확한 투자수익률 계산
최고운영관리자	일관된 고객 경험의 전달(예: 재고유지, 서비스 및 품질 유지)	브랜드와 생산물량 합리화를 통한 복잡성 감소	상품 플랫폼 및 고객 경험 목표를 결정
인사관리자	모든 기업 구성원이 고객 중심적이 되도록 보상 및 교육 시스템 구축	종업원 고용을 촉진시킬 수 있는 강력한 브랜드 구축	일선 종업원의 선발기준 명시
최고정보관리자	전체 고객의 특성을 쉽게 파악할 수 있는 정보 시스템 구축	고객 DB를 업데이트시킬 수 있도록 지속적인 정보 제공	정보 시스템에 관해 필요한 기능 개발
연구개발	고객에게 가치와 차별화된 특성을 제공할 수 있는 신제품 개발: 시장출시 속도 제고	가치 있는 고객과 바람직한 가치곡선을 그리기 위한 명확한 정보 제공	고객들이 요청하고 있지는 않지만 그들을 기쁘게 할 수 있는 상품에 대한 조사(시장출시 프로세스)

출처: "Stewarding the Brand for Profitable Growth," Corporate Executive Board, Washington, DC, 2001에서 수정 인용함.

기대한다. 특히 이러한 노력들이 혁신적이고 장기적이며 비용이 많이 들고 위험이 높으며 조직의 변화가 필요한 것일 때 더욱 그렇다. 이 책에서 다룬 마케팅의 7가지 변화는 모두 이러한 특징을 갖는다. 그러나 이러한 변화 노력이 갖는 중대한 의미와 잠재적인 조직 내 저항을 고려해볼 때 마케팅 담당자들은 최고경영자의 후원을 얻어야 한다.

변화는 더 좋은 결과를 가져오는 경우조차도 조직에 후유증을 남기는 법이다. 변화는 사람들에게 다르게 사고하고 행동할 것을 요구한다. 더욱이 최고경영자의 마케팅 과제를 구성하는 7대 주요 변화는 조직 내 개인 및 부서간 상대적인 권력구도에도 큰 변화를 유발할 수 있다. 변화에 대한 개인의 반응은 그 변화의 특성(긍정적, 부정적)과 개인의 특성(적극적, 소극적)에 따라 4가지 반응 중 하나로 나타난다.[27] 인간의 본성을 고려해볼 때 변화를 부정적인 것으로 인식하는 사람은 변화에 적극적으로 저항하고 그 변화를 무력화시키려 하거나(저항파), 혹은 수동적으로 지켜보는 태도를 취하게 된다(전통주의자). 관리자들은 변화를 긍정적으로 인식하고 이를 주도할 에너지를 가진 변화 주도자(change agent)에게 힘을 실어주고, 변화를 긍정적으로 인식하되 적극적으로 주도하지는 않는 방관자들이 힘을 낼 수 있도록 관리해야 한다. 결국 최고경영자가 시장변화의 핵심 변화 주도자가 되어야 한다는 문제로 귀결된다.

사령관, 의장, 코치, 촉매로서의 최고경영자

최고경영자는 본능적으로 자신의 마케팅 명세서를 구성하는 7대 변화에 대해 책임감을 갖는다. 리더로서의 최고경영자는 변화 프로그램에 신뢰성과 높은 우선순위를 제공한다. 그러나 고위 중역들은 최고경영자가 모든 변화조치를 이끄는 것에는 반대해야 한다. 최고경영자의 일상적인 업무만 해도 특히 공개된 기업의 경우 만만치 않을 뿐 아니라, 최고경영자는 그런 일에 대한 전문성도 결여되어 있는 경우가 많기 때문이다.

폴 스트레벨(Paul Strebel) 교수는 4가지 변화 프로세스의 긴급성과 저항 정도를 도식화했다(표 8-4 참조). 흥미롭게도 각 변화 프로세스는 최고경영자가 해당 프로세스에서 특정한 역할을 담당할 것을 요구하고 있다. 여기에는 두 가지 전제가 있다.

1. 변화의 긴급성과 그에 대한 저항은 기업별로 다를 것이므로 관리자들은 브랜드 합리화와 같은 특정한 변화에 대해 일반론을 이야기할 수는 없고, 정해진 변화 프로세스를 따라야 한다.
2. 조직상의 중대 변화는 매우 복잡하다. 그렇기 때문에 관리자들은 변화조치의 단계별로 다른 프로세스를 적용해야 하는데, 이 과정은 혁명적이기보다는 점진적인 변화에 가깝다.

3장에서는 IBM의 제품 판매에서 솔루션 혁신으로의 변화를 다루었다. 변화의 시작단계에서 IBM은 적자를 보고 있었고, 일부 사업부를 정리하라는 압박을 받고 있었다. 변화에 대한 긴급성은 충분했다. 이때 새로 영입된 최고경영자 루 거스너가 IBM을 솔루션 사업자로 변신시키기로 결정했을 때, 그 동안 완벽한 독립성을 누려오던 제품 및 국가 담당자들의 강력한 내부저항에 직면했다. 솔루션 사업자로의 변화는 제품 및 국가 담당자들이 실질적으로 솔루션을 구현하고, 이를 고객에게 제공하는 사람들의 요구에 순응하며, 고객의 이익을 위해 협

표 8-4　변화 프로세스

	태스크포스 변화	상의하달식 변화
강력한 저항	**최고경영자 역할: 회장** (변화 방안에 대한 강력한 지도) **프로세스:** • 변화 관리자에게 태스크포스 구성 지시 • 태스크포스에게 방관자 설득 지시 • 저항자들에게 입장철회 지시 • 전통주의자에게 실행역할 지시	**최고경영자 역할: 사령관** (변화하든지 나갈 것을 요구) **프로세스:** • 변화 관리자에게 정보전달 • 방관자에게 명확한 메시지 전달 • 저항자들에게 즉각적인 입장철회 지시 • 전통주의자에 대한 급진적인 조직개편
	폭넓은 참여에 의한 변화	**하의상달식 변화**
약한 저항	**최고경영자 역할: 코치(협력자)** **프로세스:** • 변화 관리자에게 참여 촉진 지시 • 방관자의 폭넓은 참여 촉진 • 지지를 활용한 저항자들의 입지 축소 • 팀간 네트워크를 활용한 전통주의자 참여 유도	**최고경영자 역할: 촉매제(능동적 변화)** **프로세스:** • 변화 관리자에게 변화 주도 촉구 • 방관자들의 관리자 모방 촉구 • 저항자들에게 성과도전 제시 • 전통주의자를 기업가 팀으로 통합
	낮은 긴급성, 불명확한 방향성	높은 긴급성, 명확한 방향성

출처: Paul Strebel, *The Change Pact: Building Commitment to Ongoing Change*(London: FT Prentice Hall, 1998).

력해야 한다는 것을 의미했다. 루 거스너는 자신이 사령관이 되어 전형적인 상의하달식 변화 프로세스를 밟아나가야 했다.

　5장에서 다룬 일반소비재 기업들의 글로벌 유통 파트너십으로의 변화는 좀더 점진적인 것이었다. 유통업자들이 글로벌 구매를 위해 국제사업부를 통합하고 있었기 때문에 변화의 긴급성은 덜했다. 글로벌 고객관리가 각 국가 담당자의 영역을 축소할 수 있다는 점을 고려해서 계열사들은 저항을 극복하기 위해 태스크포스 접근법을 선택해야만 했다. 이러한 변화의 과정에서 일부 일반소비재 기업들은 개별적으로 저항하는 관리자들을 상대했고, 최고경영자에게 조정과 견해차이를 통합해줄 것을 요청했다. 이를 통해 이 기업은 변화를 계속 추진할 수 있었다.

저항이 약하거나 고립된 것일 경우에는 일선 관리자들이 변화를 주도하거나 일반화된 참여유도 방법을 사용할 수 있다. 최고경영진은 회사 구성원 중 누가 시장 주도적인 아이디어를 가지고 있는지 쉽게 알 수 없다. 7장에서 다룬 NEC와 소니의 사례는 공개경쟁이 아이디어와 그 제안자를 수면 위로 떠오르게 하고, 최고경영자가 시장 주도적 프로세스의 코치와 후원자 역할을 할 수 있음을 잘 보여주었다.

끝으로 4장에서 다룬 바와 같이 인터넷의 등장으로 많은 기업들이 소규모 고객에게 직접 판매하는 것이 가능해졌다. 닷컴기업의 부흥기에 기업들은 관성적으로 이 새로운 유통채널에 진입했다. 한 컴퓨터 업체에서는 온라인 직접판매에 대한 내부저항은 전혀 없었지만, 누구도 이 채널에 어떻게 접근해야 하는지 제대로 알지 못했다. 따라서 최고경영자가 촉매제 역할을 하는 상향식 프로세스를 채택했고, 중역들은 각 사업부 책임자들에게 사업부별로 가장 적합한 방식으로 온라인 판매에 접근할 수 있게 해주었다. 몇몇 사업부가 새로운 채널을 활용하고 싶어한다는 것을 알고 있었기에 최고경영자는 그렇게 할 기회를 주었던 것이다. 한 사업부가 어느 정도 성공하자 최고경영자는 해당 채널을 통해 잠재적인 이익을 기대할 수 있을 것으로 판단되는 다른 사업부에게도 성공한 사업부를 벤치마킹해보라고 권장했다.

어떤 변화 프로세스가 선택되고 최고경영자의 역할이 어떤 것이든 간에, 변화를 지향하는 마케팅 조치가 성공하려면 반드시 최고경영자의 후원이 필요하다. 이 책에서 다룬 여러 조치들은 여러 부서와 지사조직에 관련되는 것이므로, 그것을 시행하려면 대기업에 만연한 영역 다툼을 피할 수 없다. 최고경영자는 이러한 갈등상황에서 중재자 역할을 담당해야 한다.

고객과의 대화

변화과정에서의 역할 이외에도 최고경영자는 이사회에서 고객의 욕구와 행동에 대해 더 많은 대화를 이끌어내는 고객의 후원자가 되어야 한다. 마케팅을 일상적인 전술과제로부터 구출하기 위해 최고경영자는 기업이 어떻게 고객의 가치를 창조하고, 자사의 브랜드가 고객의 현재 및 미래의 생활에서 어떤 역할을 담당할지, 앞으로 10년간 광고의 역할은 무엇이 되어야 할지 등의 거시적인 질문을 해주어야 한다. 최고경영자는 최고경영진에게 고객에 대한 이러한 내용의 대화를 나눌 수 있는 시간과 공간, 나아가 사규까지도 만들라고 촉구해야 한다. IBM의 최고경영자였던 루 거스너는 재임 중에 OHP나 파워포인트를 이용한 보고 대신 이런 대화를 직접 나눌 것을 명문화하였다.[28] 최고경영자들은 고객에 대한 관념적 인식을 깨뜨릴 수 있는 마케팅 실험 결과를 보여줌으로써 열정과 합리성에 대한 역할 모델이 되어주어야 한다. 소크라테스(Socrates)의 말처럼 잘못된 주장을 극복하기 위한 활발한 문답을 통해서만 우리는 지혜에 도달할 수 있다. GM의 전설적인 경영자였던 알프레드 슬로언(Alfred Sloan)은 섣부른 의사결정을 내리기보다는 "시간을 갖고 반대의견을 개진해서 우리가 내린 의사결정의 본질을 이해할 필요가 있다"라고 이사회에 자주 주문하곤 했다. 최고경영자는 고객, 유통채널 구성원, 직원의 행동과 바람에 대해 의문을 제기할 것을 제도화해야 한다. 이러한 논의 없이 기업이 사명, 전략, 가치관에 대해 공통된 이해를 확보하기란 거의 불가능하다.

리더십은 어느 누구도 주목해주지 않을 때에도 마땅히 해야 할 일을 하는 것이라고 할 수 있다. 너무 많은 최고경영자와 지도자들이 지혜로운 사람은 어떤 제지도 받지 않고 자신이 원하는 대로 행동해도 된다고 주장한 그리스의 소피스트인 트라시마쿠스(Thrasymachus)의 전철을 밟고 있다. 이보다는 지도자는 자기절제와 다수의 이익에 우선할 줄 알아야 한다고 한 플라톤의 주장을 따르는 것이 바람직할 것이다. 소비자의 신뢰는 장기적으로 기업과 사회의 이익에 부합한다. 진정으로 고객 중심적인 기업은 고객의 삶의 질을 향상시키는 가치를 창조하는 기업이 되어야 한다. 그럴 때 비로소 고객 자본주의가 구현될 수 있다.

마케팅, 이제 변신해야 할 때

마케팅이 부각되기에 지금보다 적절한 때는 없었던 듯하다. 오늘날 가치창출 전략이 과거 10년간의 재무공학적 접근에서 고전적인 고객가치로 전환되고 있으므로 마케팅은 조직을 주도하기에 최적의 입지에 있다고 볼 수 있다.

마케팅이 직면하고 있는 도전과제는 다양하다. 그러나 이 과제들은 각기 조직의 주도권에 대한 새로운 기회를 찾아주고 있다. 점점 증가하는 가격압력을 고려할 때 마케팅은 제품의 판매에서 솔루션 공급으로의 변신을 주도해야 한다. 유통채널이 통합되고 있는 상황에서 마케팅 담당자들은 글로벌 고객관리 구조로의 전환을 이끌어야 한다. 산업의 범용상품화 경향에 대응하기 위해 마케팅은 브랜드 합리화 프로그램을 채택해서 핵심 브랜드에 집중하고, 이를 중심으로 차별화를 구현해야 한다. 유통채널이 다양화되는 상황에서 마케팅은 새로운 채널을 성장기회로 잘 활용해야 한다. 마케팅 담당자는 고객이 상상하지 못한 급진적인 혁신 대신 점진적인 혁신으로 이어지는 무의미한 시장조사를 하지 않도록 주의해야 한다.

마케팅은 조직의 변화에서 주도적인 역할을 할 의지와 능력이 있음을 보여주어야 한다. 또한 마케팅은 고유한 역량, 자원, 기술, 마인드셋을 가지고 있으며, 보다 전략적이고, 교차기능적이며, 수익 지향적일 수 있는 분야임을 확신시켜주어야 한다.

참고문헌

1장

1) Peter F. Drucker, The Practice of Management (New York: Harper Collins, 1954).

2) Michael George, Anthony Freeling, and David Court, "Reinventing the Marketing Organziation," McKinsey Quarterly 4 (1994): 43-62.

3) John Brady and Ian Davis, "Marketing's Mid-Life Crisis," McKinsey Quarterly 2(1993): 17-28.

4) John Brady, Carolyn Hunter, and Nirmala Santiapillai, "Marketing in the UK," McKinsey Quarterly 2(2000): 15-17.

5) George et al., "Reinventing the Marketing Organiziation," 43-62.

6) Jane Simms, "Do We Need More Marketing CEOs?," Marketing, 12 April 2001, 24-25

7) Ibid.

8) Ibid.

9) Tim Ambler, Marketing and the Bottom Line (London: FT Prentice Hall, 2003).

10) "Marketers Turn to Metrics to Measure Impact of Their Initiatives," 21 August 2002, 〈http://searchcio.techtarget.com/originalContent/0,289142,sid19_gci845685,00.html〉 (2003년 5월 21일자 접속).

11) Frederick E. Webster, Jr., "The Future Role of Marketing in the Organization," in Reflections on the Futures of Marketing: Practice and Education, ed. Donald R. Lehmann and Katherine Jocz(Cambridge: Marketing Science Institute, 1997), 39-66.

12) David Dell, "The CEO Challenge: Top Marketplace and Management Issues-2002," The Conference Board Research Report (New York: The Conference Board, 2002).

13) Stephen A. Greyser, "Janus and Marketing: The Past, Present, and Prospective Future

of Marketing," in Reflections on the Futures of Marketing: Practice and Education, ed. Donald R. Lehmann and Katherine Jocz(Cambridge: Marketing Science Institute, 1997), 3-14.

14) Ibid.

15) Niladri Ganguli, T. V. Kumaresh, and Aurobind Satpathy, "Detroit's New Quality Gap," McKinsey Quarterly 1(2003): 148-151.

16) George S. Day, "Aligning Organization to the Market," in Reflections on the Futures of Marketing: Practice and Education, ed. Donald R. Lehmann and Katherine Jocz(Cambridge: Marketing Science Institute, 1997), 67-93.

17) Webster, "The Future Role of Marketing in the Organization," 39-66.

18) Geroge et al., "Reinventing the Marketing Organziation."

19) Ibid.

20) S. H. Haeckel, "Preface," in Reflections on the Futures of Marketing: Practice and Education, ed. Donald R. Lehmann and Katherine Jocz (Cambridge: Marketing Science Institute, 1997), ix-xvi.

21) Jagdish N. Sheth and Rajendra S. Sisodia, "High Performance Marketing," Marketing Management 10, no. 3(2001): 18-23.

22) Ibid.

23) George et al., "Reinventing the Marketing Organziation," 43-62.

24) Ibid.

25) Sheth and Sisodia, "High Performance Marketing," 18-23.

26) Simms, "Do we Need More Marketing CEOs?," 24-25.

27) Franklin D. Raines, speech delivered at the Forrester Research Finance Forum, New York, NY, 12 June 2001 〈http://www.fanniemae.com/ir/speeches/2001/0612f.jhtml?s=speeches〉 (accessed 23 May 2003).

28) "CEOs: Customer Is King," ZDNet, 22 November 2002 〈http://www.ncindia. com/news/stories/71048.html〉 (2003년 3월 23일자 접속).

29) 더 상세한 내용이 필요할 경우 다음 글을 참고. Nirmalya Kumar, "The Revolution in Retailing: From Market-driven to Market-driving," Long Range Planning 30, no. 6(December 1997): 830-835.

30) Nirmalya Kumar, "Internet and the Information-Empowered Customer: Will Price

Transparency Destroy Your Margins?," IMD Perspectives for Managers 70, no. 2(July 2000).

31) Amy Merrick, "Software May Give Retailers a Leg Up on Markdowns," Wall Street Journal Europe, 7 August 2001.

32) Micheline Meynard, "Detroit's Costly Bid for Market Share Fails," International Herald Tribune, 25 October 2002, 〈http://www. iht.com〉 (2003년 2월 4일자 접속).

33) Ibid.

34) Paul F. Nunes and Brian Johnson, "Stimulating Consumer Demand through Meaningful Innovation," research report, Accenture Institute for Strategic Change, November 2002.

35) Webster, "The Future Role of Marketing in the Organization," 39-66.

36) Douglas A. Ready and Jay A. Conger, "Why Leadership-Development Efforts Fail," Sloan Management Review 44, no. 3(Spring 2003): 83-88.

37) Lenn Grabiner and Kande Hall, "CEOs and Their Sales and Marketing Organizations: Creating a Winning Team," 〈http://www. grabinerhall. com〉 (2001년 1월 2일자 접속).

38) Roger S. Peterson, "A Marketer's Perspective on CEOs," Sacramento Business Journal, 4 December 1998, 〈http://sacramento.bcentral.com/sacramento/stories/1998/12/07/smallb5.html〉 (2003년 1월 26일자 접속).

39) Michael Shekter, "A Voice in the Wilerness," 28 May 2001, 〈http://www. workopolis. com/servlet/News/marketingadvisor/20010528/mkt_voice〉 (2003년 1월 26일자 접속).

40) George et al., "Reinventing the Marketing Organziation."

41) Henry Ford, My Life and Work (Salem, NH: Ayer Company Publishers, 1987), 67.

42) Ready and Conger, "Why Leadership-Development Efforts Fail."

43) 마케팅 성과지표에 대해 더 궁금한 경우에는 Ambler의 명저 "Marketing and the Bottom Line"을 참고.

44) Robert E. Riley, "Mandarin Oriental Hotel Group: Delivering the Esatern Promise Worldwide," in Brand Warriors: Corporate Leaders Share their Winning Strategies, ed. Fiona Gilmore(London: Harper Collins Business, 1999), 201-202.

45) Drucker, The Practice of Management.

46) Theodore Levitt, The Marketing Imagination (New York: Free Press, 1983), 5.

47) Philip Kotler, "From Sales Obsession to Marketing Effectiveness," Harvard Business Review (November-December 1977): 67-75.

48) Neil Buckley, "Wal-Mart to Offer Discount Financial Services," Financial Times, 7 January 2003, 1.

49) ⟨http://www.jnj.com⟩을 참고.

50) 리더십 개발 노력과 관련된 부적절한 성과지표에 대해서는 Ready and Conger, "Why Leadership-Development Efforts Fail"을 참고.

51) Gary Hamel and C. K. Prahalad, "Competing in the New Economy: Managing Out of Bounds," Strategic Management Journal 17(1996): 237-242.

2장

1) 세분시장과 전략적 세분시장의 개념적 차이는 다음 글에서 처음으로 정리되었다. Jacques Horovitz and Nirmalya Kumar, "Getting Close to the Customer," Financial Times, 2 February 1996, 특별호, "Mastering Management," 2-4.

2) 가치사슬(value chain)이라고도 함. 그러나 가치사슬 중 외부 파트너 의존 비중이 점차 높아져가는 현상을 고려할 때 가치네트워크(value network)가 더 적절한 표현이라는 것이 저자의 주장임.

3) Horovitz and Kumar, "Getting Close to the Customer."

4) 고객의 논리와 기업의 논리에 대한 사항은 J. Horovitz의 연구를 참고.

5) Alex Taylor III, "Porsche Slices Up Its Buyers," Fortune, 16 January 1995, 24.

6) Nilanjana R. Pal and Rajiv Lal, "The New Beetle," Case 9-501-023 (Boston: Harvard Business School, 2000).

7) Midas 사례는 Horovitz and Kumar, "Getting Close to the Customer"에서 참조한 것임.

8) 3V 모델은 '누가 우리의 고객이 될 것인가? 고객들에게 어떤 제품과 서비스를 제공할 것인가? 어떻게 해서 제품과 서비스를 효율적으로 제공할 것인가?'를 정리하는 것이 기업의 핵심 과제라고 주장한 Derek Abell 교수의 연구를 참조한 것임. 상세한 것은 Derek Abell, Defining The Business: The Starting Point of Strategic Planning (Englewood Cliffs, NJ: Prentice Hall, 1980). 누구에게, 무엇을, 어떻게 접근법은 Constantinos Markides, "Strategic Innovation," Sloan Management Review 38, no. 3(1997): 9-23에도 잘 나타나 있음.

9) Nirmalya Kumar and Brian Rogers, "easyJet: The Web's Favorite Airline," Case IMD-3-0873(Lausanne: IMD, 2000).

10) Kim W. Chan and Renée Mauborgne, "Value Innovation: The Stategic Logic of High Growth," Harvard Business Review (January-February 1997)" 102-112.

11) 가치곡선은 11번 논문에서 제안된 개념임.

12) Gary Hamel, Leading the Revolution (Boston: Harvard Business School Press, 2000)에서 수정 인용함.

13) John Brady and Ian Davis, "Marketing's Mid-life Crisis," McKinsey Quarterly 2(1993): 17-28.

14) 전략 성장지도의 일부 체크포인트는 Donald C. Hambrick and James W. Fredrickson, "Are You Sure You Have Strategy?," Academy of Management Executive 15, no. 4(2001): 48-59.

15) Nirmalya Kumar and Brian Rogers, "easyEverything: The Internet Shop," Case IMD-3-0874(Lausanne: IMD, 2000).

16) Hamel, Leading the Revolution.

17) Ibid.

3장

1) 〈http://www.sun.com〉 (2002년 3월 1일자 접속).

2) IBM 사례는 Nirmalya Kumar, "The Path to Change," Financial Times, 6 December 2002 와 "Mastering Leadership," 10-11에서 인용했음.

3) Amy D. Wohl, "Lou Gerstner Comes to IBM," May 1993 〈http://www.wohl.com/g0029.htm〉 (2003년 1월 31일자 접속).

4) Warren Lewis, 〈http://www.windowsfs.com/executive_view/winter2002_Warren_Lewis.asp〉 (2002년 3월 18일자 접속).

5) 3Com의 2000년 연차 보고서, 〈http://www.3Com.com/corpinfo/en_US/investor/financials/annua.../create_strategies.htm〉 (2002 3월 21일자 접속).

6) 이 문단의 상당 부분은 다음 논문을 토대로 함. Eric V. Roegner, Torsten Seifert, and Dennis D. Swinford, "Putting a Price on Solutions," McKinsey Quarterly 3(2001): 94-97.

7) Spencer E. Ante, "The New Blue," Business Week, 17 March 2003, 44-50.

8) 다음 사례를 토대로 작성되었음. Juan Rada and Per V. Jenster, "BP Nutrition/Hendrix Voeders BV: The Consultancy Support System," Case IMD-5-0386(Lausanne: IMD, 1992).

9) 다음 사례를 토대로 작성되었음. Robert S. Collins and Michael L. Gibbs, "ICI_Nobel's Explosives Company," Case IMD-6-0170(Lausanne: IMD, 2001).

10) 다음 자료들을 토대로 작성되었음. Market Facts Inc.; Grainger's Annual Survey: "Trends and Issues in MRO Supply Purchasing and Management: A Survey of MRO Purchasing Decision-Makers," February 2000; James A. Narus and James C. Anderson, "Rethinking Distribution: Adaptive Channels," Harvard Business Review (July-August 1996): 112-120; W. W. Grainger, Grainger Annual Report 2000: Highlights, "Chairman's Letter," 〈http://investor.grainger.com/pdf/AR2C7.pdf〉 (2002년 3월 1일자 접속).

11) William Hall, "Nestlé Pulls IT Centres Together," Financial Times, 7 March 2002, 29.

12) Nathaniel W. Foote, Jay R. Galbraith, Quentin Hope, and Danny Miller, "Making Solutions The Answer," McKinsey Quarterly 3 (2001): 84-93.

13) Robert Sandberg and Andreas Werr, "The Three Challenges of Corporate Consulting," Sloan Management Review 3(Spring 2003): 59-66.

14) David Shook, "IBM: Winning as a Team Player," Business Week Online, 6 December 2001, 〈http://www.businessweek.com〉 (2003년 1월 30일자 접속).

15) Foote et al., "Making Solutions the Answer."

16) Roegner et al., "Putting a Price on Solutions."

17) Ibid.

18) Edward Luce and Louise Kehoe, "Cisco on the Ropes but Still in with a Strong, Fighting Chance," Financial Times, 6 April 2001, 20.

19) Michael Kanellos and John G. Spooner, "IBM's Outsider: A Look Back at Lou," 〈http://news.com/2100-1001-828905.html〉 (2003년 3월 1일자 접속).

20) James Anderson 교수의 2003년도 발표자료를 참조하였음.

21) Carole Low and Nirmalya Kumar, "Yahoo! From Free To Paid Service," Case IMD-3-0965(Lausanne: IMD, 2001).

22) Koen Bouckaert, Daniel Deneffe, and Herman Vantrappen, "How Product

Companies are Competing through Services," Prism 4 (1997): 29-41.

23) Foote et al., "Making Solutions the Answer."

24) Ibid.

25) 고객 활동주기의 개념에 대해서는 다음 교재를 참고. Sandra Vandermerwe, The Eleventh Commandment: Transforming to "Own" Customers (Chichester: John Wiley & Sons, 1996).

26) Frank Cespedes, Concurrent Marketing: Integrating Product, Sales, and Service (Boston: Harvard Business School Press, 1995), 17-18.

27) Barry James, "Industry Is Troubled, but Airbus Is Soaring," International Herald Tribune, 13 January 2003, 1.

28) C. C. Tung, "Orient Overseas Container Line: Growth Reflecting the Rise of the Asia Pacific Economies," in Brand Warriors: Corporate Leaders Share Their Winning Strategies, ed. Fiona Gilmore (London: Harper Collins Business, 1999).

29) Russell Eisenstat, Nathaniel W. Foote, Jay R. Galbraith, and Danny Miller, "Beyond The Business Unit," McKinsey Quarterly 1(2001): 54-63.

30) Foote et al., "Making Solutions the Answer."

31) Eisensta et al., "Beyond the Business Unit."

32) Ibid.

33) Foote et al., "Making Solutions the Answer."

34) Doug Carr, IBM Redux: Lou Gerstner and the Business Turnaround of the Decade (New York: HarperBusiness, 1999).

35) Wohl, "Lou Gerstner Comes to IBM."

36) Ante, "The New Blue."

4장

1) Michael O'Leary, "Flying Above the Clouds," Newsweek, 23 June 2003, 64.

2) Graham Bowley, "How Low Can You Go?" Financial Times, weekend edition, 21-22 June 2003, W2.

3) Parts of this and the next section appeared earlier in Nirmalya Kumar, "Internet Distribution Strategies: Dilemmas for the Incumbent," Financial Times, 15 March

1999, special insert on "Mastering Information Management," 6-7.

4) Christopher Parkes, "America's Armchair Film Fans Boost the Box Office," Financial Times, 16-17 November 2002, 11.

5) 델의 소매점 경험에 대한 상세한 설명은 다음 사례를 참조. Das Narayandas and V. Kasturi Rangan, "Dell Computer Corporation," Case 9-596-058(Boston: Harvard Business School, 1996).

6) Ibid.

7) 상세한 내용은 다음 사례를 참조. Nirmalya Kumar and Brian Rogers, "Gramophone Company of India (A): The Digital Distribution Challenge," Case IMD-5-0568 (Lausanne: IMD, 2002).

8) Laura M. Holson and Geraldine Fabrikant, "Sales Plunge as Net Competition Grows," International Herald Tribune, 14 January 2003, 1.

9) Benoit Bertrand, "Germans Burn a Hole in Music Sector Pockets," Financial Times, 16 July 2002, 8.

10) Jon Pareles, "Bowie's 4th Decade of Ch-ch-ch-changes," International Herald Tribune, 11 June 2002, 〈http://www.iht.com〉 (2003년 2월 4일자 접속).

11) 변화를 위한 전략적 논리(strategic logic)와 실행적 논리(implementation logic) 사이의 차이를 구분해야 한다는 것은 Derek Abell 교수의 아이디어이다. 저자는 여기서 전략적 논리에 대해 그가 제안한 질문들을 인용했다.

12) Nirmalya Kumar and Carole Low, "Priceline (A)," Case IMD-5-0593(Lausanne: IMD, 2001).

13) Frank Ahrens, "Sony Uses Games as Launchpad," International Herald Tribune, 26 December 2002, 〈http://www.iht.com〉 (2003년 2월 4일자 접속).

14) Bob Tedeschi, "An Online Reality Check," International Herald Tribune, 9 January 2003, 11.

15) Kalyanam Kirthi and Shelby McIntyre, "Hewlett-Packard Consumer Products Business Organization: Distribution through E*Commerce Channels," 강의노트(Santa Clara: Leavey School of Business, 1999).

16) 굿이어가 처한 딜레마에 대한 상세한 설명은 John Quelch and Bruce Isaacson, "Goodyear: The Aquatred Launch," Case 9-594-106 (Boston: Harvard Business School, 1994).

17) 실행적 논리를 위한 질문들은 변화관리 상황에서 그러한 질문들을 사용했던 Derek Abell 교수의 작업을 다시 한 번 인용함.

18) Donald V. Fites, "Make Your Dealer Your Partner," Harvard Business Review (March-April 1996): 84-95.   ·

19) 유통경로 갈등에 대한 저자의 생각은 저자의 논문 지도교수인 루이스 스턴(Louis W. Stern)과의 수년 동안의 학문적 교류를 통해 많은 영향을 받았다.

20) David B. Godes, "Avon.com (B)," Case 9-503-041(Boston: Harvard Business School, 2002).

21) Peter F. Drucker, "The Discipline of Innovation," Harvard Business Review(August 2002): 95-104.

5장

1) Sabine Bonnot, Emma Carr, and Michael J. Reyner, "Fighting Brawn with Brains," Mckinsey Quarterly 2(2000): 76-87.

2) Nirmalya Kumar and Brian Rogers, "Wal-Mart: Competing in the Global Marketplace," Case IMD-3-0969(Lausanne: IMD, 2000).

3) 다음 사이트를 참조. 〈http://www.toysrus.com/about〉; 〈http://www.hm.com/at_de/hm/facts_history/shfacts.jsp〉; 〈http://www.ikea.com/about_ikea/timeline/splash.asp〉 (모두 2003년 6월 30일자 접속).

4) 다음 사이트를 참조. 〈http://www.blockbuster.com/bb/about/internationalops〉; 〈http://www.starbucks.com/aboutus/international.asp〉 (모두 2003년 6월 30일자 접속).

5) 다음 사이트를 참조. 〈http://www.kingfisher.com/english/index.htm〉 (2003년 6월 30일자 접속).

6) 다음 사이트를 참조. 〈http://www.techdata.com〉 (2003년 6월 30일자 접속).

7) Nirmalya Kumar, "The Revolution in Retailing: From Market Driven to Market Driving," Long Range Planning 30, no. 6(1997): 830-835.

8) James Kynge, "It's as Much about Buying as Selling," Financial Times, special insert on China, 12 December 2002, v.

9) Kumar and Rogers, "Wal-Mart: Competing in the Global Marketplace."

10) Nirmalya Kumar, "The Power of Trust in Manufacturer-Retailer Relationships,"

Harvard Business Review (November–December 1996): 92-105에서 인용.

11) Anonymous, "Pritchett on Quick Response," Discount Merchandiser, April 1992, 64–66.

12) Sam Walton and John Huey, Sam Walton, Made in America: My Story (New York: Doubleday & Company, 1992), 186.

13) 이 내용의 대부분은 Kumar의 "The Power of Trust in Manufacturer–Retailer Relationships"에서 인용.

14) Nirmalya Kumar, Lisa K. Scheer, and Jan–Benedict Steenkamp, "The Effects of Supplier Fairness on Vulnerable Resellers," Journal of Marketing Research 32, no. 1(1995): 54-65.

15) 제조업체에 대한 글로벌 소매업체의 영향력을 다룬 논문으로 Bonnot 등의 "Fighting Brawn with Brains"를 참조.

16) Jonathan D. Hibbard, Nirmalya Kumar, and Louis W. Stern, "Examining the Impact of Destructive Acts in Marketing Channel Relationships," Journal of Marketing Research 38, no. 1(2001): 45-61.

17) Kumar, "The Power of Trust in Manufacturer–Retailer Relationships."

18) Kumar et al., "The Effects of Supplier Fairness on Vulnerable Resellers."

19) 이 부분은 Daniel Corsten and Nirmalya Kumar, "Profits in the Pie of the Beholder," Harvard Business Review (May 2003): 22-23에서 주로 인용.

20) Ibid.

21) Ibid.

22) Julian Birkinshaw, "Global Account Management: New Structures, New Tasks," Financial Times Mastering Management Online Resource, 20 February 2001, 〈http://www.ftmastering.com/mmo/mmo05_2.htm〉(2002년 2월 11일자 접속).

23) George S. Yip and Tammy L. Madsen, "Global Account Management: The New Frontier in Relationship Marketing," International Marketing Review 13, no. 3(1996): 24-43.

24) 이 부분은 Sundar Bharadwaj and Thomas W. Gruen, "Organizational Structural Approaches to Account Management: Developing a Model of the Effectiveness of Customer Business Development Team," Presentation to the AMA B2B Faculty Consortium, 3 August 2000에서 저자들의 허락을 받고 인용함.

25) Bonnot et al., "Fighting Brawn with Brains."

26) Ibid.

27) Ibid.

28) Birkinshaw, "Global Account Management."

29) Michael George, Anthony Freeling, and David Court, "Reinventing the Marketing Organization," McKinsey Quarterly 4(1994): 43-62.

30) Julian Birkinshaw, Omar Toulan, and David Arnold, "Global Account Management in Multinational Corporations: Theory and Evidence," Journal of International Business Studies 32, no. 2(2001): 231-248.

31) Bonnot et al., "Fighting Brawn with Brains."

32) Birkinshaw, "Global Account Management."

33) Kari G. Alldredge, Tracey R. Griffin, and Lauri K. Kotcher, "May the Sales Force Be with You," McKinsey Quarterly 3(1999): 110-121.

34) Bharadwaj and Gruen, "Organizational Structural Approaches to Account Management."

35) Alldredge et al., "May the Sales Force Be with You."

36) Bharadwaj and Gruen, "Organizational Structural Approaches to Account Management."

37) Alldredge et al., "May the Sales Force Be with You."

38) Bharadwaj and Gruen, "Organizational Structural Approaches to Account Management."

39) Birkinshaw et al., "Global Account Management in Multinational Corporations."

40) Russell Eisenstat, Nathaniel Foote, Jay Galbraith, and Danny Miller, "Beyond the Business Unit," Mckinsey Quarterly 1(2001): 54-63.

41) Electrolux와 ABB에 대한 자세한 내용은 Birkinshaw, "Global Account Management"를 참조.

6장

1) John Willman, "Slimmer, Leaner, Fitter, Cleaner and Healthier Is the Stated Aim," Financial Times, 23 February 2000, 27.

2) Nirmalya Kumar and Brian Rogers, "Akzo Nobel UK: Managing the Brand Portfolio," Case IMD-5-0555(Lausanne: IMD, 2000).

3) Andrew Edgecliffe-Johnson, "Procter & Gamble Cautious Over Recovery," Financial Times, 2 August 2000, 17.

4) John Willman, "Slimmer, Leaner, Fitter, Cleaner and Healthier Is the Stated Aim."

5) Matthew Boyle, "Brand Killers," Fortune, 11 August 2003, 51-56.

6) John Willman, "Culling the Brands," Financial Times, 29 October 1999, 18.

7) "Electrolux: Brand Challenge," The Economist, 6 April 2002, 60.

8) Trond Riiber Knudsen, Lars Finskud, Richard Törnblom, and Egil Hogna, "Brand Consolidation Makes a Lot of Economic Sense," McKinsey Quarterly, 4(1997): 189-193.

9) Jean-Noel Kapferer, Strategic Brand Management (New York: The Free Press, 1992).

10) Antony Burgmans, letter to author, 13 June 2003.

11) John Willman, "Culling the Brands."

12) 42억 스웨덴크로나는 1996년 당시 환율 기준으로 미화 6억 2,700만 달러 상당액임.

13) Peter Marsh, "Recipe to Keep Cooker Sales of the Boil," Financial Times, 10 June 2003, 11.

14) Adam Jones, "Path to Growth Paved with Good Intentions," Financial Times, 25 October 2002.

7장

1) V. Kasturi Rangan, "The Aravind Eye Hospital, Madurai, India: In Service for Sight," Case 9-593-098(Boston: Harvard Business School, 1993) and Nirmalya Kumar and Brian Rogers, "Aravind Eye Hospital 2000: Still in Service of Sight," Case IMD-3-0908(Lausanne: IMD, 2000).

2) Gary S. Lynn, Joseph G. Morone, and Albert S. Paulson, "Marketing and Discontinuous Innovation: The Probe and Learn Process," California Management Review 38(1996): 8-37. 저자들은 또한 시장조사가 혁신적인 아이디어 창출에서는 그 효용이 떨어진다는 점을 지적하고 있다. '혁신'에 대한 연구들은 혁신의 원동력이 시장의 요구나 재무적 필요가 아닌 발명가의 호기심이었다는 점을 보여주고 있다(P. Ranganath

Nayak and John M. Ketteringham, Breakthoughs (Oxford: Mercury, 1993).

3) Stephen P. Bradley, Pankaj Ghemawat, and Sharon Foley, "Wal-Mart Stores, Inc.," Case 9-794-024(Boston: Harvard Business School, 1994).

4) George Stalk, Jr., David K. Pecaut, and Benjamin Burnett, "Breaking Compromises, Breakaway Growth," Harvard Business Review (September-October 1996): 131-139.

5) Katarina Kling and Ingela Goteman, "IKEA CEO Anders Dahlvig on International Growth and IKEA's Unique Corporate Culture and Brand Identity," Academy of Management Executive 17(2003): 31-37.

6) 자신의 발표자료 "Achieving Exceptional Competitiveness," (Lausanne: IMD, 1997)을 사용할 수 있도록 해준 Xavier Gilbert 교수에게 감사드림. IKEA의 사업 시스템에 대해 그의 아이디어를 참고하였음.

7) Nirmalya Kumar, Lisa Scheer, and Philip Kotler, "From Market-driven to Market-driving," European Management Journal 18(2000): 129-142.

8) Nayak and Ketteringham, Breakthroughs 에서 Federal Express 관련 부분을 참조.

9) Hasso Plattner, "Accidental Empire," Computer Business Review, August 1996, 9-12.

10) James L. Heskett and Roger Hallowell, "Southwest Airlines-1993(A)," Case 9-694-023(Boston: Harvard Business School, 1993).

11) Jay Galbraith 교수가 1997년 IMD 강의에서 이 부분을 언급한 바 있음.

12) Gary Hamel and C. K. Prahalad, Competing for the Future (Boston: Harvard Business School Press, 1994)

13) Lynn et al., "Marketing and Discontinuous Innovation."

14) Michael L. Tushman and Charles A. O'Reilly, "Ambidextrous Organizations," California Management Review, 38, no. 4(1996): 8-30.

15) Keith Johnson, "That's a Great Idea: More European Companies See Innovation as Vital to Their Growth," Wall Street Journal, 29 November-1 December 2002, R1.

16) "How to Manage a Dream Factory," The Economist, 18 January 2003, 67-69.

17) NEC와 Toyota 관리자를 소개해준 데 대해 Dominique Turpin 교수께 감사드림.

18) "How to Manage a Dream Factory."

19) Henry Ford, Today and Tomorrow (Portland, OR: Productivity Press, 1988).

20) Christopher A. Bartlett and Ashish Nanda, "Ingvar Kamprad and IKEA," Case 9-390-132(Boston: Harvard Business School, 1990).

21) David S. Pottruck, "Charles Schwab: Maverick Retailer," Retailing Issue Letter 9(College Station, TX: Center for Retailing Studies, Texas A&M University, 1997).

22) Johnson, "That's a Great Idea."

23) Sony 관리자를 소개해준 데 대해 Bob Collins 교수께 감사드림.

24) Sony Corporation Annual Report 2002; "PlayStation 2: Killing the Competition," Business Week Online, 7 November 2002, 〈http://www.businessweek.com〉 (2003 년 2월 14일자 접속); John Gaudiosi, "Report: Games Make Record $10.3B in 2002," Video Store 25, no. 6(2003): 6.

25) Stephen B. Shepard, "A Talk with Scott McNealy," Business Week, 1 April 2002, 77.

26) Johnson, "That's a Great Idea."

27) "How to Manage a Dream Factory."

28) Michiyo Nakamoto and Tim Burt, "The Father of PlayStation Envisages the 'Networked Home,'" Financial Times, 10 February 2003, 19.

8장

1) IMD 동료 교수인 Peter Killing에게 "Strategy and Diamond-E"를 사용할 수 있게 해준 데 대해 사의를 표하고자 함. 이를 이용해서 이와 같은 3가지 질문을 도출할 수 있었음.

2) Andrew Campbell, Michael Goold, and Marcus Alexander, "Corporate Strategy: The Quest for Parenting Advantage," Harvard Business Review (March-April 1995): 120-132.

3) "Fashion Victim," The Economist, 26 February 2000, 73-74.

4) Frenkel ter Hofstede, Jan-Benedict E. M. Steenkamp, and Michel Wedel, "International Market Segmentation Based on Consumer-Product Relations," Journal of Marketing Research 36, no. 1(February 1999): 1-17.

5) 신흥시장에 대한 저자의 아이디어는 상당 부분 Prahalad 교수의 영향을 받았다. 자세한 것 은 C. K. Prahalad and Allen Hammond, "Serving World's Poor, Profitably," Harvard Business Review (August 2002): 48-57.

6) Aneel Karnani, "Five Ways to Grow the Market and Create Value," Financial Times, 22 October 1999, 8.

7) Brent Chrite, "Local Knowledge Will Provide the Key," Financial Times, 25 August

2002, 4.

8) C. K. Prahalad and Allen Hammond, "Serving World's Poor, Profitably."

9) Pete Engardio, Declan Walsh, and Manjeet Kripalani, "Global Poverty, Much Remains to Be Done," Business Week, 14 October 2002, 54.

10) Geri Smith, "Buy a Toaster, Open a Bank Account," Business Week, 13 January 2003, 22.

11) Khozem Merchant, "A Salesforce for Indian Villages," Financial Times, May 16, 2003, 11.

12) Manjari Raman, "Prahalad-Market to the Poor," 12 January 2000, 〈http://www.expressindia.com/fe/daily/20000112/fst12077.html〉 (2003년 2월 25일자 접속).

13) Philip P. Pan, "Chinese Basketball Star Is Megabucks Big," International Herald Tribune, 14 December 2002, 1.

14) 저자는 IMD 동료 교수인 Andy Boynton이 이 그림의 개념화에 큰 도움을 준 데 대해 사의를 표함.

15) Marc Rubin, "Creating Customer-Oriented Companies," Prism 4 (1997): 5-27.

16) George S. Day, "Creating a Superior Customer-Relating Capability," Sloan Management Review, 44, no. 3(Spring 2003): 77-82.

17) Gary Loveman, "Diamonds in the Data Mine," Harvard Business Review, May 2003, 109-113.

18) Marc Rubin, "Creating Customer-Oriented Companies."

19) Jennifer A. Chatman and Sandra E. Cha, "Culture of Growth," Financial Times, 22 November 2002, 2-3.

20) Marc Rubin, "Creating Customer-Oriented Companies."

21) Erika Kinetz, "A Top-Shelf Education: Executives Are One of P&G's Big Products," International Herald Tribune, 16-17 November 2002, 12.

22) David O. Becker, "Gambling on Customers," McKinsey Quarterly 2(2003): 46-59.

23) Simon London, "Enterprise Drives Home the Service Ethic," Financial Times, 2 June, 2003, 8.

24) Ibid.

25) Marc Rubin, "Creating Customer-Oriented Companies."

26) Marketing Leadership Council, "Stewarding the Brand for Profitable Growth,"

(Washington, DC: Corporate Executive Board, 2001).

27) 변화관리에 대한 아이디어는 IMD 동료 교수인 Paul Strebel의 아이디어를 참고한 것임. 상세한 내용은 그의 저서 The Change Pact: Building Commitment to Ongoing Change (London: FT Pitman Publishing, 1998).

28) Sumantra Ghoshal and Lynda Gratton, "Getting to Great Talk," 11 October 2002, ⟨economictimes.indiatimes.com⟩ (2003년 2월 25일자 접속).

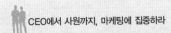

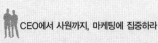

기업은 오로지 두 가지 기능, 마케팅과 혁신만 있으면 된다.

－ 피터 드러커